花桥数字（2022）

总面积：**52.3**平方千米

户籍人口：**11**万人

地区生产总值：**401.32**亿元

一般公共预算收入：**54.18**亿元

进出口总额：**21.21**亿美元

服务业增加值：**314.92**亿元

社会消费品零售总额：**208.37**亿元

服务业增加值占GDP比重：**78.5%**

实事工程（2022）

曹浦路幼儿园、聚福幼儿园、聚福小学新建工程

徐公桥中学续建工程

新建远政路、远国路、商湖路

中央公园音乐广场及周边绿化景观提升工程

老政府地块综合改造工程

污水处理提质增效“333”行动专项工程

光明新村、公桥新村改造工程

天福社区日照中心

城市大脑指挥中心综合平台（三期）

花桥风物

国家级湿地公园：天福国家湿地公园

江苏省非物质文化遗产：江南丝竹

江苏省文物保护单位：集善桥、天福三桥、大年堂

风物美食：三桥豆腐、福福羊肉、天福肉包

花桥国际商务城发布
微信公众号

昆山市区镇年鉴丛书

花桥经济开发区年鉴 2023

HUAQIAO ECONOMIC DEVELOPMENT ZONE ALMANAC

《花桥经济开发区年鉴》编纂委员会 编　总第4卷

广陵书社

图书在版编目（CIP）数据

花桥经济开发区年鉴. 2023 / 《花桥经济开发区年鉴》编纂委员会编. -- 扬州 : 广陵书社, 2023.11
（昆山市区镇年鉴丛书）
ISBN 978-7-5554-2182-5

Ⅰ. ①花… Ⅱ. ①花… Ⅲ. ①经济开发区－昆山－2023－年鉴 Ⅳ. ①F127.534-54

中国国家版本馆CIP数据核字(2023)第237117号

书　　名　花桥经济开发区年鉴（2023）
编　　者　《花桥经济开发区年鉴》编纂委员会
责任编辑　张艳红

出版发行　广陵书社
扬州市四望亭路2-4号　　邮编　225001
（0514）85228081（总编办）　　85228088（发行部）
http://www.yzglpub.com　　E-mail:yzglss@163.com
印刷装订　昆山市亭林印刷有限责任公司

开　　本　787毫米 ×1092毫米　1/16
印　　张　21.75
字　　数　410千字
版　　次　2023年11月第1版
印　　次　2023年11月第1次印刷
标准书号　ISBN 978-7-5554-2182-5
定　　价　120.00元

《花桥经济开发区年鉴》编纂委员会

《花桥经济开发区年鉴（2023）》编辑部

（按姓氏笔画排序）

《花桥经济开发区年鉴（2023）》审定单位

中共江苏昆山花桥经济开发区工作委员会　江苏昆山花桥经济开发区管理委员会

昆山市地方志办公室

编辑说明

一、《花桥经济开发区年鉴（2023）》是由“昆山市区镇年鉴丛书”编纂委员会主办，中共江苏昆山花桥经济开发区工作委员会、江苏昆山花桥经济开发区管理委员会组织编纂的地方综合年鉴。于2020年创办，本卷为第4卷。

二、本年鉴以马克思列宁主义、毛泽东思想、邓小平理论、“三个代表”重要思想、科学发展观、习近平新时代中国特色社会主义思想为指导，坚持辩证唯物主义和历史唯物主义的立场、观点、方法，旨在全面系统地记载花桥经济开发区2022年度自然、政治、经济、文化、社会和生态建设等方面的情况，客观真实地反映花桥经济开发区各行业所取得的新成就、新经验，为社会各界了解、研究花桥经济开发区提供资料信息，为各级领导科学决策提供参考依据，为编修地方史志积累有效史料。

三、本年鉴记载时限为2022年1月1日至12月31日。个别类目有追溯，跨年度项目有延伸。本卷中凡出现“年内”“全年”或未特别注明年份的，均为2022年。卷内所应用的数据均由各撰稿单位和统计部门提供，如有出入，则以统计部门为准。

四、本年鉴采用分类法编辑，有类目、分目、条目3个层次。部分分目下增设副分目。共设类目20个，分目90个，副分目20个，条目384个。收录统计表格11张，卷首照片73张，随文照片146张。卷前有速览、要目、目录，卷末有索引，便于查阅。

五、本年鉴为突出时代特点、年度特色，鉴首设“花桥经济开发区速览”“喜庆党的二十大”“2022年花桥十大新闻”“花桥风貌”等专题，并优化纲目，设“农业·农村”“园区建设与管理”等要目；其中“经济发展”“人才科创”“社会民生”为特色篇目。

六、为增加资料性和可读性，本年鉴设置二维码和“附录”，作为正文内容的补充和延伸，便于读者利用。

七、本年鉴“年度荣誉”收录域内各条线、单位、个人在2022年内获得的昆山市级及以上先进集体和先进个人名录。

八、本年鉴条目由各撰稿单位指定专人撰写，并经单位负责人审定、签字、盖章。撰稿人姓名署于条目后，若一人负责多个条目，则在最后条目下署名。

花桥经济开发区速览

地区生产总值（亿元）

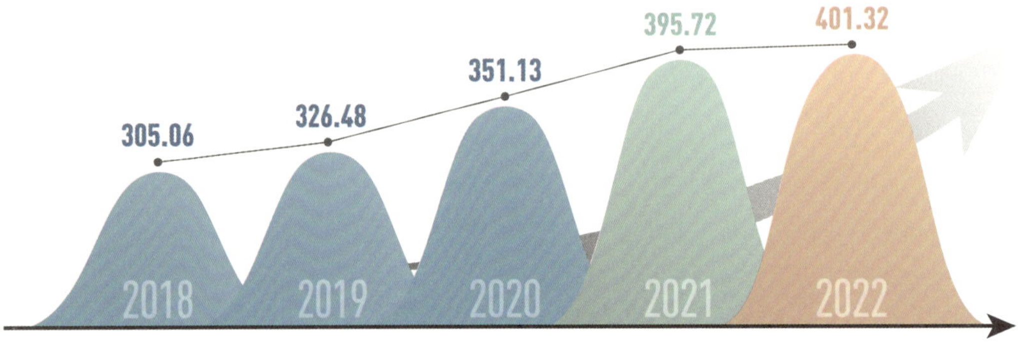

实际利用外资及港澳台资（万美元）

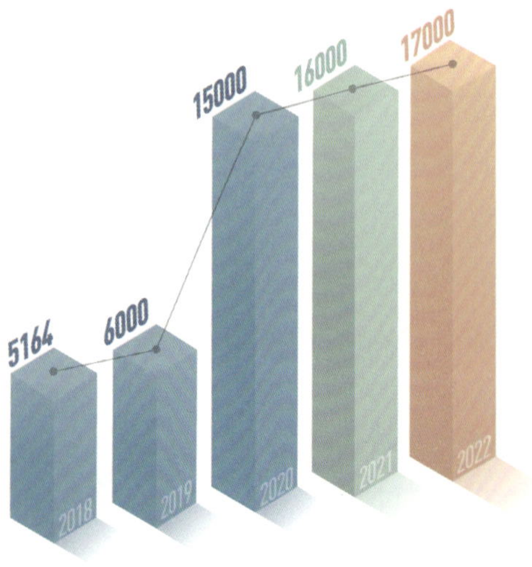

全社会固定资产投资（亿元）

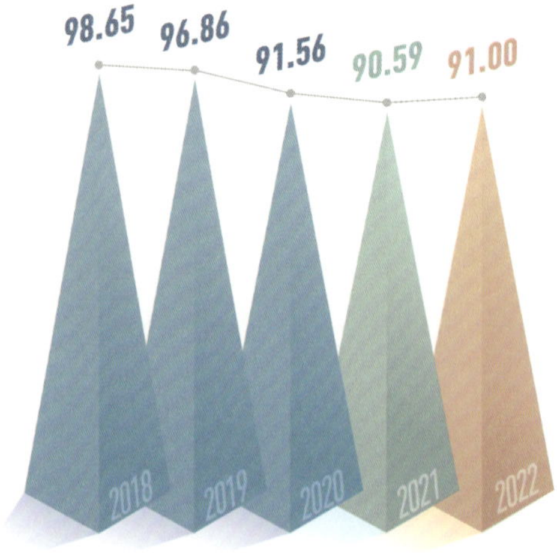

一般公共预算收入（亿元）

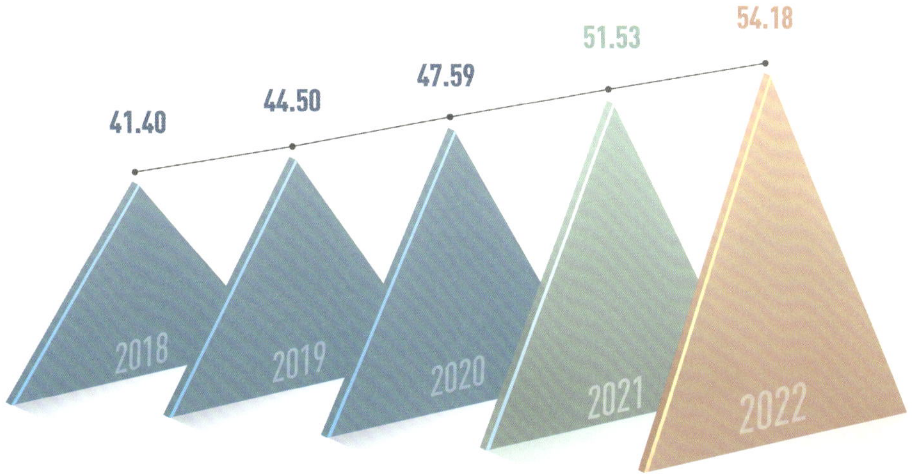

社会消费品零售额（亿元）

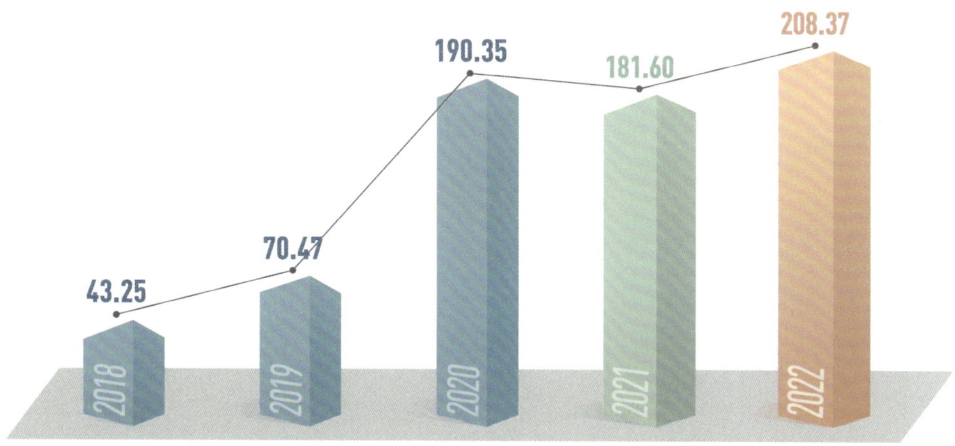

规模以上工业总产值（亿元）

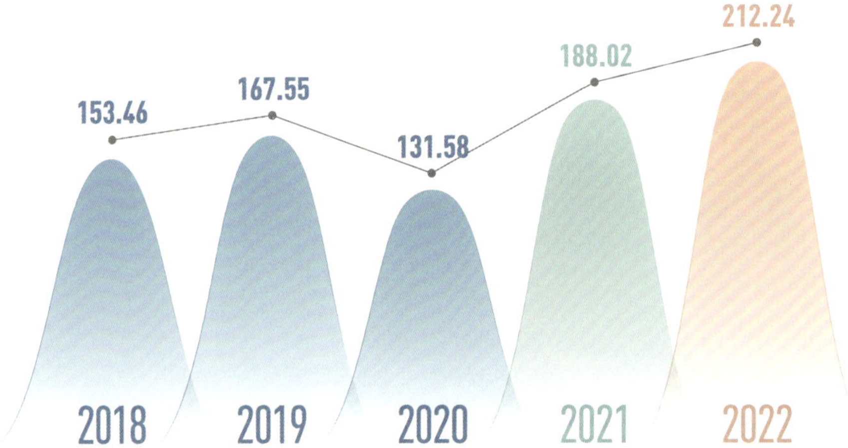

服务业增加值（亿元）

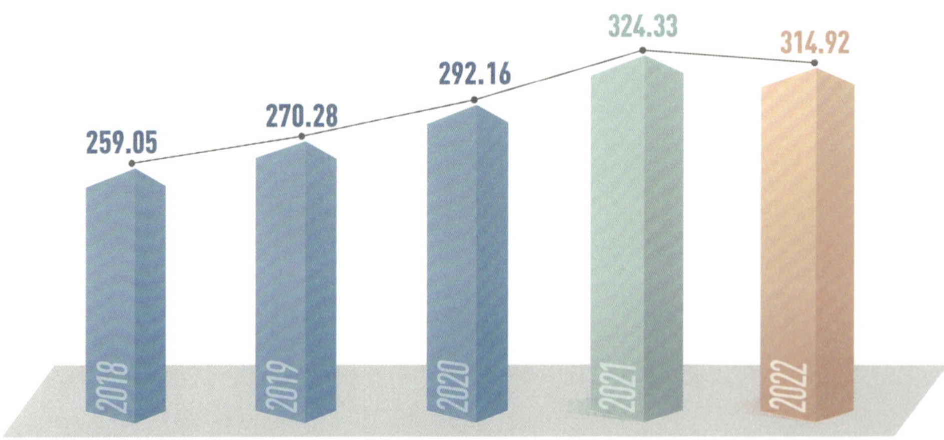

服务业增加值占GDP比重（%）

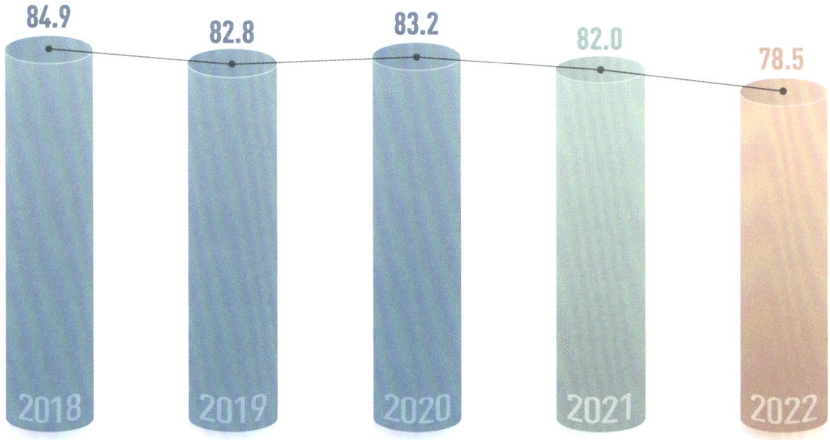

交通及营利性服务业（亿元）

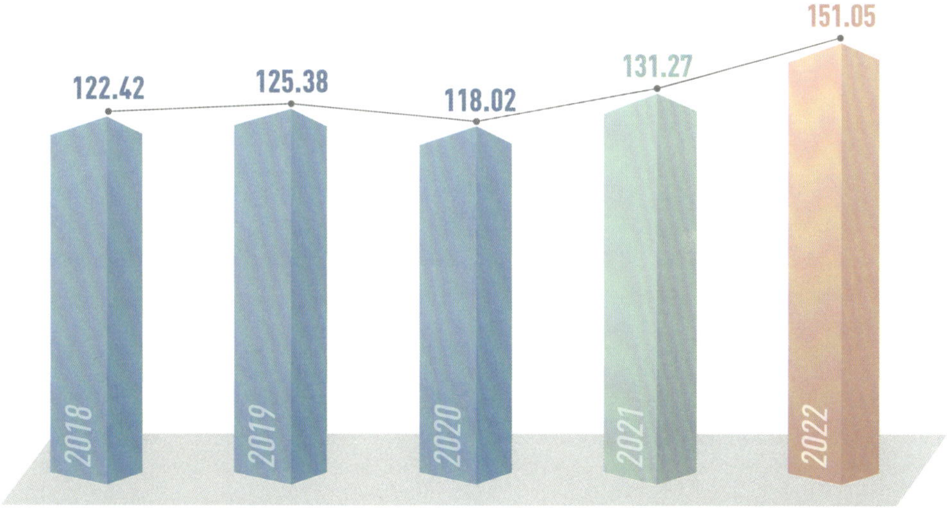

宣传发动

党的二十大是在全党全国各族人民迈上全面建设社会主义现代化国家新征程，向第二个百年奋斗目标进军的关键时刻召开的一次十分重要的大会。在党的二十大召开前夕，花桥经济开发区通过认真开展“党史学习教育”“重温入党誓词·坚定初心使命·全面对标超越”等系列主题活动，激励全区上下更好地从党的百年奋斗重大成就和历史经验中汲取智慧和力量，坚定捍卫“两个确立”，坚决做到“两个维护”，特别是自觉地把花桥现代化建设放在昆山、苏州、江苏乃至党和国家事业战略全局来审视和谋划，提出要高标准建设引领未来的沿沪活力新城市、创新集群的沿沪商务先导区、近悦远来的沿沪青年创业区、彰显品质的沿沪宜居生活区等“一城三区”，打响“商务在花桥、消费在花桥、创新在花桥、生活在花桥”四大品牌，奋力展现县域示范“花桥实景”，以高质量的发展成果喜迎党的二十大胜利召开。

①

②

③

① 1月21日，花桥经济开发区全区党史学习教育总结会议召开（党群工作部 提供）

② 1月24日，花桥经济开发区党工委党史学习教育专题民主生活会召开（党群工作部 提供）

③ 2月10日，花桥经济开发区党工委在昆山市清廉教育馆开展“重温入党誓词·坚定初心使命·全面对标超越”主题活动（党群工作部 提供）

④ 3月24日，花桥经济开发区党群工作部进行《普通党员要有“大局意识”吗？》微党课录制（党群工作部 提供）

⑤ 7月29日，花桥经济开发区党群工作部第一党支部开展“追寻红色足迹·汲取榜样力量”主题党日活动（党群工作部 提供）

⑥ 8月2日，花桥经济开发区2022年“日知讲坛”第一场集中授课暨第三季度道德讲堂活动“正大博雅·蔚为大观——红色文艺谱写百年史诗”专题讲座举办（党群工作部 提供）

⑦ 9月28日，花桥经济开发区联合陆家镇共同举办“联学共建”——“书记思享汇”专题活动（党群工作部 提供）

⑧ 10月16日，花桥新联会组织部分骨干成员在炫生活会议室观看党的二十大开幕会直播（党群工作部 提供）

环境氛围

为迎接党的二十大胜利召开营造浓厚的环境氛围，花桥经济开发区统筹线上线下宣传平台，“线上”制作宣传标语、海报，设立《喜迎二十大》专栏刊发相关宣传内容；“线下”利用新时代文明实践站、文化广场、宣传栏、广告牌等宣传阵地制作宣传标语、绘制墙画、张贴宣传海报，充分利用条幅、展板、建筑围挡等多种形式载体进行宣传。同时，在绿地大道、沿沪大道等重点道路，以及园林绿化场所布置“喜迎二十大 奋进新征程”等宣传标语，表达对党的二十大胜利召开的美好期盼。

①

②

① 国际金融大厦西侧广场（党群工作部 提供）
② 集善路绿地大道东南角（党群工作部 提供）
③ 商务城先导区（党群工作部 提供）
④ 沿沪大道、绿地大道东北角（党群工作部 提供）
⑤ 硅湖职业技术学院门口（党群工作部 提供）
⑥ 绿地大道东端中分带一角（党群工作部 提供）
⑦ 绿地大道东端中分带一角（党群工作部 提供）

学习贯彻

党的二十大既有对过去5年、10年经济社会发展的提炼和总结，也有对今后5年乃至更长时期发展战略的擘画，更有对国内外形势、机遇和挑战的分析研判，对各地各领域的发展具有指引作用。为激发全区党员干部热情，花桥经济开发区广泛开展学习贯彻活动，在党的二十大精神指引下，按照中央、省委、市委和区党工委部署要求，传承弘扬“新昆山之路”精神，在全面学习、全面把握、全面落实上下功夫，以“六个示范”应对花桥各项工作，敢为善为、奋斗奋进，撸起袖子加油干，埋头苦干、真抓实干，更好地“扛起新使命、谱写新篇章”，以“一城三区”建设新成效奋力展现县域示范“花桥实景”。

① 10月16日，全区工作人员收听收看党的二十大开幕会（党群工作部　提供）

② 10月16—22日，集善小学党支部开展“学习党的二十大，踔厉奋发谱新篇”系列活动（党群工作部　提供）

③ 11月4日，花桥经济开发区党工委·陆家镇党委举行“学习贯彻党的二十大精神”系列联学活动启动仪式（党群工作部　提供）

④ 在建滔广场党群服务点发放《中国共产党简史》等学习书籍（党群工作部　提供）

⑤ 徐公桥人才公寓“党群＋工作站”新业态新就业群体党史学习教育读书角（党群工作部　提供）

⑥ 11月24日，花桥经济开发区召开学习贯彻党的二十大精神宣讲工作动员会暨花桥宣讲团备课会（党群工作部　提供）

⑦ 12月9日，市委宣讲团成员、市委常委，区党工委书记、管委会主任李晖深入震雄铜业集团有限公司宣讲党的二十大精神（党群工作部　提供）

主题活动

党的二十大的主题是：高举中国特色社会主义伟大旗帜，全面贯彻习近平新时代中国特色社会主义思想，弘扬伟大建党精神，自信自强、守正创新，踔厉奋发、勇毅前行，为全面建设社会主义现代化国家、全面推进中华民族伟大复兴而团结奋斗。花桥经济开发区紧密结合实际，在全区范围内认真开展系列主题活动，重点宣传各级各单位学习宣传贯彻党的二十大精神的具体工作、具体进展、具体成效，反映基层干部群众学习宣传贯彻党的二十大精神的典型事迹和良好风貌。同时，注重加强社会面宣传，依托户外大屏、移动电视、宣传橱窗等多种宣传载体，刊播党的二十大精神宣传标语和公益广告，营造学习宣传贯彻党的二十大精神的浓厚氛围。

②

⑧

①

③

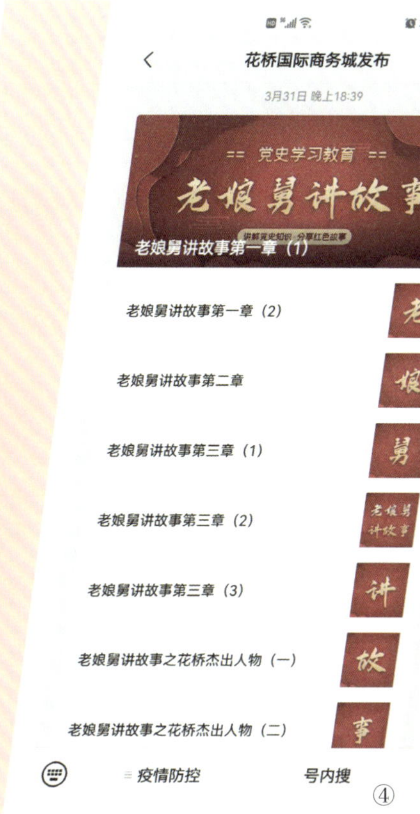

④

⑤

⑥

⑦

① 11月17日，党政办党支部、花溪社区党委、实达迪美党支部举办“学习二十大·共话新愿景”联合主题党日活动（党群工作部　提供）

② 花桥经济开发区党群工作部与复旦大学联合出品党史学习教育专题读本（党群工作部　提供）

③ 11月18日，“学悦双城1+”全民终身学习周活动举办，推出安亭、花桥、白鹤、陆家“学习贯彻党的二十大精神”首批百姓宣讲员（党群工作部　提供）

④ “老娘舅讲故事”系列党史学习教育音频在“花桥国际商务城发布”微信公众号上线（党群工作部　提供）

⑤ 11月20日，集善小学学生学习歌曲《没有共产党就没有新中国》（党群工作部　提供）

⑥ 11月23日，花桥妇联开展新业态新就业群体学习宣传贯彻党的二十大精神活动（党群工作部　提供）

⑦ 12月5日，枫浜社区“老娘舅”与社区党员干部、居民群众一起学习宣传贯彻党的二十大精神（党群工作部　提供）

⑧ 12月9日，银桥集团第二党支部与宁波银行昆山支行党支部开展联学联建活动（党群工作部　提供）

2022年花桥十大新闻

1 3—5月，面对严峻的新冠病毒疫情防控形势，花桥精准高效做好核酸筛查、疫苗接种、社会面防控等工作，打赢多轮疫情阻击战、歼灭战，守住疫情防控“东部防线”，稳妥做好6000余名“飞地”居民服务保障工作。

2 7月12日，蒂森克虏伯汽车车身智造中心项目落户花桥。该项目涵盖汽车车身解决方案的研发、设计、制造、销售全链条，主要服务于北京奔驰、华晨宝马、一汽大众、上汽大众、理想汽车、捷豹路虎等知名客商品牌。

7月12日，蒂森克虏伯汽车车身智造中心项目签约仪式举办（党群工作部　提供）

3 7月18日，花桥数字经济产业创新集群建设推进会举行。会上，20个数字经济项目通过“线上＋线下”集

7月18日，苏银凯基消费金融有限公司增资20亿元发布仪式举办（党群工作部　提供）

中签约，总投资43.8亿元，项目涵盖数字金融、数字健康、数字交通、数字航天等多个领域。同时，苏银凯基消费金融有限公司20亿元增资到账发布，为打造昆山金改区示范金融公司、业内数字化标杆公司奠定坚实基础。活动中，花桥与武汉大学签订“武汉大学昆山数字技术创新中心”合作

7月18日，武汉大学昆山数字技术创新中心签约仪式举办（党群工作部　提供）

框架协议，双方将在科技创新与成果转移转化、数字技术新型研发机构建设、数字经济发展要素集聚等方面深入合作。

4 7月22日，花家湾商业项目全面开工建设，该项目地处花桥老镇区核心区域，位于花溪路北侧、小瓦浦河西侧，靠近轨道交通S1号线花溪公园站。由银桥集团开发建设，总投资2.95亿元，建设用地面积1.49万平方米，总建筑面积3.01万平方米。

5 7月28日，易商花桥智能制造及新零售产业园开工暨中航易商REIT上市启动仪式举行。易商与一批国际知名咨询机构、智能制造及新零售企业签约。易商花桥智能制造及新零售产业园占地面积13.4万平方米，总建筑面积30万平方米，达产后年产值超100亿元。

7月28日，易商花桥智能制造及新零售产业园开工暨中航易商REIT上市启动仪式举行（党群工作部　提供）

6 9月6日，《2021乡镇综合竞争力报告》发布，昆山市花桥镇位列全国综合竞争力百强镇第5名，较上年度上升1个位次。

7 11月18日，《2022年中国中小城市高质量发展指数研究成果》发布，昆山再次位居全国百强县榜首，连续18年排名第一；该研究成果还公布了2022年全国千强镇前100位名单，其中花桥镇位列全国综合实力千强镇第5名，较上年度上升4个位次。

8 11月25日，花桥梦世界两岸数字文娱产业园开园，刘畊宏“畊练村”直播基地同时揭牌。花桥梦世界两岸数字文娱产业园占地16万平方米，总建筑面积35.6万平方米，主打名人IP、新零售、元宇宙等业务板块，引进周杰伦、刘畊宏等重磅名人IP，入

11月25日，"畊练村"正式揭牌（党群工作部　提供）

驻巨星传奇等38家数字文化企业，将以增进两岸文化交流为导向、以提振数字文化产业为抓手，建设昆山首个两岸数字文娱产业园，打造两岸文娱领域先行先试创新样板。畊练村打造集 Live House（直播、演出、展示等多功能演播大厅）、明星厨房、肥油咔咔掉直播间、空中健身房等业态于一体的大型总部直播基地。

9

12月7日，江苏省完成2022年度全省开发区土地集约利用评价工作，并对参评的128个省级开发区土地集约利用评价结果进行公示，花桥经济开发区以97.36分的成绩，在省级产

城融合型开发区中排名第一，连续6年位列省级产城融合型开发区土地集约利用全面评价第一。

10

12月9日，2022年江苏省潜在独角兽企业评估结果发布，花桥2家企业——江苏普飞科特信息科技有限公司、航天时代飞鹏有限公司上榜。江苏普飞科特信息科技有限公司于2017年12月成立，旗下品牌聚盟共建秉承“为小微物流赋能、用科技改变物流”的理念，聚合并带领全国多家核心城市物流“小霸王”，打造中国专业的大票零担网络运营服务商。该公司曾入围2021年苏州市“独角兽”培育企业名单，是花桥首家获得这一荣誉的企业。航天时代飞鹏有限公司于2021年9月成立，深耕运输投送、民用物流、应急救援等领域，专业从事无人运输机系统研发设计、生产和特殊场景运营。

（朱梦莉）

商务城核心区（党群工作部 提供）

花桥夜景（党群工作部　提供）

天福国家湿地公园（党群工作部　提供）

城市一角（党群工作部　提供）

宜居宜业青年城（党群工作部　提供）

集善小区住宅（党群工作部　提供）

天福国家湿地公园（党群工作部　提供）

花溪公园（党群工作部　提供）

童趣口袋公园（党群工作部　提供）

沪宁高速南侧口袋公园（党群工作部　提供）

上海轨交11号线跨城而过（党群工作部　提供）

绿地大道（党群工作部　提供）

晨风时尚产业园（党群工作部　提供）

蒂森克虏伯汽车装备（苏州）有限公司（党群工作部　提供）

畊练村（党群工作部　提供）

博实（苏州）智能科技有限公司（党群工作部　提供）

中金花桥数据系统有限公司（党群工作部　提供）

昆山迪安医学检验实验室有限公司（党群工作部　提供）

施努卡（苏州）智能装备有限公司（党群工作部　提供）

沪苏人工智能创新中心（党群工作部　提供）

轨交花桥站周边绿化景观提升（党群工作部　提供）

商湖路建成通车（党群工作部　提供）

原镇政府广场改造（党群工作部　提供）

童书馆（党群工作部　提供）

昆山市中西医结合医院（党群工作部　提供）

昆山市花桥徐公桥中学（党群工作部　提供）

叶辛故乡文学馆（党群工作部　提供）

花桥艺体馆（党群工作部　提供）

8月20日，“戏”承古韵·“装”点花桥——百戏进花桥专场活动举行（党群工作部　提供）

9月16日，2022年昆山市全民健身进机关——定向挑战赛暨花桥经济开发区第二届长三角定向邀请赛在天福国家湿地公园举行（党群工作部　提供）

采样小屋（党群工作部　提供）

公共区域消杀（党群工作部　提供）

战“疫”攻坚行动支部为封控小区发放物资（党群工作部　提供）

区域核酸检测（党群工作部　提供）

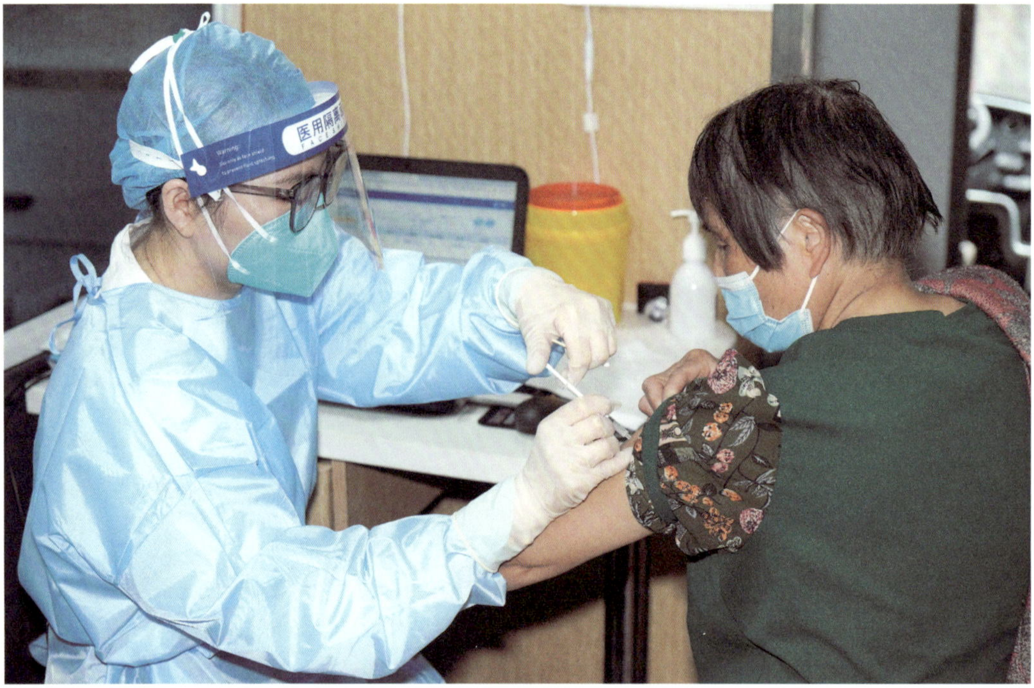

老年人疫苗接种（党群工作部　提供）

沪苏卡口检查站，接送返花人员（党群工作部　提供）

无锡医务人员援花合影（党群工作部 提供）

苏州医务人员援花合影（党群工作部 提供）

花桥经济开发区在昆山市的位置图

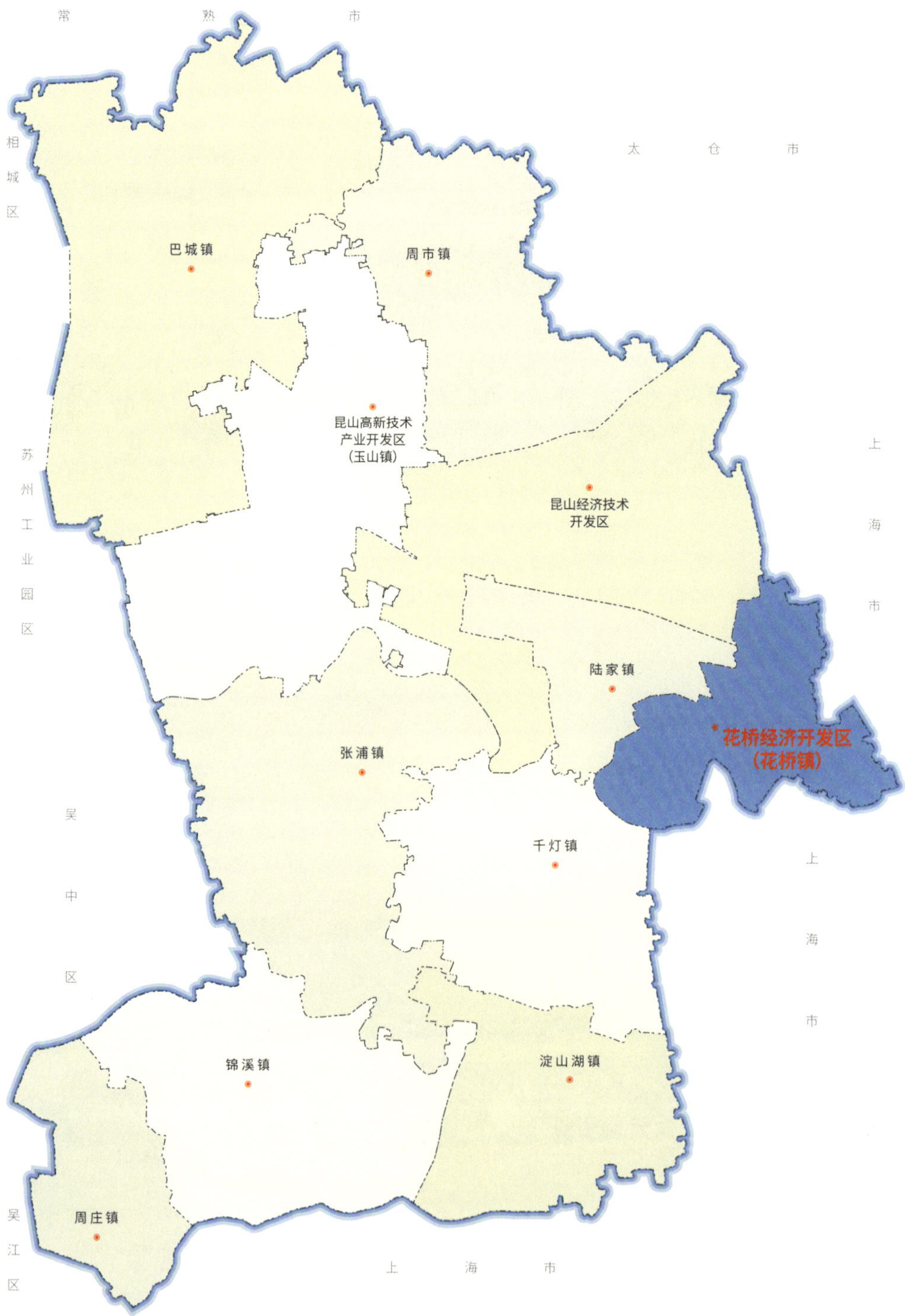

要　目

视 频 目 录

目　　录

党政群团

区域合作

经济发展

人才科创

农业・农村

综合经济管理

园区建设与管理

社会治理

社会民生

教育·卫生

文化·体育

社区

人物·荣誉

附录

花桥国际商务城
HUAQIAO INTERNATIONAL SERVICE BUSINESS PARK

特别报道

20个项目签约，总投资43.8亿元！昆山花桥吹响数字经济产业创新集群“集结号”

今天（7月18日），“数智赋能·链动花桥”花桥数字经济产业创新集群建设推进会在昆山花桥国际博览中心举办。会上，总投资达43.8亿元的20个数字经济项目通过“线上+线下”集中签约，涵盖数字金融、数字健康、数字交通、数字航天等多个领域，达产后预计总产出达272亿元。同时，花桥数字经济产业创新联盟首发启动。

作为沪苏同城“桥头堡”，花桥乘数字经济之势，打造千亿级数字经济产业集群。至2022年末，拥有数字经济相关企业304家，苏州市数字经济入库企业达160家，数字经济年产出超580亿元；建成京东智能产业园、浙江大学新经济发展创新中心等数字经济平台13家，集聚昆山市级及以上数字经济领军人才125人。

数字经济产业发展需要高端人才的支撑。活动现场，花桥经济开发区首批数字经济智库专家聘书颁发仪式举行。武汉大学计算机学院院长杜博，复旦大学软件学院副院长刘钢，中国航天科技集团九院航天时代飞鹏公司总经理刘泽峰，南京财经

7月18日，花桥数字经济产业创新联盟首发启动（党群工作部　提供）

大学法学院党委书记、江苏紫金产业金融发展研究院院长闫海峰，上海理工大学教授、上海理工大学智慧工程研究中心主任樊重俊等5位来自知名高校、科研院所和产业界的专家受聘。

花桥经济开发区与武汉大学签订共建“武汉大学昆山数字技术创新中心”合作框架协议，双方将坚持“优势互补、互惠双赢”原则，在科技创新与成果转移转化、数字技术新型研发机构建设、数字经济发展要素集聚等方面深入合作，建设服务花桥、辐射周边、引领区域，集数字科研、成果转化、人才培养等功能于一体的新型科创平台。

中国工程院院士、武汉大学副校长李建成表示，中心的成立是建设花桥经济开发区数字经济产业创新集群的重要举措，武汉大学将充分发挥人才、科研优势，结合花桥实际，汇聚“政产学研”各方资源，打造一个集人才培养、应用研究、成果转化等于一体的新型科技创新平台。

“此次合作，不仅让高校的技术理论走出象牙塔，更好地服务地方经济发展，而且为花桥带来了武汉大学人工智能、计算机科学技术、软件工程等优势学科的先进技术和人才。”武汉大学计算机学院院长杜博告诉记者，双方将共同推动培育数字经济领域的高端人才，实现高校与地方的双赢。

为进一步集合政产学研资源，加快数字经济和实体经济融合发展，花桥数字经济产业创新联盟首发启动。据悉，该联盟将全面实施“1+3+N”共建共商共享机制，联合政府、企业、基金、院所、智库、协会等“N”方要素汇聚，构建内外联动、上下联结的桥梁，共同把花桥打造成为活力迸发、潜力无限的数字经济产业“生态圈”“强磁场”。

苏银凯基消费金融有限公司是由江苏银行、凯基商业银行、海澜之家、五星控股集团联合发起设立的全国消费金融持牌专营机构，是全省第2家获批开业的持牌消费金融公司，也是昆山金改区获批后首个落户的法人金融机构。活动当天，苏银消金20亿增资到账发布，苏银消金将以此次增资为契机，在全新的数字时代里不断优化自我创新能力，提升全渠道运营布局水平，努力成为昆山金改区示范金融公司、业内数字化标杆公司。

花桥始终坚定扛起昆山市委市政府赋予花桥打造“数字经济实验区”的使命担当，全面协同上海“国际数字之都”、数字苏州建设，努力打造数字金融、健康、商贸、信息、文旅、交通、航空航天和智政数转“7+1”产业发展创新集群，为花桥数字经济产业高质量发展注入了强劲动能。

（摘自2022年7月18日“交汇点”新闻，撰稿：徐衡）

江苏昆山花桥经济开发区：打造三大平台 赋能楼宇经济发展

为深入贯彻新时代党的建设总要求和组织路线，深入推进“五聚焦五落实”，根据昆山市委“五抓五提”专项行动工作部署，要求加快健全党组织领导下的四方协同、八责联动治理工作体系；通过组建党建联盟、成立行动支部、明确服务专员等举措，持续优化党建惠企服务。江苏昆山花桥经济开发区创新打造“楼宇大党委”“楼宇议事会”“先锋专委会”三大平台载体，进一步完善基层组织体系，加快全区各领域党建融合提标，畅通对企业的意见收集和问题响应机制，全面提升楼宇党建工作实战实效水平，为花桥打造数字经济实验区，建设宜居宜业青年城提供坚强组织保障。

打造“楼宇大党委”，组织体系在一线扎根。以完善上下贯通、执行有力的组织体系为重点，突出抓基层、强基础、固基本，不断将党的政策理念贯彻到楼宇党建发展全过程。完善组织建设。创新“楼宇大党委”，以楼宇为中心，将周边楼圈、商圈、街圈等三圈党建资源整合，形成“‘两新’组织党委—楼宇大党委—楼宇党组织”的三级组织体系，促进区域内的各类型党组织和党建资源共享和融合。按照“不求所有、但求所用”的原则，在楼宇内统一建设新桥功能党组织，把大量创新型、创业型流动党员纳入功能型党组织中强化教育引导。优化党群阵地。按照“党群阵地一体部署、资源服务一站集成、党员管理一体落实”的“三个一”工作思路，建设以“共享·志趣”为核心理念的“享·趣”楼宇党群服务点，常态化举办“享·趣”系列服务活动，下派专职党务工作人员，综合设置党建规范指导、党建创新研发、党员教育管理和党群交流服务4大功能，指导企业党组织创设党员先锋岗、党员责任区、党员突击队，充分发挥党员在提升服务、优化管理、研发创新、攻坚克难等方面的先锋模范作用，初步实现楼宇党的工作覆盖率达到100%。建强书记队伍。突出政治标准，实施“头雁双培计划”，按照组织程序，把一批思想好、素质高、能力强、作风硬的优秀党员充实进支部领导班子。聚焦楼宇党建发展新形势新要求，开展“书记思享汇”，落实楼宇党建联盟交流议事会机制，举办先锋训练营主题活动，推动楼宇党组织书记拓思路、强业务。

设立“楼宇议事会”，工作力量在一线整合。以建立楼宇企业为主体、多元共治的楼宇治理协商平台为抓手，促进楼宇资源、需求、项目共建共享，实现楼宇治理现代化。凝聚治理合力。以打造“立体化社区”为理念，借鉴居委会工作模式，主动将疫情中楼宇管理、服务、志愿者队伍等各种先锋力量用“楼宇议事会”固化下来、组织起来，由政治觉悟高、协调能力强的楼宇人员担任“楼长”，其他先锋人员担任“楼小二”，共同开展楼宇治理服务，对上打通与各政府职能部门联系通道，对下畅通企业、职工联系服务，对外联通社会有效资源，让他们成为在党组织引领下楼宇治理的重要依托力量。优化治理模式。推进落实“楼宇议事会”定期学习、工作例会、社情民意通报三项工作，常态化开展走访联系，实现楼宇企业、员工底数清、情况明。聚焦诉求“一口式”受理、问题“一条龙”对接工作要求，构建“企业需求提出—议事会处理汇总—职能部门解决—议事会反馈闭环”协调机制，协调解决中

10月28日，楼宇党建“先锋行”工作推进会召开（党群工作部　提供）

铁建设大厦寒暑假子女照料、建滔广场疫情防控等相关问题48个。拓展治理效应。推进楼宇特色服务资源向社区治理延伸，常态化开展“党建睦邻”“先锋先行”系列服务活动，主动认领社区微心愿，以区域化党建引导商务楼宇融入基层治理，苏银凯基、华道数据、叮咚买菜等一批企业为社区提供各项暖心物资、工作岗位等各类服务27个。同时，围绕苏州“根系工程”工作部署，鼓励楼宇内党员和热心群众成为“海棠先锋”，重点了解群众生活中的问题和困难，收集意见和建议，宣传党的方针政策，引导群众参与基层治理，推动形成共建共享工作格局。

创新“先锋专委会”，问题困难在一线解决。以解决问题为导向，加快推进机关服务资源供给侧改革，持续优化营商环境，让企业切身体会到党委、政府的温度。建强服务战队。以企业集聚度高、人员集聚度高、楼宇产值高的税收“亿元楼”“准亿元楼”为基础，创新设立“先锋专委会”9个，服务专员由党群、经济、社会民生、安全生产、行政审批等部门的党员骨干担任，创新“1730”工作模式，即由1人召集统筹、7人组团答疑和30人聚力帮扶，通过“了解—宣传—协调—收集—跟踪”全链条工作机制，推动机关党员干部在解难题、办实事中挑重担、唱主角。整合服务资源。打造“相约星期五”品牌，围绕企业全生命发展周期，全面整合各机关部门服务资源，形成6大类117项具体服务项目。每月末周五，利用午间一小时，深入各大楼宇企业，利用“线上＋线下”开展产业政策、疫情防控等政策讲解会15场次，惠及企业职工超2万人次。进一步推进服务资源进楼宇。依托行业党委，开展“企业家沙龙”、融资洽谈会等活动，强化产业资源、技术研发等方面的经验交流。完善服务机制。设立先锋服务专委会固定联席会议制度，每月固定由先锋服务专委会召集人召集全体专员，联系楼宇产权方（物业负责人）、楼宇企业代表、楼宇议事会、楼宇大党委开展联席会议，分别召开工作研究会、先锋交流会、工作提升会，不断做实专委会具体工作。设立档案留存制度，每月对服务事项实行档案留存工作制度，以留存制度推进工作闭环，按季度报组织部门留存。

（摘自2022年11月16日《新华日报》第16版，撰稿：昆山花桥经济开发区党群工作部）

刘畊宏入驻昆山花桥“畊练村”梦世界两岸数字文娱产业园开园

今天（11月25日），花桥梦世界两岸数字文娱产业园开园，由中国台湾艺人刘畊宏主要运营的“畊练村”同时揭牌。项目从初次洽谈到建成揭牌只经历4个月，将紧扣名人IP汇聚头部资源、紧扣新零售构建产品体系、紧扣元宇宙开创全新数字文娱业态，努力打造年产值500亿元的国家级园区和两岸数字文娱新地标。

作为昆山唯一的苏州市数字经济产业园，花桥始终敢于探路、勇于示范，率先以全域数字化理念高标准打造数字经济实验区，拥有昆山全市最多的苏州市数字经济入库企业，形成数字文化、数字金融等“7+1”数字经济产业体系，数字经济规模超500亿元。花桥也是一座创新创业的青年城市，35岁以下人口占总人口的58%，为

11月25日，昆山花桥梦世界两岸数字文娱产业园开园仪式举行（金融业发展办公室　提供）

发展数字经济提供了良好土壤。

花桥梦世界两岸数字文娱产业园占地240亩，总建筑面积35.6万平方米，已引进周杰伦、刘畊宏等重磅流量明星IP，并入驻巨星传奇等38家数字文化企业。园区将以增进两岸文化交流为导向、以提振数字文化产业为抓手、以创建青年城市新阵地为目标，高标准建设昆山首个两岸数字文娱产业园，为花桥数字文娱产业高质量发展注入崭新的活力。

“畊练村”将着力打造集Live House、明星厨房、肥油咔咔掉直播间、空中健身房等业态于一体的大型总部直播基地，围绕全民健身理念，推动直播产业发展深入布局，致力于打造全国最大的健康生活IP矩阵。刘畊宏现场介绍了“畊练村”的建设初衷和未来愿景。“畊练”取自刘畊宏名字中的“畊”字，“村”释义为美好集聚地，刘畊宏一直致力于推广全民健身理念，向公众传播健康生活态度及科学健身方式，并呼吁更多有影响力的人投入到健身中。

当前，花桥文化产业以做优“文化创意”内核、打响“数字文化”品牌、拓宽“文旅融合”版图为方向，不断吸引高端产业要素和文化人才汇集。至2022年末，已集聚文化企业1031家，其中规模以上文化企业39家，产业规模及项目质量在昆山范围内稳居前列——花桥文化核心领域文化产业占比位列昆山第一，规模以上文化企业数量位列昆山第二，今年新增规模以上文化企业数量位列昆山第一，区内企业“炫生活”“蒲公英”获评江苏省级文化科技企业。

昆山市委常委、花桥经济开发区党工委书记、管委会主任李晖表示，梦世界两岸数字文娱产业园和“畊练村”的顺利开业，将引领数字文娱产业发展新风尚新浪潮，为花桥注入更多时尚元素、年轻活力和创新动力。“花桥也将以最大诚意、尽最大努力，让台商台胞在花桥这座热情洋溢的青年城市中创新如意、创业如意、生活如意、万事如意。”

昆山市副市长单杰说，昆山立足满足人民群众对美好生活的向往，紧扣现代化建设、高质量发展的要求和市民文娱消费快速增长需求，抢抓数字文娱发展先机。项目建成启用后，将为昆山注入强大产业活力。

（摘自2022年11月25日“引力播”，撰稿：朱新国）

昆山花桥：群防群治志愿体系让社区战“疫”有力有序

江苏省昆山花桥经济开发区聚福社区现有黄城花园、可逸兰亭、两岸新都心苑3个小区，常住人口1.8万人。疫情发生以来，严峻的防控形势一度让社区干部能力“超载”。特殊时期，如何让18000人的社区战“疫”井井有条、忙而不乱？

社区管家细致周到

历经30多轮核酸检测，对昆山花桥经济开发区聚福社区工作人员来说，疫情防控工作的各种规范流程图，包括核酸检测前后每个环节、每个细节，如今都深深地刻在了他们的脑子里。疫情发生以来，周边多个社区被划分为封管控区，聚福社区人口多，防控工作压力大。“要让群众看到希望、看到力量！”社区第一时间成立“聚心抗‘疫’”行动支部，发动“红色引擎”，凝聚机关干部、“星期天先锋”、企事业单位工作人员、各类志愿者的力量，让党旗高高飘扬。

迅速成立的还有各小区的楼栋住户群。由于小区楼栋数多，社区工作人员特意制作了楼栋住户群二维码，在核酸检测点等醒目位置张贴，居民通过扫码可以找到相应的楼栋群号。每个楼栋住户群，都配有专属志愿者，这样一来，居民表达诉求、进行信息沟通也就更便捷了。

细节决定成败。疫情防控中，一些看似琐碎的小事、细节，往往决定着防控的效果、质量。社区干部根据社区实际情况，编写了《聚福疑难小手册》，将疫情防控工作开展以来遇到的疑难点问题以及群众关切的相关情况进行归纳梳理。手册中包含政策解读、就医及配药流程、各卡口咨询电话等八大项内容，所有社区干部及值班人员均能熟悉掌握。

志愿者领袖站“C位”

“明早核酸检测，需要50名志愿者……”招募信息刚在群里发布，短短17秒，名额秒光。志愿服务抢着上，疫情防控有担当。在可逸兰亭小区，由160多名居民自发组成的志愿者队伍，投入到小区一线防控中来，累计防疫志愿服务时长超过2万小时。这支名叫“微光”的志愿者团队，忙碌在小区的各个角落，以点滴微光汇集成战胜疫情的万丈光芒。领队张宴慈就曾在2020年的疫情防控阻击战中带领着团队为小区倾情援助，如今，面对突袭的疫情，她与“微光”志愿者们再次冲锋上阵。

在聚福社区，几个核心志愿者一起推选

出了10名有号召力的志愿者领袖，大家称其为“C位”志愿者。“C位”志愿者负责配合点位长统筹安排工作，要求迅速响应点位需求，保障社区与点位的联络，确保点位核酸检测工作顺利进行。同时，志愿者团队建立“十分钟通知到位、三十分钟集结待命、一小时到岗工作”的工作机制，完善召之即来、来之能战的志愿者保障机制。

除了“微光”志愿者团队，还有“睦邻”志愿者团队，以及由企事业单位的工作人员就地转为志愿者的团队，活跃在社区，从线上到线下，一个个“红马甲”在疫情面前站出来、在关键时刻顶上去，在各个岗位上发光发热，成为防控一线不可或缺的力量。

独行快，众行远。志愿者们身体力行，让爱心在行动中播撒，让正能量在传播中延续，吸引带动更多人参与其中，志愿者团队也越来越壮大。

在共同应对疫情的过程中，社区的凝聚力在提升，自治力在生长。

“有了更多的志愿者与我们并肩作战，这样的精神风貌和战斗力，正是我们抗击疫情的底气所在、信心所在。”聚福社区党总支副书记陶超超说，“我们欣喜地看到，一名名志愿者与医务人员、社区工作人员、小区物业密切配合，疫情防控网越织越密。”而一些温暖的志愿行为，也改变了楼栋、小区、社区的邻里氛围，大家守望相助，正能量涌动，慢慢形成了社区治理共同体。“我们既要把握防控的准度，也要兼顾暖心的温度。居民们经过长时间防疫，难免出现焦躁情绪，此时一句贴心的话语、一些暖心的举动，都会让居民们感受到一丝温暖。”张宴慈对团队提出的要求，让志愿服务得到了众多居民的肯定与理解，正是有了居民的肯定与理解，才为忙碌的志愿工作增添了力量。

疫情是一场危机，同时也是一个契机。对聚福社区来说，疫情下“生”出来的业主群、志愿群，通过疫情排摸的“困难户”、暴露出的问题短板，都将成为今后社区治理和居民自治的宝贵经验。

下一步，昆山花桥经济开发区将在小区疫情防控实战经验的基础上，探索构建以社区为主体，以社会志愿者为主力军，建立“1+15+159+X”四级架构的群防群治社区治理志愿服务体系，即通过区文明办牵头，统筹群防群治社区治理志愿服务工作，15个社区统领本社区群防群治社区治理志愿服务工作，在159个小区招募小区志愿者领袖，以及楼栋长志愿者和楼道长志愿者，负责具体落实每个楼栋及楼道群防群治社区治理志愿服务工作，加快形成居民“自我管理、自我教育、自我服务、自我监督”的社区自治新模式。

（摘自2022年4月27日“央广网”，撰稿：刘健）

“昆山元素”闪耀冰雪盛会，两名设计师为开幕式设计6套服装

2022年2月4日，在北京冬奥会开幕式上，清丽脱俗的服装成为亮点之一。其中，有5个角色的服装和护旗手服装为“昆山设计”。

2021年，冬奥会开始进行服装设计征集，位于昆山花桥的北京服装学院晨风时尚产业学院入驻设计师品牌 CHENPENG 和 FENGCHENWANG 团队负责人陈鹏、王逢陈第一时间报名，并在与50个设计师同台竞技中脱颖而出，成为冬奥会开幕式服装设计师。

作为首个被冬奥会开幕式导演组确定的设计师，陈鹏还清楚地记得参加全国海选时的情景。由于准备的东西较多，陈鹏主动选择第一个汇报展示，不想，导演临时在汇报厅插进了一个会议，而他们带去的服装样品正好摆在一旁。“可能就是这个小插曲，让所有专家仔细地研究了我们的

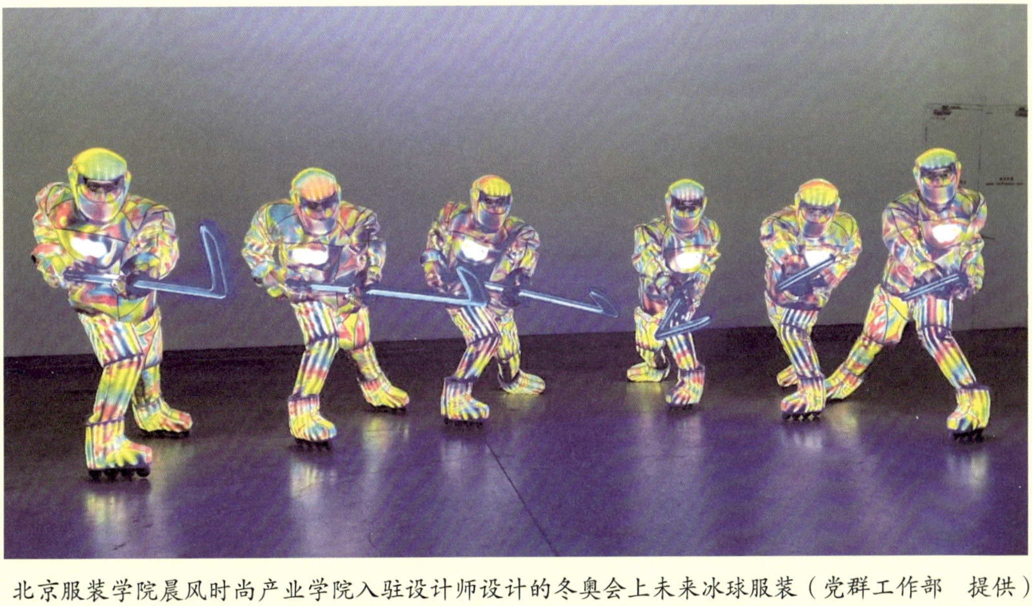

北京服装学院晨风时尚产业学院入驻设计师设计的冬奥会上未来冰球服装（党群工作部　提供）

作品吧，不仅现场得分最高，而且当天晚上就接到了入选电话。”陈鹏说。

从2021年度6月开始，根据导演组的安排，陈鹏就开始带领团队参加到开场节目《立春》举杆员表演服、五环展示未来冰球服、和平鸽儿童服装、致敬人民轮滑表演服、各国运动员举旗手服的设计研发中。其间，由于节目不停变化和调整，服装也要随时跟着改变。

结合中国农历春节的大背景，陈鹏以中国年画娃娃为灵感，配以中国红和盘扣为点缀，融入国家非物质文化遗产之一的“蔚县剪纸”中的窗花造型，并在图形设计中糅合和平鸽、橄榄枝、雪花、中国国家跳台滑雪中心（雪如意）、梅花等元素，于无声中传递新春的喜庆祝福，展示丰富绚丽的中华传统文化。

作为开幕式奥林匹克会旗护旗手服装主创设计师，王逢陈则以中国传统的山水国画作为灵感源，将艺术印花羽绒服外套和中西结合色套装相组合，用当代设计诠释时尚与传统的融合，成为开幕式又一服装亮点。

（摘自2022年2月17日《苏州日报》第A03版，撰稿：朱新国、占长孙）

大事记

1月	1日	昆山市委书记周伟到花桥督导新冠病毒疫情防控工作，慰问节日期间坚守岗位的一线工作人员。
	4日	花桥经济开发区2021年度抓基层党建述职会召开。
	△	花桥经济开发区集体廉政谈话会召开。
	11日	花桥经济开发区传达贯彻市两会精神专题会议召开。
	△	花桥经济开发区2021年度综合考核工作汇报会召开。
	12日	花桥经济开发区新冠病毒疫情防控工作会议召开。年内召开相关会议11次。
	13日	中国共产党花桥镇第十七届代表大会第二次会议暨2021—2022年度党员冬训部署大会召开。
	△	花桥经济开发区绿地大道（巷浦路—常发路）通车。
	18—19日	花桥镇第二十届人民代表大会第一次会议召开。会议选举产生镇二十届人大主席韩晓燕，镇长岳俊，副镇长李欣、张强、陈志刚、张超、吴东海、韩超。
	20日	花桥经济开发区纪工委监察工委纪检干部“砺剑工程”讲堂开讲。
	21日	花桥经济开发区安全“四进四排查”集中行动部署会暨安委会全体成员（扩大）会议召开。
	△	花桥经济开发区党史学习教育总结会议召开。
	22日	花桥经济开发区党工委理论学习中心组深入学习领会党的十九届六中全会精神学习研讨会举行。
	24日	花桥经济开发区党工委党史学习教育专题民主生活会召开。
	25日	花桥经济开发区与昆山杜克大学校地合作签约暨花桥 & 昆山杜克创新合作联盟揭牌仪式举行。
	30日	江苏省外事办公室主任孙轶到花桥走访慰问昆山中转基地工作人员、指导省对接上海转运工作。
2月	3日	昆山市委书记周伟带队到花桥看望慰问省涉外协调转运组对接上海转运工作专班。

10日 花桥经济开发区开展“重温入党誓词·坚定初心使命·全面对标超越”主题活动。

20日 花桥经济开发区开展区域核酸检测。年内开展区域和重点人员核酸检测162轮。

21日 花桥企业航天时代飞鹏有限公司“大型无人运输机系统”项目上榜2021年“科创中国”先导技术榜。

28日 花桥经济开发区重点实事工程推进会议召开。

△ 花桥人民法庭获评“全省法院党建工作先进集体”。

3月

7日 江苏省委常委苏州市委书记曹路宝到涉外防控昆山中转基地、好孩子集团、NSK 公司、上海轨道交通11号线花桥站等地检查新冠病毒疫情防控措施落实情况，调研企业复工复产、重大项目建设等工作。

8日 苏州中级人民法院党组书记蔡绍刚调研花桥人民法庭。

△ 花桥经济开发区全国两会安全防范暨全区安全生产工作会议召开。

9日 花桥经济开发区建设工地各类垃圾规范化处置专项联合执法行动暨餐饮油烟违规排放和夜间建筑施工环境违法行为专项整治工作推进会召开。

12日 花桥经济开发区绿化植树活动举行。

18日 花桥经济开发区开通24条定制接驳专线，“点对点”服务参与新冠病毒疫情防控工作医务人员、志愿者。

24日 苏州市人民政府督查室主任徐自建到花桥国际博览中心调研方舱医院。

4月

17日 江苏省副省长、公安厅厅长刘旸到花桥检查指导新冠病毒疫情防控工作。

18日 昆山市委副书记、市长陈丽艳到花桥驻点指导新冠病毒疫情防控工作。

19日 江苏省委常委、苏州市委书记曹路宝到花桥督导新冠病毒疫情防控、保供保畅和管控工作。

	28日	苏州市委常委、组织部部长祁松到花桥慰问无锡援昆核酸采样队。
	△	花桥经济开发区便民服务中心团支部获评“江苏省五四红旗团支部”。
5月	2日	礼送援昆医疗队返程仪式在花桥国际博览中心举行。昆山市委书记周伟，市委常委，区党工委书记、管委会主任李晖参加活动。
	16日	江苏省吴淞江整治工程开工动员会举行，会议以视频形式在水利部和南京、花桥同步举行。
	△	苏州市委副书记、市长吴庆文到花桥督导昆山东部沿沪防线新冠病毒疫情防控工作。
	30日	花桥经济开发区筹建的首个“昆山市垃圾分类宣教学院”揭牌成立。
6月	2日	花桥经济开发区夏季安全生产“百日攻坚”行动动员部署会暨安委会全体成员（扩大）会议召开。
	9日	常熟市政协副主席钱向前到花桥考察昆山市中西医结合医院。
	20日	全国人大常委会法工委研究室副主任贾红梅到花桥开展立法调研，深入了解数字经济产业发展动态与立法需求。
	△	昆山市委书记周伟带队到花桥专题调研沪昆通勤工作。
	22日	花桥经济开发区传达贯彻苏州市委常委会专题调研昆山工作会议精神暨全区半年度工作会议召开。
	29日	国务院第三次全国土壤普查领导小组办公室专职副主任、农业农村部农田建设管理司一级巡视员陈章全到花桥调研，指导第三次全国土壤普查工作。
	△	雄安新区改革发展局局长、投资促进服务中心主任王彦伟到花桥调研。
	30日	淮安市政协副主席肖天奉到花桥考察。
7月	5—8日	苏州市政府性债务专项督查组组长徐新华到花桥开展政府性债务专项督查。
	7日	江苏省纪委监委派驻省科技厅纪检监察组副组长赵辉到花桥视察指导工作。

△ 苏州市退役军人事务局党组书记、局长王俊到花桥调研。

△ 苏州市财政局机关党委专职副书记（组长）朱炜到花桥开展“走基层下一线”党员先锋行动集中走访活动。

12日 花桥经济开发区蒂森克虏伯汽车车身智造中心项目签约仪式举行。

△ 昆山市委书记周伟带队到花桥调研新冠病毒疫情防控工作。

14日 花桥镇第二十届人民代表大会第二次会议召开。

15日 花桥经济开发区“百团进百万企业千万员工”安全生产专题宣讲活动举办。

18日 花桥数字经济产业创新集群建设推进会召开。

20日 花桥经济开发区高空坠物与拆违安全专项行动暨废品回收专项整治工作推进会议召开。

22日 花家湾商业项目首根方桩静压施工完成。

28日 易商花桥智能制造及新零售产业园开工暨中航易商REIT上市启动仪式举行。

29日 江苏省高级人民法院服务乡村振兴（花桥人民法庭）实践基地暨苏州法院诉源治理示范法庭揭牌仪式举行。

8月

1日 花桥镇通过国家卫生镇复审。

2日 无锡市滨湖区蠡园开发区党工委书记王子健到花桥调研。

4日 昆山台协会长分区行花桥分区专场活动举行。

10日 江苏省人民政府副秘书长、办公厅主任谢润盛到花桥督导党的二十大维稳安保工作等有关情况。

△ 花桥经济开发区传达贯彻省委、苏州市委、昆山市委工作会议精神专题会议召开。

15日 辽宁省朝阳市喀喇沁左翼蒙古族自治县政协副主席韩锡广、仲景艳到花桥考察。

22日 花桥经济开发区领导干部会议召开。

24日 花桥经济开发区深入打好污染防治攻坚战推进会暨大气环境质量“提质增优”攻坚会召开。

	31日	苏州市总工会党组书记、副主席朱建春一行到恩斯克（中国）研究开发有限公司调研产业工人队伍建设改革工作。
9月	5日	水利部建设管理与质量安全中心主任张严明到花桥开展水利行政主管部门质量监督履职情况巡查工作。
	△	花桥经济开发区文明城市建设工作推进会召开。
	8日	中华全国总工会党组成员、经审委主任李晓钟到花桥调研。
	△	江苏省人大常委会副主任马秋林到花桥调研。
	9日	花桥经济开发区庆祝第38个教师节表彰活动暨“临沪飞翔·教育提质”签约启动仪式举行。
	10日	昆山市委书记周伟率队到花桥督导检查新冠病毒疫情防控工作，走访慰问坚守岗位一线的工作人员。
	13日	花桥镇上榜2021中国乡镇综合竞争力百强，位列第5名。
	15日	花桥经济开发区“防风险、守底线，迎二十大”安全生产工作会议召开。
	22日	上海国际问题研究院学术咨询委员会主任杨洁勉到花桥考察。
	23日	江苏省疫情防控督导组陈金观到花桥考察。
	△	震雄铜业集团有限公司上榜2022江苏民营企业制造业100强，位列第47名；上榜2022江苏民营企业200强，位列第66名。
	24日	花桥欧美同学会（留学人员联谊会）成立大会召开。
	28日	花桥经济开发区领导干部会议召开。
10月	2日	江苏省外事办公室主任孙轶到花桥督导调研对接上海转运工作运行情况。
	8日	花桥经济开发区“奋战四季度·决战全年胜”动员部署会暨优化营商环境推进会召开。
	10日	江苏省人民政府参事徐惠民到花桥调研天福国家湿地公园。
	11日	江苏省第二驻点督导组徐安欣到花桥督导党的二十大安保维稳工作。
	14日	花桥经济开发区2022年度综合考核工作推进会召开。

16日　花桥经济开发区组织收听收看习近平总书记在中国共产党第二十次全国代表大会上的报告。

21日　江苏省发改委二级巡视员金乐君到花桥督导吴淞江（江苏段）整治工程一期一标段工程。

28日　花桥经济开发区楼宇党建“先锋行”工作推进会召开。

11月

7日　昆山市委副书记、市长陈丽艳带队到花桥开展专题调研。

8日　江苏省人大常委会副主任魏国强到花桥开展“学习贯彻党的二十大精神，全面推进乡村振兴”专题调研。

10日　昆山市人民法院花桥人民法庭入选最高人民法院发布的“打造枫桥式人民法庭服务基层社会治理”典型案例——服务新型城镇化建设篇，成为全省入选该批案例的唯一基层人民法庭。

15日　苏州市委宣传部副部长、网信办主任陈雪嵘到花桥调研网络综合治理体系建设工作。

18日　花桥镇人大代表“统一接待日”活动开展。

△　《2022年中国中小城市高质量发展指数研究成果》发布，花桥镇位列全国千强镇第5名，比上年上升4位。

25日　学习贯彻党的二十大精神市委宣讲团宣讲报告会在花桥举行。

△　昆山花桥梦世界两岸数字文娱产业园开园暨“畊练村”揭牌仪式举行。

28日　“花桥 AI 感知中心”入选2022年江苏省信息技术应用创新优秀应用示范案例。

12月

7日　江苏省完成2022年度全省开发区土地集约利用评价工作，花桥经济开发区在省级产城融合型开发区中排名第一。

9日　2022年江苏省潜在独角兽企业评估结果发布，花桥2家企业——江苏普飞科特信息科技有限公司、航天时代飞鹏有限公司上榜。

14日　花桥经济开发区传达贯彻中国共产党昆山市第十四届委员会第四次全体会议精神会议召开。

（高云蕾）

花桥国际商务城
HUAQIAO INTERNATIONAL SERVICE BUSINESS PARK

年度报告

2022年年度报告

2022年，面对复杂的国际国内形势、繁重的改革发展稳定任务，特别是反复延宕的新冠疫情，在区党工委、管委会和镇党委的正确领导下，在镇人大主席团的有效监督和各部门的大力支持下，花桥经济开发区坚持以习近平新时代中国特色社会主义思想为指导，学习贯彻党的二十大精神，全面落实“疫情要防住、经济要稳住、发展要安全”重大要求，高效统筹疫情防控和经济社会发展，统筹发展和安全工作，勇担“做强花桥国际商务区”新使命，聚焦“1310”工作目标，各项工作取得来之不易的成绩，位列全国综合竞争力百强镇、综合实力千强镇双第5，分别比上年度提升1个、4个位次。全年完成地区生产总值401.32亿元，比上年增长0.8%，迈上400亿元新台阶；一般公共预算收入54.18亿元，增长5.2%；服务业增加值314.92亿元；限额以上社会消费品零售总额总量全市第二、增速全市第一，规模以上交通及营利性服务业总量全市第二；规模以上工业总产值212.24亿元，增长11.6%，增速全市第二；固定资产投资91亿元；进出口总额21.21亿美元，超额完成全年目标。

坚持颜值提升和内涵提质相结合，切实推动“城”的韧性发展。城市形象更加靓丽。城市标志性功能更加凸显，中骏·世界城主体结构封顶，叶辛故乡文学馆开馆，艺体馆完成验收。完成中央公园改造工程一期。老镇区更新扎实推进，完成原镇政府广场改造，花家湾、花忆江南等开工建设。在财政收支矛盾突出的情况下，大力压减全年支出经费，有效保障132项政府投资重点实事工程，年度投资完成率88%。以敢啃“硬骨头”的决心勇气，向城市发展堵点难点攻坚突破，顺扬打工楼、天福路北侧等10个地块实现清零，人民路等6处D级危房实现拆除解危，拆除违法建设18.3万平方米，超额完成全年目标任务，消除一批影响城市形象品质的顽瘴痼疾，也为转型发展、城市更新腾出发展空间。新改建蓬青路、光明路等道路6条。高标准建成公厕2座、公交候车亭28座。新增国土绿化面积8.5万平方米、闲置地覆绿5万平方米，建成口袋公园2个、“昆小薇”项目4个，“推窗见绿、出门入园”正在成为美好现实。城市运行更加平稳。集成指挥中心“一底

花桥＋沪苏同城“桥头堡”

座两中心”加快建设，“AI感知中心”获评省信息技术创新应用示范案例。深入推进安全“四进四排查”等专项行动，完成三级挂牌督办安全生产重大隐患整改项目14个，整治各类隐患1.5万处。实现高层住宅“智慧消防”全覆盖，推进世纪华城等小区消防设施设备维修工作，火灾事故起数比上年下降58.8%。污水处理厂处理量实现翻倍，新建污水管网3千米。国考断面、全区河道水质持续稳定达标，16条劣Ⅴ类河道全部销号，提前两年完成三年消劣任务。大气环境综合质量位列全市第二。垃圾分类考核位列全市第一，金城小学获评苏州市公共机构生活垃圾分类工作示范单位。城市融合更加拓展。“亭桥鹤”城镇圈建设纳入《上海大都市圈空间协同规划》，是全市唯一被提及的区镇。根据疫情形势动态优化管理措施，实施“出沪返花、欢迎回家”计划，稳妥做好超6万沪昆通勤人员管理。服务保障超6000名“飞地”居民，解决各类疑难问题579个，涉及1064人次，开启“飞地”联防联控新模式。外青松公路改扩建、沿沪大道对接胜利路等省际“断头路”加快建成。落实区域一体化发展战略，深化与陆家镇在基层党建、交通设施、综合治理等六个方面的联动发展。

坚持招大引强和数字赋能相结合，切实推动“业”的创新发展。重大项目逆势突破。瞄准数字经济、总部经济、研发经济主攻方向，深入开展项目攻坚服务月活动，举办花桥数字经济产业创新集群建设推进会、易商产业园开工仪式等重大活动。实际使用外资1.7亿美元，新增注册资本超亿美元项目2个，新增国华新能源等超亿元项目8个，世界500强企业蒂森克虏伯汽车车身智造中心落户。新增苏州市数字经济入库企业49家，位列全市第一。苏银消金爆发式增长，20亿元增资到账。震雄铜业连续上榜江苏民营企业百强。华迅工业、信华信、莱士阁获评苏州市数字经济示范企业。京东智能产业园、云工包装入选苏州市级文化产业重点项目。创新动能积蓄澎湃。举办花桥 & 昆山杜克创新合作联盟揭牌仪式，武汉大学花桥数字技术创新中心签约落地。新增京东科技孵化器等科创平台3个、科创承载空间20.7万平方米，有效运营科创空间超100万平方米。新认定省级科技企业孵化器1家、众创空间1家。认定省工程技术研究中心1家。获评省三星级以上上云企业5家。芯龙光电成为全球5家获评世界知识产权组织全球奖的企业之一。航天时代飞鹏、普飞科特入选2022年省“潜在独角兽”企业。国绿新材料等6家企业获评省“专精特新”企业，取得历史性突破。存量资源有效激活。坚持集约化、高端化发展，一批纵向布局、垂直集聚的高端楼宇加速崛起，培育税收“亿元楼”8栋、“准亿元楼”7栋。盘活晨风集团存量资源，引进时尚品牌CM总部等项目，正加快打造全国唯一的纺织服装全产业链产业园。着力把堵点转变为新增长点，在梦世界引进刘畊宏直播基地“畊练村”等项目，两岸数字文娱产业园开园。落实“减量发展”，实现低效用地再利用27.49公顷。连续六年位列省级产城融合型开发区土地集约利用全面评价第一。

坚持人民至上和人才引领相结合，切实推动“人”的全面发展。民生短板精准攻坚。十大民生实事工程有序推进。探索集体资产运营新路径，拓展业务增收渠道，完成经营收入1.2亿元，发放2021年度村级股份合作社分红1979.1万元。完成花桥中学改扩建，投运徐公桥中学，新增义务教育学位2400个。昆山市中西医结合医院获2021年度省二级公立中医医院绩效考核第11名。不断完善基层卫生服务体系，建成“花家医站”15个。新建社区嵌入式养老服务中心2家。着力破解超大规模社区管理难题，调优社区布局，新建社区4个。物业管理争先创优，获评苏州物业管理示范项目2个，占昆山三分之一；“红管先锋”示范点8个。大力实施“信访突出问题攻坚化解年”行动，完成上级督办交办信访事项7件，办理“阳光信访”交办件409件。获评“无黑城市”示范点2个、五星“枫桥式社区”10个。青年氛围加快营造。聚焦打造品质人才社区，不断完善一站式人才服务中心功能，高标准改造人才公寓292套。投运花儿优育·中心托育园。着力优化人才创新创业环境，打造高品质办公楼宇，构建“1+2+N”楼宇治理架构，打造汇金大厦“金智汇”品牌。举办江南文化花桥足迹等文体旅活动超145场次。人才雁阵活力焕发。充分发挥科创平台优势，大力集聚高端人才，新增人才科创项目81个，其中院士项目3个、国家级重大人才项目2个，新认定江苏省外国专家工作室2家。打造“码上就业”“智汇花桥”等服务平台，与江苏大学、江苏科技大学等高等院校开展引才对接活动11场次，技能人才总量突破1万人。

（刘学明）

园区愿景

2023年园区愿景

中共昆山市委十四届四次全会号召全市上下，凝心聚力打造中国式现代化的县域示范。区党工委、管委会提出展现县域示范“花桥实景”的奋斗目标，明确“争先奋进”的工作基调，为全区谋划工作指明了方向、提供了条件。花桥要以现代化的理念、标准、思路推进所有工作，在“没有先例”的方面率先探索，在“普遍在做”的方面形成特色，在“具有优势”的方面做出示范，以可观可感的“花桥实景”展现中国式现代化现实模样。

一、夯实产业根基，打响“商务在花桥”品牌

坚持产业立区不动摇，用好用足市推进新兴服务业高质量发展的若干政策，培育发展数字赋能型、科技创新型、资源配置型、消费导向型等新兴服务业，不断提升经济能级、做强商务功能。增创主导产业领先优势。把数字经济作为关键增量、总部经济作为重要根基、研发经济作为最大引擎，加快打造三大千亿级产业。放大苏州市数字经济产业园等品牌效应，推动百融云创数字中心等项目落地，全年新认定苏州市数字经济入库企业30家以上，建成省三星级以上上云企业2家。坚持项目为王，瞄准跨国公司地区总部、民企总部、制造业总部等精准突破，年内新引进超3000万美元外资项目3个、超亿元内资项目8个。放大科创平台、人才集聚优势，推动研发端、制造端精准对接，培育一批细分领域“隐形冠军”“雏鹰瞪羚”企业。提升特色园区承载能级。坚持高效集约、特色发展，布局打造数字航空、数字时尚创意、数字文娱、数字金融等四大数字特色园区。创新“平台＋特色园区”“基金＋特色园区”模式，放大社会资本牵引作用，以航天时代飞鹏为龙头，盘活巅峰二期地块，打造数字航空产业园；以晨风集团为龙头，导入晨风面料设计中心等项目，打造数字时尚创意产业园；以梦世界为依托，推进无忧传媒等项目落地，打造两岸数字文娱产业园；把每栋商务楼宇都作为“垂直开发区”来打造，以建滔大厦为先导，支持苏银消金做大做强，加快保险资管、合资证券、金融租赁等法人金融机构申设，打造数字金融产业园。拓展优势领域发展链条。支持产业链垂直整合、兼并重组，着力壮大元宇宙、新零售、金融服务、高端装备研发、汽

数字蓝海
逐梦花桥

车精密部件等五大优势领域。依托数据中心、5G等良好基础，落地建成一批“元宇宙+”应用场景，培育引进一批元宇宙企业。以壹药网、平安好医生等为龙头，叠加电商、物流等企业集聚优势，加快易商产业园建设，推动新零售模式创新、快速增长。放大省创业投资集聚发展示范区效应，吸引一批头部基金及管理公司落户，引进金融投资机构25家。聚焦高端装备研发，深化与航天九院、哈工大等大院大所合作，推动博实、时代飞鹏等达产见效。强化与上海国际汽车城分工协作，发挥恩斯克、浦项、诺克等带动作用，推进汽车精密部件延链、补链、强链。

二、做强核心承载，打响“消费在花桥”品牌

城以市兴。牢牢把握消费升级机遇，注重发挥消费牵引带动作用，不断塑造城市形象、激发城市活力、提升城市能级。构建面向未来的城市格局。以“出沪入花”更美好、“双城”生活更幸福为目标，推进轨交沿线TOD综合性开发，加快建设研祥金融大厦等标志性功能，投运中骏·世界城、五星级华邑酒店、四星级假日酒店，打造站城一体、商务汇聚、功能复合的城市中心；沿鸡鸣塘两岸布局新商业、新功能、新业态，建设可休憩可消费的滨水城市客厅；完善中央公园音乐广场、步道广场等功能，建设年轻人休闲交流的时尚城市客厅，推动形成“一中心双客厅”区域格局。布局功能多元的特色街区。东部，推动游站、乐和城等商业载体改造提升，建设一批数字商圈、商业街区；西部，盘活巅峰一期地块，推进“青年家”建设，打造集创客沙龙、休闲交流于一体的创新创业街区；南部，放大聚杨社区省级数字商务试点社区示范效应，推广“商业进社区”等新型消费模式，打造智慧生活街区；北部，聚力争当沿沪乡村振兴样板，以建设天福生态示范园为契机，打造融合科普宣教、生态观光、农事体验的农文旅示范街区；中部，以原镇政府“微更新”、花家湾、花忆江南等为支撑，打造文化商业街区。营造贴近群众的消费体验。把握消费新趋势、顺应消费新需求，支持好孩子、哈森等企业更好运用网络直播、平台直购等新零售模式，推动线上线下消费双向融合、双向提速。通过“政府搭台、企业让利、消费者得实惠”形式，推动各市场主体、各消费领域开展形式多元的促进消费活动。大力发展社区经济、夜间经济、地摊经济、小店经济，完善邻里中心等“一站式”便民服务，鼓励重点街区及商场、超市、便利店适当延长营业时间，让城市生活的“烟火气”触手可及。

三、集聚高端要素，打响“创新在花桥”品牌

坚持科技是第一生产力、人才是第一

资源、创新是第一动力，不断塑造发展新动能新优势。做强企业创新“能量核”。抓住新一轮创新发展的“上升期”和“风口期”，强力招引更多掌握关键核心技术、拥有前沿科技产品、处于爆发前夜的“硬科技”企业，集聚更多跨界融合、高成长性的初创型企业，年内新增高新技术企业40家。以提高成果转化率为目标，优化机制、打通环节、消除堵点，建立完善以企业为主体、市场为导向的科技成果转化体系。选准培育对象，强化要素保障，提供优质服务，新增上市储备企业2家。构筑平台载体“磁力场”。融入沿沪宁产业创新带、吴淞江科创带建设，放大复旦科技园等科创载体聚合效应，以科创载体功能的整体提升，带动高端创新资源的加速集聚。完善“苗圃—孵化—加速—转化”全链条创新生态，新增科创平台1个，打造产出超亿元科创平台3个，支持西交大花桥创新中心争创国家级科技企业孵化器，力争新型研发机构实现零突破。坚持国资和市场并行，加快建设顺扬·智汇谷（二期）等科创载体，新增科创空间20万平方米。扩大高端人才“蓄水池”。坚持全球视野、国际标准、市场导向，加强与大院大所深度合作，全年引进人才科创项目60个，新增海内外院士、国家级重大工程人才项目4个，认定外国专家工作室1家，力争获评昆山市级以上人才35人。优化科创发展服务中心运营，放大“双创基金”引导作用，引入技术经纪人等科技“红娘”，为人才提供专业化、全方位、一站式服务。突出国际化、高品质，丰富拓展人才驿站会议、交流、学习等功能，让花桥成为青年人才向往的“第一站”。

四、推进共同富裕，打响“生活在花桥”品牌

坚持以人民为中心的发展思想，用心用情解决群众最关心最期盼的“民生大事”“关键小事”，让人民群众时时、处处都能遇见“心目中的花桥”。描绘幸福美好新生活。推进42项重点实事工程，总投资18.2亿元。探索镇村两级集体资产运营管理新路径，走好“新路子”、管好“钱袋子”、算好“民生账”，构建可持续的富民增收机制。创新模式、手段和内容，系统实施“花有优教”“花家良医”“花儿优育”“花老颐养”等四大暖心计划，不断丰富高品质公共服务供给，新改建聚福小学、花桥中心校等12所学校，新增义务教育学位1620个；对接上海“健康云”系统打造智慧医院，推进昆山市中西医结合医院原址改建社区卫生服务中心本部；探索托育园进产业园、进楼宇，投运名俊豪庭托育园；多元化满足老年人需求，优化嵌入式养老服务体系，新建日间照料中心2家。探索综合治理新路径。深耕社区治理，推进社区干部配齐配强、能力提升。深化物业管理模式创新，放大“星期天先锋”示范

作用，激发居民自治“原动力”，打造“红管先锋”重点小区10个以上。聚力“数字花桥”建设，优化完善“一个底座 +N 个主题应用”架构，真正实现数据高度集成、指挥高效运作。推广汇金大厦楼宇工作站模式，强化党建引领、科技赋能，全面提升楼宇治理水平。巩固“城市精细化管理年”成果，实施绿化景观、道路街区提升工程，新建口袋公园、“昆小薇”项目等8个；推进市政设施养护数字化转型，试点建立市政养护信息化平台。完成垃圾分类“亭改房”二期，创成苏州市垃圾分类五星级小区2个。推进臭氧浓度与 $PM_{2.5}$“双控双降”，确保环境空气质量位居全市前列。强化安全生产专委会作用，深入排查整治高层建筑、城镇燃气等重点领域风险隐患。全面推进“枫桥式”社区建设，把信访工作做到群众心坎上。准确把握疫情防控新形势新任务，科学精准抓好分级诊疗、就医用药、疫苗接种等工作。打造城市文化新标识。深入挖掘花桥历史沿革和精神传承，丰富新时代“花桥”内涵，投运艺体馆、“这里有光”纪念馆，打造一批辨识度高的城市文化 IP。提炼体现花桥底蕴内涵的城市形象视觉符号体系，精心设计城市地标、城市天际线等形象标识，创新开展宣传推介和品牌推广，讲好“花桥故事”、展现“花桥形象”。传承发展江南丝竹等非遗文化，推动“昆曲雅集”小剧场等文化场所建设，高标准办好群众文化艺术节等品牌活动。深化文明城市常态长效建设，推进全国文明乡镇创建。

（刘学明）

花桥国际商务城
HUAQIAO INTERNATIONAL SERVICE BUSINESS PARK

花桥概貌

自 然 地 理

【位置面积】 花桥境域中心位于北纬31° 19′，东经121° 。与上海市西郊交界，是江苏的“东大门”，距离上海市中心25千米、虹桥枢纽20千米、浦东国际机场80千米。地处昆山市东部，距昆山市区16千米。东与上海市嘉定区安亭镇接壤，西临昆山市陆家镇、千灯镇，南连上海市青浦区白鹤镇，北依昆山经济技术开发区和上海市嘉定区外岗镇。境内平面图略呈三角形，总面积52.3平方千米。

【地形地貌】 花桥境域系华东陆台范围江南古陆地带，紧靠冈身。成陆年代距今有6000年。约4000年前，先人在这里居住，开创史前文明。花桥地处亚热带过渡地带，属太湖流域下游地区，长江三角洲平原。属吴淞江半高田地区，历史上受黄浦江回潮影响，泥沙逐渐沉积，成土母质为河湖相沉积，局部地区兼有江海沉积。境内地势南高北低，较平坦，自然坡度小，河塘密布，水资源丰富。地面平均高度3.6米（准基面：吴淞零点），耕地高度在3.2米以上的占99.4%。境内土壤起源类型基本为沼泽草甸土类型，经过人们垦种利用、灌溉、施肥等长期实践活动，在自然和社会经济条件的综合影响下，逐步形成现今的水稻土。

【河湖水系】 花桥境内主要过境河流有吴淞江、大瓦浦、徐公河、小瓦浦等9条，总长度约44千米；内部河道有鸡鸣塘、茅巷滩、黄墅江等104条，总长度约138千米。

（沈　红）

【气候】 花桥境域四季分明，气候温和湿润，属亚热带季风气候。2022年，花桥经济开发区气温偏高，年平均气温18.1℃，年内出现49个高温日（大于等于35℃），年极端最高气温40.4℃（出现在8月10日和8月13日）。出现2次寒潮天气，年极端最低气温零下2.6℃（出现在12月18日）。降水正常偏少，年降水量1112.5毫米。年内出现6段连阴雨天气，17次暴雨过程，大于等于0.1毫米的雨日数为114天。年内主要受2个台风影响，出现30天强对流天气（雷雨大风、短时强降水等天气）。日照正常略偏少，年日照时数为1803.7小时。

（陆春燕）

建置区划

【建置沿革】 花桥历史悠久，6000多年前形成陆地。20世纪50—70年代，境内陶家、陆巷、小瓦浦、姜家墩出土石刀、石斧、大量汉代古钱币、釉陶等文物，证明新石器时代已有人类活动，西汉时期境内已有村落。历史更替，几经分治，建乡时又称为镇。1947年3月，境内设花溪乡、安亭乡，属昆山县第三督导区管辖。1949年5月13日解放，归菉葭区管辖。1950年1月，划小乡镇，花溪、安亭2乡划为6乡（金城乡、花溪乡、鸡鸣乡、天福乡、公桥乡、新安乡）78村，全部归菉葭区管辖。1956年3月，合并乡区，6乡合并为花溪、公桥2乡。1956年8月，撤区并乡，花溪、公桥2乡合并为花桥乡，由县直属管辖。1958年9月，花桥乡改为花桥人民公社（政社合一体制），27个高级农业合作社改为生产大队。1983年8月，撤销花桥公社管理委员会，建立花桥乡人民政府，29个生产大队改为29个村民委员会，实行乡管村制度。1986年12月15日，经江苏省人民政府批准，撤销花桥乡，以原有管辖区域成立花桥镇人民政府，实行镇管村制。1995年，花桥镇辖29个村民委员会、1个居民委员会、3个居民小组。2000年11月，行政村区域调整，其中13个行政村合并成6个行政村，减少7个行政村：徐公桥村与新浦村合并为新浦村，珠翠村与星浜村合并为星浜村，石头村与周泾村合并为周泾村，聚杨村与上岸村合并为上岸村，鲍泾村与蓬善村合并为蓬善村，新庙村与曹村泾村、建福村合并为建福村，2002年更名为天福村。2001年8月，行政村区域调整，其中13个行政村合并成6个行政村，减少7个行政村：陆巷村与陶家村合并为金城村，东泾村与祁巷村合并为东泾村，薛家村与赵家村合并为集善村，顺杨村、利生村、水产村合并为顺杨村，芦浦村与三巷村合并为巷浦村，古巷村与姚南村合并为古南村。2003年5月，撤销曹安村、新东村、新浦村3个行政村，建新安、横漕、徐公桥3个社区。2003年12月，花桥、蓬朗镇合并，原蓬朗镇区域范围内的各项工作委托昆山经济技术开发区管理，各项数据不在花桥镇统计。2006年6月，撤销巷浦、周泾行政村，建花溪、花安社区。2006年8月，设立省级经济开发区。2006年末，花桥镇辖10个村民委员会、6个社区居民委员会。2007年2月，组建花桥、曹安街道。2009年12月，撤销顺杨、集善、星浜、古南、蓬善等5个行政村，建星浜、绿地、集善等3个社区。2011年5月，撤销天福、新胡2个行政村，组建天福社区。2012年末，花桥镇下辖3个村民委员会、11个社区居民委员会。2014年7月，完成绿地社区区域调整，分为绿地社区和时代社区。2015年11月，批复成立横墅江、枫浜、聚杨社区。2016年8月，运作横墅江社区。2017年1月，撤销上岸、金城2个行政村，调整横墅江、聚杨社区区域范围。2019年7月，运作枫浜社区，花桥、曹安街道不再实体化运作。2020年10月，运作聚杨社区。2021年5月，撤销东泾行政村。2022年12月，完成横墅江、星浜、徐公桥社区区域调整，新增延祥、金城基、观澜、泗泾社区。至年末，花桥经济开发区设社区19个。

【行政区划】 2022年，花桥经济开发区设社区19个，分别为：花安社区、花溪社区、集善社区、花桥社区、天福社区、聚福社区、横墅江社区、枫浜社区、横漕社区、徐公桥社区、新安社区、星浜社区、绿地社区、时代社区、聚杨社区、延祥社区、金城基社区、泗泾社区、观澜社区。

（何智佼）

文化遗存

【概况】 花桥是典型的江南水乡，历史悠久，文脉绵延，有着深厚的文化底蕴和丰厚的艺术积累，是省级非物质文化遗产江南丝竹艺术的发源地。2022年，花桥有

江南丝竹乐队在昆山市首届非物质文化遗产优秀节目展演上演出（党群工作部　提供）

省级文物保护点3个，分别为集善桥、大年堂（黄炎培与徐公桥乡村改进试验区纪念馆）、天福三桥。

【江南丝竹】 2007年，花桥江南丝竹入选昆山市非物质文化遗产代表性名录。2009年，入选苏州市级非物质文化遗产代表性名录。2015年，列入江苏省第四批非物质文化遗产名录，其发展和传承也得到进一步保护。“花桥江南丝竹班”成立于1989年，从“小青班”到“友卫丝竹班”，“花桥江南丝竹班”为花桥文体旅中心的一支骨干文艺团队。“花桥江南丝竹”乐队以笛子、阮、二胡、琵琶、扬琴、三弦、笙、板、月琴、铃等为常用乐器。1993年、1997年先后两次获昆山市民间艺术会演一等奖和广场文艺一等奖。2008年获昆山市优秀业余文艺团队称号、市创作节目比赛演出优胜奖。2011年获昆山市非物质文化遗产比赛传统节目优秀表演奖等。2022年，“花桥江南丝竹”乐队有笛子演奏2人、阮演奏1人、笙演奏1人、扬琴演奏1人、三弦演奏1人、二胡演奏2人、琵琶演奏1人、月琴演奏1人、板演奏1人、铃演奏1人。其代表作有《一点金》《花快乐》《燕双飞》《骑驴吹吹》《三六》《行街》《江南组曲》等。

（张费琴、朱倩雯、倪玲玉）

【集善桥】 集善桥始建于1787年，全长21米，宽1.43米，高4米，位于原花桥镇赵

江苏省文物保护单位——集善桥（党群工作部　提供）

家村，现赵家村已被迁村，独留一座集善桥，南北横跨在老鸡鸣塘河上。建桥或重修此桥时，桥面石东西两侧刻“集善桥”三字，字为红色。桥面用三块桥板石并成，在中孔南端桥面上刻有“太平天国”4个字，因这4个字，集善桥名扬全国。1982年，集善桥被公布为江苏省文物保护单位。

【天福三桥】 位于花桥天福庵北市梢，从东向西由万寿桥、聚福桥、永清桥组成。聚福桥建成于1348年，桥身呈半扁圆形，桥长19米，桥中央的桥心石上有八卦形浮雕，长系石上刻有莲花图案，简练素雅、细腻逼真。1737年，里人松滨在聚福桥西南边建造永清桥。1768年，信人何公仁在聚福桥东南边加建万寿桥。从此，天福古村落里，三桥联袂，成为江南水乡一绝。2019年3月，天福三桥被列为第八批江苏省文物保护单位。

（张费琴）

江苏省文物保护单位——天福三桥（党群工作部　提供）

江苏省文物保护单位——大年堂（党群工作部　提供）

【大年堂】 大年堂位于花桥经济开发区徐公桥小学内。民国年间，乡人黄氏肇忠、肇基、肇明、肇德四兄弟为纪念先父纺织实业家黄大年，捐资建设“大年堂”。大年堂于1949年3月动工，10月落成。大年堂坐北朝南，为砖木结构，东西两侧为二层楼房，中间为一层中空大厅，面阔28米，进深11.5米，檐高6.48米，总建筑面积675平方米。大年堂落成后，长期作为学校的教育用房，其间，还开办过震川初级中学、农业中学和徐公桥初级中学。1991年，大年堂被列为昆山市文物保护单位。2003年，大年堂重修，基本保持原有民国风格。2019年，列入江苏省文物保护单位。大年堂内设黄炎培与徐公桥乡村改进试验区纪念馆。民国十七年至二十三年（1928—1934年），黄炎培在徐公桥开创中国近现代史上第一个乡村改进实验区，是中国近现代农村改革和教育改革的开创性实践，对其后的乡村建设产生深远影响。

（沈雪龙、朱倩雯）

人口·民族·宗教

【人口】 2022年，花桥经济开发区常住人口33.8万人，其中户籍人口11.1万人。年内，户籍人口出生1715人（其中男902人、女813人），户籍人口死亡320人。

（刘　伟、周海凤）

【民族】 2022年，花桥经济开发区常住38个少数民族，人口近6500人，其中户籍人口2821人，涵盖区内19个社区，以朝鲜族、满族、土家族、回族居多。

【宗教】 2022年，花桥经济开发区有依法登记的基督教活动场所1处（花桥基督堂），位于花桥镇花园路与312国道交叉处（花园路399号）；民间信仰场所1处（天福庵），位于花桥镇天福国家湿地保护管理中心东南角（原天福小学）。区内信教群众约7000人。

（卜慧慧、陈菁佩）

9月30日，花桥民族团结进步教育进校园活动开展（党群工作部　提供）

新冠病毒疫情防控

综　述

2022年，花桥经济开发区坚持“外防输入、内防反弹”总策略和“动态清零”总方针，从严从紧、刻不容缓，迅速行动、积极应对，组建疫情防控应急指挥体系，主要领导靠前指挥，分管领导分兵把守，全区5300余名机关、企事业单位干部职工闻令而动，连续作战，坚决守牢江苏东大门，有效阻断病毒传播、遏制疫情蔓延，总体疫情形势平稳可控，捍卫人民群众生命安全和身体健康，保障经济社会安全稳定发展。

守望·花桥
24小时

（冯蓉燕）

预防控制

【核酸检测】　2022年疫情期间，根据苏州市、昆山市新冠疫情防控指挥部统一部署，在小区、企业、集宿区、人员密集公共区域等场所，合理、规范设置核酸采样点位180多个，以有医学背景人员为先，分批次组织社会人员开展防疫员培训，并发动机关事业单位工作人员共同参与核酸采样工作。完成162轮区域核酸检测，转运标本2994万余人份。

【疫苗接种】　2022年疫情期间，为加速构建全民免疫屏障，在花桥国际博览中心设置新冠疫苗集中接种点，在各社区设置新冠疫苗临时接种点，并启用新冠疫苗临时接种车，针对行动不便人群安排医护人员与各社区结对开展上门接种服务，以集中接种点、临时接种点、流动接种车以及与社区结对上门接种形式，为辖区居民提供便捷的新冠疫苗接种服务，累计接种新冠疫苗8.5万余针次。

【密接人员处置】　2022年疫情期间，组建由流调、上门核酸采样、环境消杀等小组组成的密接处置应急队伍，实行24小时轮班值守，及时落实疾控指令涉疫人员流调、上门核酸检测和场所消杀等措施。全年累计追踪排查密接1.4万余人、次密接4506人、一般接触者437人，上门采样6.63

万余人次，消杀3万余次、6964万余平方米。

【阳性病例追踪】 2022年疫情期间，由昆山市中西医结合医院、花桥镇社区卫生服务中心选派卫生专业技术人员组建“追阳”小组，实行中层领导带班，24小时轮班值守。制定“追阳”流程，每天定时召开“追阳”小组例会，协同市疾病预防控制中心，“国十条”前流调处置阳性病人79人，“国十条”后流调处置阳性病人4.53万人。

（徐阳智）

【涉外防控】 2022年疫情期间，组建对接上海转运工作专班，服务保障上海口岸入境到苏人员接驳转运，累计接驳14.44万人。协助省外办、昆山市外办做好省涉外疫情防控指挥部口岸工作组相关工作，妥善处理外籍人士及外企核酸检测、疫苗接种、通行证办理等工作诉求。

（张 华）

医疗救治

【“黄码”医院】 2022年疫情期间，将花桥人民医院老院区暂时设置为昆山市“黄码”医院，配有内科、外科、妇产科、ICU、超声科、影像科等医护人员，24小时开诊，为封控管控区和苏康码“黄码”等人员提供医疗服务，累计接诊3088人次。

【封控管控区救治专班】 2022年疫情期间，成立封控管控区医疗救治专班，每个封控管控区配备一“医”一“护”，为小区居民提供医疗咨询和紧急抢救，确因病情需要至医院就诊的患者，由专班工作人员联系调度专车转运至“黄码”医院就诊。

【东部片区医疗专线】 4月18日—5月16日，开设曹安和徐公桥2条东部片区医疗专线，由专车接送至昆山市中西医结合医院就诊，累计接送447人。

【求医问药绿色通道】 2022年疫情期间，成立求医问药专班，建立医院、封控管控区、社区三级医疗联络网，累计转上级医院就诊3000余人次，抢救225人次，为封控管控区提供代配药服务600余人次。

【疑难病历转诊和救治情况】 2022年疫情期间，在市卫生健康委协调下，由苏州市各大医疗机构组建儿科、普外科、妇产科、心内科等医疗专家队伍，累计解决大排畸、血透、化疗等疑难特殊诊疗93人次。

【重点人群阳性病例诊疗】 疫情期间，制定《急危重患者救治管理办法》，设置缓冲病房，收治108人次，抢救急危重患者738人，完成宫外孕患者救治24人，产妇分娩317人。

【集中医学观察点管理】 疫情期间，启用花溪人才公寓部分楼栋、如家酒店、顺扬邻里中心部分楼栋、曼居酒店等作为集中医学观察点，配齐配强“一长七组”工作人员，加强集中医学观察点储备及日常管理，累计集中医学观察1.19万人。

（李 真）

交通管控

【东部防线防控】 疫情期间，制定《花桥东线交界区域管控方案》，成立领导小组，下设综合协调组、巡查值守组、执法处置组、设施维修组、后勤保障组、舆情

11月30日，区交通管控组在G312曹安路卡口对重点地区车辆开展防疫查验（花桥交通执法中队 提供）

2022年，建筑工地疫情防控（建设局 提供）

新闻组、监督检查组等7个工作组，开展相关工作。划定天福湿地防区、工业园区防区、高速沿线防区、吴淞江水域防区、星浜社区防区、新安社区（北）防区、新安社区（南）防区、横漕社区（北）防区、横漕社区（南）防区以及时代社区防区等沿沪“十大防区”。搭建“三级指挥体系”，在兆丰路公交换乘站设立前方总指挥部，在沿沪方向上设立6个防区指挥部，在各沿沪小区设立驻守点位，由公安、特警、执法、水利、天福湿地安保及志愿者落实“24小时值守机制”，有效防止中高风险地区人员违规跨越边界进入花桥，筑牢新冠病毒疫情防控网。

（沈 红）

【建筑工地疫情防控】 疫情期间，建筑工地实行封闭管理，严格落实疫情防控各项举措。规模以上建筑工地设立免费核酸采样点，开展核酸采样131轮次，完成采样人数58万人次。受理审核建设领域卡口车辆进出，发放货车三色标志213张，审核卡口电子通行证申请2851辆、保供e通行申请148辆、苏货通申请186辆。400余名建筑工人和管理人员参与花桥疫情防控志愿服务，参与花桥东部防线24小时巡查、卡口交通管制、封控小区管理、高速沿线围挡修复、封控小区临时围挡搭设、核酸点位帐篷搭设及修复等工作。

（吴 涛）

社会面防控

【重点人员排查管控】 疫情期间，利用网格化力量，结合“扫楼敲门”“风险清除”行动，全面排查中高风险及境外地区到花人员，及时落实核酸检测和居家健康监测等管控措施。累计排查风险区域相关人员1.64万人，境外返花人员947人，均按要求落实隔离管控措施。

【重点人员服务管理】 2022年，根据苏州市《关于进一步加强重点人群健康管理的通知》、昆山市《关于印发昆山市新冠脆弱人群健康管理和医疗服务保障方案的通知》等文件精神，对65岁以上老人、困境儿童、0—6岁婴幼儿及孕妇、血透患者实施分级分类健康诊疗服务。通过多种途径精准掌握重点人群基本信息，建立健全重点人群健康档案，以社区为单位，按网格化划分，明确重点人群包保联系服务团队，分片包干到人，通过电话、微信、视频、上门随访等方式落实重点人群健康服务管理。全区在管65岁以上重点人群近1.8万人，其中“红色”重点人群1769人，“黄色”重点人群4512人，“绿色”重点人群1.17万人。落实“红色”人群服务11.25万人次，“黄色”人群服务10.3万人次，“绿色”人群服务9.34万人次。

（冯蓉燕）

【疫情指令排查】 疫情期间，实行涉疫平台指令24小时值班运转，精细研判涉疫数据，做到涉疫风险发现早、汇聚全、研判快、靶向准。依靠“大数据＋网格化＋铁脚板”机制优势，对涉疫人员的行程史、现住地、苏康码、健康状况、核酸情况、隔离时间等进行核实，并在防疫平台及时反馈录入。累计核查完成苏州市“531”社区防疫管理平台核查指令单17.91万条，完成昆山市网格化系统涉疫人员管理平台指令单23.49万条，完成指令交办平台交办核查信息12.24万条，及时反馈率100%。落实社区“五包一”责任，最大程度发挥基层网格力量，严防风险扩散，对居家健康监测人员上门安装门磁1.29万个，处置门禁告警3.14万起。

【封控管控区管控】 疫情期间，累计设立封控区61个，管控区25个，组建疫情防控“一办八组”储备力量15组，并按照封管控要求，细化分工、加强培训。“一办八组”严格落实24小时轮值制度，从组长到组员履职尽责、主动担当、冲锋在前，强化封控管控区人员管控、物资保障、核酸检测等工作。

【扫码通行数据】 疫情期间，按照“解封不解防、宽松不放松”要求，加强社会面各类场所管理，根据防疫政策变化做到应管尽管、应查尽查。对于可营业场所，督促场所负责人严格落实主体责任，执行“四查一测一扫”措施，加大“场所码”“一店一码”推广应用力度，实现各类公共场所全覆盖。加强交通场站、企业、工厂、工地、集宿区、楼宇、商超、农贸市场等单位扫码督促检查，确保“场所码”全覆盖。采取“线上宣传＋线下指导”方式，通过电话、微信群、开会培训指导等方式第一时间通知、指导各主管单位根据职能分工，落实行业监管责任，指导下辖单位按流程申领“场所码”。2022年，全区有专业扫码设备506台，申领“一店一码”和“场所码”26.46万个，扫码通行总量2.16亿人次，其中通过设备扫码1.5亿人次，“一店一码”和“场所码”扫码6547.91万人次。

（周海凤）

隔离管控

【花溪医学观察点】 2022年，按照区疫情防控指挥部统一部署，先后启用花溪人才公寓部分楼栋和如家、莫泰酒店用于集中医学观察工作，累计投入房间655间。从严从紧做好集中隔离点规范管理，建立健全集中医学观察点工作规范及各项规章制度12项，规范实施“三区两通道”建设、物理隔离、防疫消杀和医废处置等35项，抽调业务骨干入驻隔离点闭环工作，累计投入超7800人次。用心用情做好隔离人员服务保障，累计接收安置从高速卡口、高铁转运、涉外中转基地等流转返花人员8792人。

（李　琦）

【顺扬医学观察点】 2022年，启用顺扬邻里中心4—7号楼作为新冠疫情防控临时医学观察点，按照“不跑一人”原则，严格顺扬观察点管控工作，合理有效使用隔

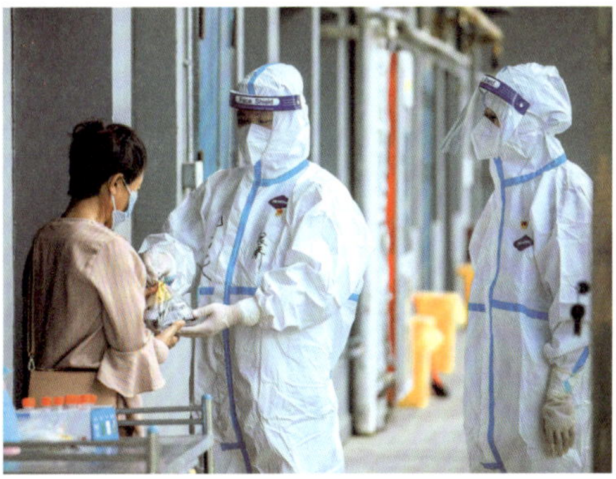

隔离人员服务保障（银桥集团　提供）

离房间，每日登记留观、解除、转离、房间使用等数据统计，加强观察点信访案件处理和一切解释工作。全年顺扬医学观察点累计留观人数3226人，转离300人，供餐10.21万份。

（沈　茜）

【出沪入花管理】 3月，因疫情形势严峻，花桥沿沪通道关闭，导致在上海就医、工作、上学和出访办事的居民短暂滞留，涉及人数近万。为切实解决滞留居民的实际困难，彰显花桥城市温度，花桥研究制定应对政策。4月28日，开通出沪返花绿色通道，系统制定“出沪入花·欢迎回家”滞留上海人员接回行动，成立花桥滞留上海就医、困境人员返花专班，设置数据采集工作组、信息审核工作组、前方卡口工作组、隔离转运工作组，全流程帮助花桥滞留上海人员返花。累计返花3858人，其中在沪就医返花582人，困境及复工复产等人员3276人（包含在沪高校大学生181人）。

（冯蓉燕）

顺扬医学观察点管控（花桥资产经营公司　提供）

学 校 防 控

【疫情防控】 2022年，制定《花桥经济开发区学校复课常态化防疫工作指引》，成立花桥经济开发区校园疫情防控督查组，开学前对辖区内42所学校、44个校区进行疫情防控工作验收；国庆假期前后对各级各类学校开展校园疫情督查，发现问题及时整改，保障校园疫情安全可控，累计督查学校疫情防控工作190次。科学合理设置采样台，抽调274名教职工完成防疫员培训，常态化开展校内核酸检测98.38万人次。推进校园新冠疫苗接种工作，4732名教职工完成两针接种，接种率98%，3—18周岁学生接种4.62万名。

【教师志愿风采】 2022年，在不影响线上教育教学的前提下，动员全区教职工支援疫情防控一线，参与信息录入、核酸采样、物资保障等志愿服务，服务覆盖全区180多个点位，累计出动教职工志愿者6812人次，服务时长超3.4万小时。

（陆　静）

疫情期间，昆山花桥国际商务城启航幼儿园教职工在启航社点位开展疫情防控志愿服务（昆山花桥国际商务城启航幼儿园　提供）

企业防控

【疫情防控】 2022年，花桥经济开发区建立完善企业防控、“保生产、稳发展”、商贸领域疫情防控等工作机制，督促企业压实主体责任，做细常态化末端管理，守牢公司门、厂门、宿舍门“三道门”。抓好有中高风险地区旅居史人员、核酸“应检尽检”重点人群等排查管理，做好企业防疫员发动培训、区域核酸检测企业采样组织安排。累计发动企业员工完成防疫员培训272人次，组织企业完成核酸检测近140次，设立台位超2500个次，采样超90万人次。封闭式管理期间，借助“货运申报”“苏货通”等平台，帮助企业办理各类货运通行证超千份；成立企业规范通行督查组，驻点现场督查检查，确保车辆按照指定路线运输、装驳、消杀，有效解决企业出货进货难题。

【复工复产】 2022年，成立企业复工复产工作领导小组，下设综合协调组、工业企业组、服务业企业组、科技人才组、金融电商组、台企工作组、重点商贸园区组等7个工作组，按照“外防输入、内防扩散”要求，对重点行业、重点企业、重点环节、重点领域加强指导，分类分阶段有序推进复工复产工作，实现重要生活物资保供企业、外省市协调保供企业不停工；有集宿区的重点企业，在严格落实封闭管理的前提下优先复工；商贸物流企业严格落实疫情防控、复工复产指引，分批进场、封闭管理、有序复工；中小企业在网格力量指导下快速复工。5月，实现规模以上工业复工率100%，复工人数9095人；规模以下工业企业复工541家；重点服务业企业复工230家，复工人数1.04万人；重点企业人员到岗复工率超80%。协助35家企业680车次申请货运补贴总计34万元，竭力降低企业货运成本，助力企业平稳有序发展。

（刘　伟）

宣传与志愿服务

【新闻宣传】 2022年，花桥经济开发区通过整合各类宣传资源、运用多种宣传方式，规范发布权威信息、加强宣传引导、做好新闻发布等，科学引导社会舆论，为打赢新冠疫情防控阻击战凝聚强大正能量。利用广播、电视、微信、微博、社区小喇叭、短信基站等多种平台刊播疫情防控公益广告、海报、音视频等宣传产品，制作防疫通告海报2.6万张、宣传单页12万份、折页等1.55万套，“花桥国际商务城发布”公众号发布信息400余条。在视频号、官方抖音等平台制作发布《作表率当先锋·“疫”线处处党旗红》《这个春天在“花”中居家》《致花桥全区人民的一封信》《当“夏”皆“安”》等防疫相关短视频33条，收获播放量超180万次。

（杨　茜）

【志愿服务】 2022年，花桥经济开发区规范化、体系化招募、培训、使用和管理疫情防控志愿者，明确防疫志愿者报名条件及工作职责，确保健康服务、安全服务；合理安排志愿服务项目，确保人岗适宜、配置优化；开展防疫志愿者安全防护知识、岗位知识、通用知识等岗前培训；明确志愿者自身文明素养、工作负面清单6条；督查防疫志愿者上岗时间、培训情况、职责落实等方面工作，以“工作单”或友情提醒的方式，推动即知即改，提高志愿服务质量；刊发疫情防控专题报道，宣传防疫志愿者事迹典型，凝聚广泛志愿合力。全

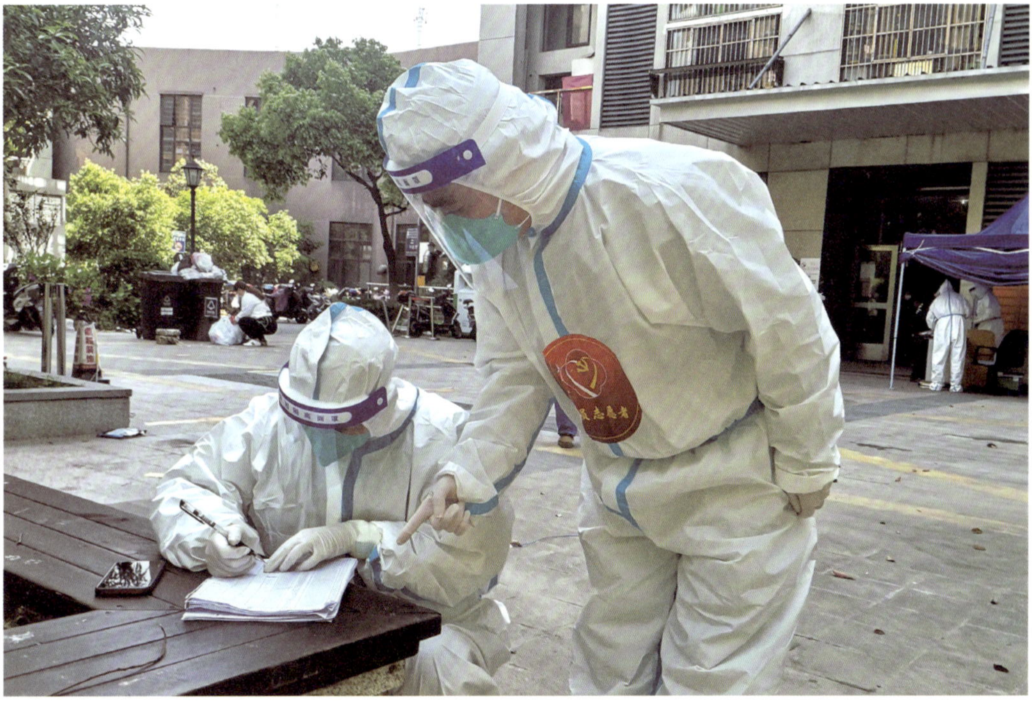

4月7日，志愿者在绿地世纪雅苑参与小区疫情防控工作（党群工作部　提供）

区累计防疫志愿服务时长超30万小时，以同心志愿的力度阐释全城抗疫的温度。

【机关企事业单位志愿者】 2022年，5300余名区内机关企事业单位志愿者、1.41万余人次市级机关志愿者，全面下沉疫情防控一线，参与通勤人员筛查、核酸检测、交通卡口巡查、农贸市场排查、物资保障、社区巡逻和封控管控区管理等志愿服务工作。选派领导干部累计51人次担任隔离点点位长，为61个封控区、25个管控区配齐配足点位长及相关人员。

【社会志愿者】 2022年，发布社会面志愿者招募令，组建花桥疫情防控志愿服务微信群6个，参与物资保障、送餐服务、区域核酸检测等志愿服务4.8万人次。根据《昆山市疫情防控2022年第8号通告》要求，制定《花桥经济开发区疫情防控志愿者招募及补助方案》，累计安排生活困难且有服务意愿的社会志愿者参与志愿服务914人次。

【医务志愿者】 2022年，来自苏州、无锡、常州、连云港等地的4360名医务志愿者，奔赴花桥各核酸检测点协助核酸检测工作；1197名区内医务志愿者，不分日夜奋斗在"疫"线最前沿。

（汤　伟、唐燕庆、沈丽琳、史天兰）

保供保障

【保障物资供应】 2022年，花桥经济开发区加大企业货运车辆审批力度，帮助企业保物流、促发展，保证封控管控区保障物资供应。累计办理企业苏货通、沪昆通行证、花桥电子通行证等各类车辆通行证约6000张，有效解决企业原料进货、库存出货的难点痛点，最大限度帮助企业共渡难关。各部门集结专门力量，设立专人专班，对震雄、京东等企业提供点对点个性化服务，帮助企业落实"接收—护送—装载—送离（移交）"无接触监督，确保货物运输闭环化管理，维护经济发展平稳有序。成立花桥经济开发区邮政快递疫情防控工作专班，对全区115家邮政快递服务企业及网点开展防疫督查，有效督促企业落实疫情防控要求。对全区物流企业进行摸底，将54家企业、337辆车辆、337名司乘人员相关信息录入系统并纳入核查范围，守好"物流门"，确保交通运输通畅。

（刘　伟、陶莉娅）

【防控物资供应】 2022年，精准掌握防疫物资需求，落实“海量”防疫物资的采购、调拨、分配等，确保防疫物资种类和数量储备充足、供货稳定。累计筹备防护服、隔离衣、免洗手消毒液、酒精喷雾、采样管、咽拭子、帐篷、应急灯等防护、消毒、采样等防疫物资1700余万件；统筹全区机关食堂，提供盒饭等生活物资60余万份，为全区核酸检测的顺利开展和各查验点、封管控区、集中隔离点以及“东部防线”的正常运行提供保障。

（姚　伟）

11月29日，区邮政快递疫情防控工作专班对邮政快递网点开展防疫督查（花桥交通执法中队　提供）

花桥国际商务城

HUAQIAO INTERNATIONAL SERVICE BUSINESS PARK

党政群团

中共江苏昆山花桥经济开发区工作委员会

综 述

花桥经济开发区于2006年8月获批设立省级开发区，与花桥镇实行“区镇合一”管理体制，设立中共江苏昆山花桥经济开发区（江苏国际商务中心）工作委员会、江苏昆山花桥经济开发区（江苏国际商务中心）管理委员会，是苏州市委、市政府的派出机关，委托昆山市委、市政府管理，正处级建制，对开发区的政治、经济、社会等各项事务实行统一管理。根据开发区职能，下设10个正科级建制内设机构，另按规定设置机关党委、纪检监察机构。

（汤 伟、史天兰）

组织建设

【概况】 2022年，花桥经济开发区组织建设工作围绕护航“十大提升行动”、保障疫情防控等工作开展，守正创新，深化干部队伍建设，优化升级制度体系，创新运用遴选机制，凝聚“两新”组织楼宇党建、红色物业、新业态新就业群体力量，为花桥高质量发展注入活力。

【机构调整】 2022年，花桥经济开发区根据区镇纪检监察体制改革工作需要，完成纪工委监察工委机构调整工作；理顺应急管理工作机制，调整优化安全环保局机构职能；保障国有集体资产运营能力，完成资产经营公司等机构调整。

（汤 伟、史天兰）

【基层党组织建设】

机关党建 2022年，花桥经济开发区机关党委有下属党（总）支部32个，中共党员619人、入党积极分子42人、递交入党申请书35份。全年成立党支部2个，撤销党支部2个。完成13个党（总）支部换届选举工作。新发展党员14名、转正32名。年内，组织学习贯彻党的二十大精神系列宣讲活动70场次，撰写学习心得体会132篇。制定党建工作“三张清单”26份、责任清单85条、

6月9日，全区城乡基层党组织建设专项整顿工作会议召开（党群工作部 提供）

书记项目26项。发布《机关党委“勇当‘前哨先锋’全面对标超越”行动实施方案》，制定出台《机关党组织规范化建设实施意见》。加强意识形态工作排查和督查。严格落实思想联系、个人重大事项报告等制度，全面推进“廉洁机关”建设。举办“机关青年‘政’在说”专题读书班活动，形成坚持党建引领、建设“青年城市”等5个方面的建议。举办“花桥我代言”短视频主题活动，通过短视频的形式讲好花桥故事、宣传花桥特色。全年举办“机关党组织书记工作讲坛”2期；邀请市、区两级党建理论专家进行理论实操专题授课，现场参观“与时俱进的昆山之路”成果展和昆山市清廉教育馆。机关党委班子与党支部支委会班子、普通党员进行中心组理论联学，全年与纪工委党支部、综合行政执法局党总支开展联学活动2次。26个党支部与30个企业建立全面伙伴关系。依托“先锋面对面”“相约星期五”等特色活动，梳理并解决企业实际问题39个。机关党组织与15个社区结对挂钩，参与安全“四进四排查”、疫情防控、垃圾分类等基层治理实践，推动业委会规范建设和作用发挥，梳理并解决社区各类问题147个。

（祁鹏飞）

12月13日，机关党委书记进机关进行学习贯彻党的二十大精神宣讲（机关党委　提供）

“两新”组织党建　2022年，花桥经济开发区“两新”党委建强一支服务战队，在企业集聚度高、人员集聚度高、楼宇产值高的“亿元楼”“准亿元楼”设立“先锋专委会”9个，专员由党群、经济、社会民生等部门的60名党员骨干担任，创新“1730”模式（先锋服务专委会实行1人召集统筹、7人组团答疑和30人聚力帮扶模式，形成“一口受理—组团帮办—流转处置—跟踪反馈”服务闭环）。整合一批服务资源，聚焦产业扶持、行政审批、人才服务等，形成6大类、117项服务楼宇经济高质量暖心举措。结合“午间一小时”模式，开展产业政策、疫情防控等专题宣讲17场次，惠及企业职工超2万人次。完善一批服务机制，建立专委会“常态联系”“政策服务”“精准对接”机制，打造“营商伙伴日”，“组团式”入驻楼宇，与企业代表面对面交流500余次，开展工作研究会23次，解决楼宇双职工子女照料、人才资格认定等问题近400个，实现诉求回访率100%。

（张　旦、夏　莹）

社会事业局党建　2022年，花桥经济开发区社会事业局党委有下属机关事业单位党组织9个，社区党组织19个，中共党员1715人、入党积极分子20人、递交入党申请书80份，整建制转移学校党组织9个。压实党建工作责任，实施“党建引领区域共治，打造‘出沪入花’红色平安堡垒”书记项目，构建“亭桥鹤”三地区域联动网格，织密平安花桥“一张网”。规范开展机关、学校、医院等9个机关事业单位党组织换届选举工作。实施“数字化”党群服务阵地建设，以滨江裕花园为试点，打造“数字小区”管理样板。打造汇金大厦“金智汇”楼宇治理品牌，构建“1+2+N”楼宇治理架构。加强“红管先锋”建设，绿地A区、庞家浜新村等10个小区分别获评苏州市和昆山市党建引领物业管理服务工作示范点。

（陆 秋）

【干部队伍建设】 2022年，花桥经济开发区根据干部在“十大提升行动”中的担当作为表现，完成干部调整工作4批次62人。保障社区拆分用人需求，选优配强社区干部。细化落实“三项机制”，注重典型引领，上报鼓励激励案例5个、能上能下案例2个。落实58名领导干部“政治体检”工

10月28日，花桥经济开发区楼宇党建“先锋先行”工作推进会召开（党群工作部 提供）

汇金大厦“金智汇”楼宇治理工作站（社会事业局　提供）

作。按照分层分类、突出重点原则，完成涉及356人档案专审全覆盖工作。

【年轻干部培养】　2022年，花桥经济开发区推进“两计划两行动”，组织66名年轻干部进楼宇、进项目、进社区，选派年轻干部参与新冠病毒疫情防控、文明城市建设、高层建筑消防安全等工作专班，推荐4名年轻干部参与市级挂职项目。做好常态化选拔培养，组织年轻干部、挂职干部定期开展座谈交流。组织59名新提拔干部，围绕产业经济、城市建设和社会治理等主题进行专题培训。

【人事工作】　2022年，花桥经济开发区拓宽人员晋升通道，制定辅助人员—社区—机关梯次选人通道，建立转岗、遴选、定向招录并行的选拔机制，做好推荐入库、综合评价、面试比选各项工作。突出正向激励，完成公务员职级晋升4人次，事业转岗3人、事业专技岗位晋升8人，辅助人员纳入储备库278名。做好各类人员待遇保障，调整辅助人员经费标准，调整农村“三老”干部和关停并转企业职工补贴标准。持续选配充实各领域工作力量，新录用机关工作人员19人、社区干部42人、辅助人员294人。

【考核工作】 2022年，花桥经济开发区结合“十大提升行动”，出台单位绩效考核办法，形成任务制定、督促核查、考核评估、反馈提升闭环机制，评选内设机构、直属部门第一等次单位11个，攻坚专项奖和先锋示范奖21个，区级担当作为好干部33人。推动全员绩效考核实施办法微调优化，全年开展考核测评3次，全区在职干部职工纳入考核704名，最终评定A等次175人、B等次285人、C等次229人、D等次13人、不定等次2人。牵头做好综合考核工作，组织开展工作推进会，分阶段开展自评自测、攻坚补短，确保指标有序落实。

【老干部工作】 2022年，花桥经济开发区开展“学思践悟二十大·银发生辉心向党”等主题党日活动8次。举办干部荣誉退休仪式。落实退休干部政治生活待遇，走访慰问退休干部23人次。助推老干部发挥作用，10余名老同志参与新冠病毒疫情防控，其中1名老干部连续36天驻守小区核酸点位参与志愿服务。收集老干部“我为花桥发展献一计”等意见建议30余条。

（汤　伟、唐燕庆、史天兰）

7月28日，花桥经济开发区新任中层干部培训班开班式举行（党群工作部　提供）

宣 传 工 作

【概况】 2022年，花桥经济开发区新闻宣传工作围绕中心、服务大局，抓好常态化新冠病毒疫情防控宣传工作，推动党史学习教育常态化长效化，壮大主流思想舆论，主动当好党的理论政策的传播者、经济社会发展的助推者、保障改善民生的实践者、意识形态阵地的守护者，为奋力打造“数字经济实验区，宜居宜业青年城”提供思想保证、精神动力、舆论支持。

【党史学习教育】 2022年，花桥经济开发区印发《关于推动党史学习教育常态化长效化的实施方案》。区党工委开展党史学习教育专题民主生活会，开展“学党史·开新局”、学习贯彻党的二十大精神等专题学习研讨，与陆家镇党委联合开展“学习党的二十大精神·汲取奋进力量”系列联学活动。发挥新时代文明实践所、站阵地作用，开展党的二十大精神、“礼赞新时代、追梦复兴路”等各类宣讲活动300余场。把红色资源作为生动教材，与上海复旦大学联合推出党史学习教育专题读本《历史的

11月4日，“学习党的二十大精神·汲取奋进力量”花桥经济开发区党工委·陆家镇党委理论学习中心组联合学习会举办（党群工作部　提供）

党政群团

6月24日，花桥经济开发区“清风润心·丹青妙笔”廉政书画作品展开幕（党群工作部 提供）

瞬间》，制作《普通党员要有大局意识吗？》等微课，推送“老娘舅”讲故事系列音频；举办“一大到二十大”“清风润心·丹青妙笔”等主题展览；开展“以史为鉴·开创未来”等专题讲座，推进党史学习教育。

【社科理论研究】 2022年，花桥经济开发区完成《关于推进数字经济和数字化发展，打造数字经济实验区的研究》《建设青年城市的路径研究——以花桥为例》等社科论文14篇。开展“坚决扛起新征程新的光荣使命，奋力开创江苏现代化建设新局面”专题读书调研活动，上报读书心得18篇。开展《蔚为大观——红色文艺谱写百年史诗》等“日知讲坛”2期。《对接虹桥国际开放枢纽建设的花桥路径》《花桥现代服务业助力经济高质量发展的思考》2个课题获评“昆山市哲学社会科学2021年度应用研究优秀课题”，花桥文化艺术展示馆被评为“昆山市社会科学普及基地”。

（杨 茜、谢明凤）

【主流媒体宣传】 2022年，花桥经济开发区围绕经济发展、社会民生、优化营商环境等方面的举措卓有成效，对接央广网、《新华日报》、《苏州日报》、《昆山日报》等主流媒体，开展宣传报道。全年接待媒体88批次，其中中央级媒体刊发稿件37篇、苏州市级以上媒体刊发稿件103篇、学习强国推送报道202篇。《人民日报》推送《疫情之下，昆山花桥如何当好“守门员”》，央广网推送《身边的榜样——陈文虞：22年挖掘抢救昆山花桥人文历史甘之如饴》《总投资达43.8亿元总产出达272亿元昆山花桥经济开发区数字经济产业创新集群建设推进会顺利召开》等系列主题稿件。

（杨　茜）

【新媒体宣传】 2022年，花桥经济开发区运用“花桥国际商务城发布”微信公众号、抖音号、视频号，全年策划“非凡十年”“二十大声音”“数说名企”“十大提升行动”等栏目，编发微信文章1251篇，传播阅读2014万人次，371篇微信文章阅读数过万人次（10篇阅读量超10万人次），粉丝数超22万人，微信传播指数全年位居全市区镇板块前列（其中8个月位列第一），获评苏州市2021年度政务新媒体优秀账号。新冠病毒疫情防控期间，发挥新媒体战“疫”力量，推送疫情防控相关信息400余篇，短视频33条，播放量超180万人次。

（杨　茜、朱梦莉）

【网络综合治理】 2022年，花桥经济开发区推进网络综合治理，集中整治网络谣言、有害信息，治理微信圈群乱象。新冠病毒疫情防控期间，答复网民咨询超22万条。开展“清朗”行动，梳理重点自媒体账号，加大对涉赌、涉黄、违规采编等网站的联动整治，依法关停违规网站4个。开展全区互联网资产普查、网络安全事件应急演练，围绕党的二十大等重要时间节点，开展网络安全保卫行动，发现并整改完成弱口令、未授权访问等中高危风险漏洞66个。

（朱梦莉）

【文明城市建设】 2022年，花桥经济开发区推进精神文明建设，召开文明城市常态长效建设暨集中整治、国测迎检工作部署会等，落实文明建设各项任务。全年完成各类整改任务4969项，完成率100%。督促落实12项专项行动年度工作目标任务。开展好人事迹巡展，举办好人事迹宣讲活动，获评昆山好人3人、昆山市文明户6户、2021—2022年度花桥好人17人，春节礼遇走访道德模范、好人60余名。推进“红七条”“白九条”移风易俗宣传倡导，举办“德润人心共奋进·文明花开春满城”道德讲堂、“移风易俗树新风·文明健康伴我行”集中志愿服务等主题活动。发挥新时代文明实践所、站阵地作用，开展党的二十大精神、“礼赞新时代·追梦复兴路”

6月22日，“践行移风易俗·弘扬文明新风”花桥经济开发区2022年第二季度道德讲堂在花桥新时代文明实践所举办（党群工作部　提供）

等宣讲活动300余场，围绕“强国复兴有我”“喜迎二十大·筑梦向未来”等主题开展文明实践活动超600场次，全年志愿服务时长超82万小时。获评昆山市级最美志愿者1人、最佳志愿服务团队1个、志愿服务社区1个。国际安全社区体验馆列入未成年人社会实践体验站，获评昆山新时代好少年13人。

（沈丽琳）

统战工作

【概况】 2022年，花桥经济开发区统一战线工作围绕迎接党的二十大胜利召开，坚持把中心所需、大局所在与统战所能相结合，做好团结协作、助推发展、和谐稳定“三篇文章”，为做强花桥国际商务区，打造数字经济实验区、宜居宜业青年城注入强劲统战能量。

11月24日，花桥新联会一届三次理事会暨党的二十大报告集中学习活动举行（党群工作部　提供）

【思想共识】 2022年，花桥经济开发区坚持大团结大联合主题，在强化政治引领上提质增效。围绕迎接党的二十大胜利召开，开展“不忘合作初心，继续携手前进”“凝聚新力量，筑梦新时代”“同心跟党走，奋进新征程”等主题教育。通过“寄语二十大”微视频录制，展现全区统战成员坚定信心跟党走，团结奋进勇争先风采风貌。推出统战“云”课堂，通过“同心大讲堂”“相约星期五”等学习平台，组织全区统一战线成员深入学习党的二十大精神，引导成员及时跟进学、联系实际学、笃信笃行学。依托“同心源”学习课堂、“花桥新联会”微信公众号等多种平台形式，构筑全方位、立体式统战学习宣传新模式。建立统战成员动态管理信息库，开展“党外人才选培专项行动”，及时更新和储备花桥新联会、侨商会、民促会等社会团体力量，打造一支骨干成员“百人团”，发挥“资源库”“人才库”优势。健全与区内各界代表人士联系交友制度，定期走访交流掌握动态。

【服务中心工作】 2022年，花桥经济开发区调动各方积极因素，在服务中心大局上提质增效。成立花桥经济开发区欧美同学会（留学人员联谊会）、筹备成立党外知识分子联谊会，搭建“同心人才”服务平台，深化沪昆两地留学人员交流合作，吸引更多海外留学人才及优质团队、项目落户花桥。沪苏人工智能（昆山）创新应用中心获评长三角城市“侨创基地”，打造侨商在数字经济领域创新创业优选载体。与陆家联合开展统战成员及高层次人才联学共建活动，加快区域联动发展。强化“亭桥鹤”三地工作经验交流和学习，组建“亭桥鹤”三地新的社会阶层人士“联盟 e 家”，深化“新”界拓“链”品牌“新”力量，集聚侨商会、商会等民营、外资企业家英才智慧，为“三城经济圈”建设贡献力量。打造中央公园海外人才“英语角”，为在花港澳侨资企业的管理、科创等高层次人才提供畅谈空间，借力借“智”，提供优质高效服务。开通建言献策“直通车”，支持统一战线各领域成员深入调查研究、建言献策，发挥“智囊团”作用。

【民族宗教工作】 2022年，花桥经济开发区防范化解民族宗教领域风险隐患，完成南王庙、三间庙等2处民间信仰烧香点集

6月27日，花桥民促会班子成员录制“寄语二十大”微视频（党群工作部　提供）

9月24日，花桥欧美同学会（留学人员联谊会）成立大会召开（党群工作部　提供）

中治理。推进星浜珠翠庵、夜稽庵、马泾庙3处民间信仰点迁入天福庵统一管理。压实属地管理责任，抓好区内宗教活动场所（民间信仰场所）隐患排查整治工作，落实后续监管措施，建立日常管理机制。召开全区民族宗教领域工作会议，分析研判区内民宗形势并加以指导和引导。联合安亭、花桥两地资源力量，依法处理和解决基督教私设聚会点等宗教领域突出问题。关停中城商务广场、拉法养生会所等疑似基督教活动点2处。组织开展“携手喜迎二十大·各族同心向未来”民族团结进步宣传系列活动15场次，举办“都是一家人·相聚在花桥”民族团结故事分享会，组织铸牢中华民族共同体意识网络知识答题，参与活动1.6万人次。徐公桥小学民族团结馆获评苏州市级示范基地。加强花桥、陆家两地民促会成员联动，深化“亭桥鹤”民族同胞交流交往，打造“民族团结之花”活动品牌。

（卜慧慧、陈菁佩）

9月3日，花桥民促会携手陆家民促会开展共庆中秋佳节活动（党群工作部 提供）

花桥镇人民代表大会

【概况】 2022年，花桥镇人民代表大会（简称花桥人大）围绕市委决策部署，在市人大常委会的关心指导下，在镇党委的领导下，顺应新时代人大工作新任务、新要求，依法履职。召开花桥镇第二十届人民代表大会第一次会议、第二次会议，收集建议意见40条，答复、满意率均100%；推进昆山基层立法联系点花桥立法信息联络站建设，参与多部法律草案的立法征询任务，被采纳建议5条；紧扣党工委决策部署及中心工作，开展执法检查、专项视察10次。

花桥镇第二十届人民代表大会第一次会议闭幕

【花桥镇第二十届人民代表大会第一次会议】 1月18—19日，花桥镇第二十届人民代表大会第一次会议在花桥国际博览中心召开。96名代表出席会议。会议听取并审议花桥镇镇长岳俊所作的《花桥镇人民政府工作报告》和花桥镇人大主席韩晓燕所作的《花桥镇人大主席团工作报告》，通过相关决议。大会选举产生花桥镇人民政府镇长、副镇长及花桥镇人大主席，票决产生花桥镇2022年度民生实事项目。会议期间收到代表书面建议意见26条。

【花桥镇第二十届人民代表大会第二次会议】 7月14日，花桥镇第二十届人民代表大会第二次会议在花桥国际博览中心召开，91名代表出席会议。会议听取并审议花桥镇副镇长李欣所作的《花桥镇2022年度上半年经济社会发展情况报告》，通过相关决议。会议期间收到代表书面建议意见16条。

【人大监督】 2022年，花桥镇人大围绕数字经济建设、城市功能配套、社会事业发展、专项资金使用开展重点监督，开展《中华人民共和国数据安全法》《中华人民共和国家庭教育促进法》执法检查。联合区纪工委印发《2022年“联督联促”工作方案》，锁定7个职能部门、对准14项重点事项开展工作监督；参与多部法律草案的立法征询任务，提出专业建议30余条，其

7月14日，花桥镇第二十届人民代表大会第二次会议召开（党群工作部　提供）

6月13日，花桥镇人大开展《中华人民共和国数据安全法》执法检查（党群工作部　提供）

中5条被法律文本采纳，在立法全过程体现民意，做好法律的宣传者、践行者。

【人大代表工作】 2022年，花桥镇人大开展“喜迎二十大·人大代表助民企”“人大代表大调研”等系列主题活动，调研企业120余家，提交转办问题50余条，形成调研报告1篇。开展代表统一接待日活动，苏州市、昆山市、花桥镇三级参加代表112名，接待居民群众230人次，收集建议意见44条。用好“人大代表联络站”各类阵地资源，收集民生建议意见100余条。

【建议意见办理】 2022年，花桥镇人大按照“内容高质量、办理高质量”工作要求，召开镇人大代表建议意见交办会2次，明确责任部门，答复、满意率均100%，做好建议意见办理的“后半篇文章”。依托代表小组活动、各社区民情联系点，收集民生问题50余个，解决难题10余个，报送典型案例4个，将民主管理、民主决策贯穿于问需之中，让“全过程人民民主”成为“广泛、真实、管用”的民主。

（王　安）

8月3日，花桥人大组织开展市代表小组活动（党群工作部　提供）

花桥镇人民政府

【概况】 2022年，花桥镇人民政府全面落实“疫情要防住、经济要稳住、发展要安全”重大要求，高效统筹疫情防控和经济社会发展，统筹发展和安全，勇担“做强花桥国际商务区”新使命，聚焦“1310”（锚定一个目标，激活三大动力，奋力实现十大新突破）工作目标，各项工作取得来之不易的成绩。全年完成地区生产总值401亿元，增长0.8%；一般公共预算收入54.2亿元，增长5.2%。同时位列全国综合竞争力百强镇、综合实力千强镇第5名。

【法治政府建设】 2022年，花桥镇人民政府以建成职能科学、公开公正、廉洁高效、守法诚信的法治政府为目标，运行花桥经济开发区党工委全面依法治区委员会，部署、推动全区法治政府工作，履行组织领导、统筹协调、督促推动法治政府建设等职责。立足花桥临沪实际，开展法治文化创建，建成区域特色法治医院，新增校园普法阵地4处；聚焦重点人群普法，建立并完善领导干部学法制度，把法治教育纳入全区干部教育培训总体规划和党工委理论学习中心组计划，专题组织《中华人民共和国家庭教育促进法》《中华人民共和国个人信息保护法》《信访工作条例》及《习近平法治思想学习纲要》等4期法治主题学习，推动各级领导干部和工作人员用法治思维和法治方式深化改革、推动发展、维护稳定；创新组建由公职律师、法律顾问、人大代表等组成执法监督工作组，聚焦全区城市管理、安全生产等重点执法领域，形成“常态化”“全流程”“伴随式”监督模式，获评2021年度法治政府建设行政执法协调监督工作优秀单位。

（赵　菁）

【重点实事工程】 2022年，花桥经济开发区新建、续建重点实事工程132项，总投资43.6亿元，包括市政基础设施建设、民生项目、征收、环境保护、功能性配套等工程项目。全年完成投资18.5亿元，投资完成率90.5%。

（许　磊）

徐公桥中学新建工程　徐公桥中学新建工程位于上海轨交11号线兆丰路至光明路段南侧，商年路北侧，梅浦河东侧。总

10月21日，公职律师、法律顾问参与医院重大决策、重大项目讨论研究（社会事业局　提供）

投资2.35亿元，项目用地4.87万平方米，总建筑面积3.88万平方米，其中地上建筑面积3.23万平方米。主要建设内容包括教学楼、行政楼、实验楼、食堂、图书馆报告厅及风雨操场等，地下建筑面积6605.36平方米，主要为地下车库及人防车库。学校设置12轨36班，项目于2020年8月开工，2022年8月竣工。

（田文龙）

老政府地块综合改造 3月，花桥经济开发区启动老政府广场改造提升工程，项目占地面积6000平方米。改造以重塑老政府标志性建筑风貌为主线，对主入口门楼和盘龙灯柱进行修缮更新，在更新后的门楼和西侧围墙上绘制"十八景"，重塑花桥历史人文场景。通过拆除老旧围墙，实现广场与花溪路人行道无缝衔接，并对原有绿化空间进行优化梳理，增加景观廊架、铺装场地，扩大广场活动空间，打造功能丰富的休闲场地。利用场地原绿化带内香樟树木，量身定制一批可自由组合的林下艺术座椅，打造"可以坐下的城市"，同时在香樟树干和树梢上悬挂藤球景观灯具，营造绚丽多彩的花桥夜景。9月，老政府广场改造提升工程竣工，向市民开放。

（周啸尘）

表1　　2022年花桥经济开发区新建、续建重点实事工程一览表

序号	类别	属性	项目名称	级别（区/市级）
1	教育惠民	新建	聚福幼儿园	区级
2	教育惠民	新建	聚福小学	区级
3	教育惠民	新建	曹浦路幼儿园	区级
4	教育惠民	新建	花桥中学老校区改造	区级
5	教育惠民	新建	学校维修改造及布置	区级
6	教育惠民	新建	8所公办中小学、16所民办校"校园哨兵"智慧安防建设项目	区级
7	教育惠民	新建	2处托育园建设	区级
8	教育惠民	新建	徐公桥中学"校园哨兵"项目	区级
9	教育惠民	续建	徐公桥中学	市级
10	教育惠民	续建	徐公桥小学扩建工程（一期）	区级
11	教育惠民	续建	象屿都城幼儿园	市级
12	教育惠民	续建	天福学校	市级

续表

序号	类别	属性	项目名称	级别（区/市级）
13	教育惠民	续建	花桥中学	市级
14	健康花桥	新建	中西医结合医院装饰及文化导视项目	区级
15	健康花桥	新建	医疗信息化建设项目	区级
16	健康花桥	续建	聚杨社区卫生服务站改建工程	区级
17	安居宜居	新建	公桥新村综合改造工程	区级
18	安居宜居	新建	光明新村综合改造工程	区级
19	安居宜居	新建	花溪畔居露钢房维修	区级
20	安居宜居	新建	2022年餐饮场所“瓶改”工程	区级
21	安居宜居	新建	病媒生物防治	区级
22	安居宜居	新建	社会事业局2022年度零星工程设计、监理、代理等服务费用	区级
23	安居宜居	新建	天福苑小区雨污水管道改造工程	区级
24	安居宜居	新建	动迁小区及无物管小区物业管理费	区级
25	安居宜居	新建	公桥社区嵌入式养老服务中心采购	区级
26	安居宜居	新建	天福社区日照中心建设项目	区级
27	安居宜居	新建	动迁小区维修改造及充电棚建设	区级
28	安居宜居	新建	花安社区综合星级提升项目	区级
29	安居宜居	新建	花桥物业管理平台	区级
30	安居宜居	续建	天福社区动迁小区雨落水管改造	区级
31	安居宜居	续建	动迁房建设	区级
32	田园整治	新建	花桥东泾“全程机械化＋综合农事”服务中心	区级
33	田园整治	新建	2022年天福国家湿地公园监控提升改造	区级
34	基础设施	新建	新（改）建5条道路	区级
35	基础设施	新建	商银路徐公河桥梁拼宽工程	区级
36	基础设施	新建	新建污水管网2条	区级
37	基础设施	新建	全区公共自行车更新及服务工程	区级
38	基础设施	新建	2022—2023年花桥经济开发区市政雨水管道养护维修工程	区级
39	基础设施	新建	全区配套土方工程	区级
40	基础设施	续建	新建（改造）4条道路	区级

续表

序号	类别	属性	项目名称	级别（区/市级）
41	基础设施	续建	2021—2022年花桥经济开发区市政道路养护工程	区级
42	基础设施	续建	2021—2022年花桥经济开发区市政雨水管道养护维修工程	区级
43	基础设施	续建	2021—2023年道路交通设置和维护	区级
44	基础设施	续建	公共自行车及服务系统	区级
45	生态景观	新建	2022年公园建设	区级
46	生态景观	新建	道路绿化工程	区级
47	生态景观	新建	中西医结合医院周边区域绿化工程	区级
48	生态景观	新建	外青松公路东侧、三星路北侧区域绿化景观提升工程	区级
49	生态景观	新建	花溪路北侧、花园路东侧区域绿化景观提升工程	区级
50	生态景观	新建	沪宁高速及绿地大道沿线花箱摆花	区级
51	生态景观	新建	中央公园音乐广场及周边绿化景观提升	区级
52	生态景观	新建	2022年主干道沿线草花种植工程	区级
53	生态景观	新建	春节、劳动节、国庆等法定假日在主干道路节点摆放绿雕、景观小品、摆花工程	区级
54	生态景观	新建	轨交11号线花桥站周边绿化景观提升	区级
55	生态景观	新建	2022年花桥闲置地块覆绿及零星环境整治	区级
56	生态景观	新建	2022年全区绿化搬迁工程	区级
57	生态景观	新建	公园提升养护维修	区级
58	生态景观	续建	2021—2022年全区绿化养护	区级
59	生态景观	续建	老政府地块综合改造工程	区级
60	生态景观	续建	2021年景观小品维修工程	区级
61	美丽花桥	新建	2022年新建公厕2座	区级
62	美丽花桥	新建	2022年新建道路路灯	区级
63	美丽花桥	新建	路名牌灯箱改造	区级
64	美丽花桥	新建	全区路灯电费	区级
65	美丽花桥	续建	新建道路路灯	区级
66	美丽花桥	续建	2021—2023年花桥路灯设施维修及零星设置工程	区级
67	美丽花桥	续建	全区道路照明节能升级改造（能源合同管理）	区级
68	城市功能	新建	2022年公交候车亭改造工程	区级

续表

序号	类别	属性	项目名称	级别（区/市级）
69	城市功能	新建	2022—2023年花桥公交站维护工程	区级
70	城市功能	新建	归有光纪念馆	区级
71	城市功能	新建	安环局、劳动所、消安委办公楼改造工程	区级
72	城市功能	新建	横塘垃圾中转站改造	区级
73	城市功能	新建	小区分类收运服务	区级
74	城市功能	新建	中转站服务外包	区级
75	城市功能	新建	不明废弃物应急处置	区级
76	城市功能	新建	智能抓拍系统（含渣土车偷倒、垃圾偷倒点监控）	区级
77	城市功能	新建	生活垃圾投放点位改造升级	区级
78	城市功能	新建	督导点位考核奖补	区级
79	城市功能	新建	垃圾分类日常工作	区级
80	城市功能	新建	城市大脑指挥中心综合平台三期	区级
81	城市功能	新建	数据中心一期	区级
82	城市功能	新建	花桥经济开发区建设管理信息系统	区级
83	城市功能	新建	交警岗亭	区级
84	城市功能	新建	智慧消防（三期）	区级
85	城市功能	新建	消防中队营房维修改造	区级
86	城市功能	新建	信号灯安装及道路划线	区级
87	城市功能	新建	2022年花桥派出所技防建设	区级
88	城市功能	新建	2022年曹安派出所技防建设	区级
89	城市功能	新建	智慧楼宇安防升级改造	区级
90	城市功能	新建	顺扬打工楼电力改造和外立面翻新	区级
91	城市功能	新建	2018—2021年花桥管廊管养费用结算	区级
92	城市功能	新建	2022年花桥管廊管养费用	区级
93	城市功能	新建	2022年设计费等第三方服务费用	区级
94	城市功能	新建	2022年花桥建设工程安全生产第三方综合服务	区级
95	城市功能	新建	房屋安全排查、鉴定第三方服务	区级
96	城市功能	续建	外包区消防站	区级
97	城市功能	续建	昆曲雅集	区级

续表

序号	类别	属性	项目名称	级别（区／市级）
98	城市功能	续建	曹安文体活动副中心	区级
99	城市功能	续建	智慧环卫	区级
100	城市功能	续建	25个小区分类垃圾收运服务	区级
101	城市功能	续建	道路保洁外包	区级
102	城市功能	续建	城镇垃圾突击清运	区级
103	城市功能	续建	垃圾资源化处理	区级
104	城市功能	续建	S1线工程车辆基地项目内垃圾处置	区级
105	城市功能	续建	垃圾分类提质升级	区级
106	城市功能	续建	智能消防栓	区级
107	城市功能	续建	花桥公交站维护工程	区级
108	环境保护	新建	河道清淤整治工程	区级
109	环境保护	新建	鸡鸣塘东排涝站重建	区级
110	环境保护	新建	茅巷滩排涝站重建	区级
111	环境保护	新建	站闸供电双回路改造及外立面改造	区级
112	环境保护	新建	2022—2023年小区、公建等区域管网养护	区级
113	环境保护	新建	自控系统维保及升级完善	区级
114	环境保护	新建	水环境（河长制）建设项目	区级
115	环境保护	新建	排水户管网检测	区级
116	环境保护	新建	水资源论证区域评估	区级
117	环境保护	新建	铁路防震河北侧地块修复	区级
118	环境保护	新建	污水处理提质增效“333”行动专项工程	区级
119	环境保护	新建	动迁小区化粪池清淤疏通工程	区级
120	环境保护	新建	水质检测	区级
121	环境保护	续建	2021—2023年花桥经济开发区10座污水泵站配件更换及委托管理	区级
122	环境保护	续建	2021—2022年污水管道养护及维修工程	区级
123	环境保护	续建	小区、学校、医院等区域管网检测及维修工程	区级
124	环境保护	续建	末端截污排水设备维护保养项目	区级
125	环境保护	续建	束水点改造	区级
126	企业投资	新建	银桥·智汇谷（巅峰地块一期续建）	区级

续表

序号	类别	属性	项目名称	级别（区/市级）
127	企业投资	新建	远创路、金弼路地块厂房工程（中德宏泰地块项目）	区级
128	企业投资	新建	花家湾（一期）	区级
129	企业投资	新建	子公司办公场所装修工程	区级
130	企业投资	新建	巷浦农贸市场标准化改造	区级
131	企业投资	新建	2022年停车场改造工程	区级
132	企业投资	续建	徐公桥邻里中心项目	区级

（许　磊）

【"数字花桥"建设】 2022年，花桥经济开发区聚焦城市治理、民生服务、产业经济、公共安全等领域，建立"数字花桥"公共智慧底座，助力打造智慧之城，推动政府治理数字化转型。"花桥AI感知中心"项目入选"全国优秀信创应用示范案例""江苏省信息技术应用创新优秀解决方案"。

一网统管 按照"'千眼'聚焦防风险，'一网'聚力管全城"工作要求，立足"一个底座＋两个中心＋N个主题应用"总体架构，以GIS、BIM、AI、物联网、大数据等新兴技术为支撑，建成智慧党建、经济发展、智慧消防、智慧水务、民生诉求、智慧停车、行政审批等12大模块。初步实现城市治理精准分析、预测预警、整体研判、高效决策和协同治理等功能，打造数字治理"花桥样板"。

数治惠民 接入公共视频2万多路，传感器（探测器）8800余个。其中，围绕提升公共安全能力，安置可燃气体探测器610个，充电装置2000个，消防危险品、通道占用识别监控2789路，消防管道水位水压3299个，烟感器654个；围绕提升城市管理水平，接入车辆识别62路，违法行为分析AI球79个，停车管理340路；围绕提升水务防汛应急能力，接入下穿隧道水淹监测15路，城市道路积水感知器33个，市政管道水质水位监测228个，河道一体化智能杆10套等，城市运营重点领域的智慧化应用水平大幅跃升。常态化运维民生诉求平台，全年受理各类诉求7.76万件，处办率100%，群众满意率99.93%。

（叶　丹）

【行政审批】 2022年，花桥经济开发区深化"放管服"改革，持续升级"花桥服务"，围绕"打造数字经济实验区，建设宜居宜业青年城"总要求，建设区"一网通办"平台，打造"'红色、高效、智慧、阳光'

四窗”服务，打响“昆如意”营商服务品牌，推动全区营商环境优化，打造投资创业“首选地”。

一网通办 2022年，花桥经济开发区长三角政务服务“一网通办”专窗“跨省通办”事项提高至120项，全年办件3657件。加大“一业一证”改革范围，纳入物流运输、包装印刷、母婴用品等10个行业，简化涉企经营审批流程，推行证照延续“无感审批”，全年办件21件。5月，花桥经济开发区“一网通办”平台上线，“一网通办”管理端是花桥“一网通办”平台的“最强大脑”，汇集花桥所有承接权力事项的审批信息，构建花桥行政审批大数据中心，花桥政务服务旗舰店作为昆山市区镇中唯一一个综合性政务服务旗舰店，提供法人和个人近50项事项网上办理查询，旗舰店创新设置批前指导、专项指导、全过程指导服务功能，聚焦市场准入、社会事务、不动产等市民关切的热点事项，以留言咨询、视频解读等形式为企业及群众答疑解惑，提高全链条服务水平。

一事快办 2022年，花桥经济开发区以“一事快办”为重点，树立全生命周期新风向。扩大“一件事”办理范围，实现个人服务、企业服务等30余个“一件事”线上办理。落实“一照多址”改革，推动市场主体智能办，企业开办平均用时提速至0.5天。推进不动产登记不见面服务，实现全城通办全生命周期服务，全年办结不动产权证6670件，办件满意率100%，办件量和办件速度均位于全市前列。“6524”（政府投资类项目全流程审批总时限60个工作日，一般社会投资项目全流程审批总时限50个工作日，小型社会投资项目、带方案出让地块的社会投资项目、工业项目全流程审批总时限24个工作日）工改目标再提速，全区重点项目实现全生命周期建档，全年完成办件664件。

一体运行 2022年，花桥经济开发区完善政务服务，设置“惠企服务”“便民利民”“一网通办”3个辅导主题，开展“云辅导”送政策、商务楼宇集中送服务、企业精准送指导、社区便民送温暖“四送”行动，全年送政策24期，送服务2期，送指导13期，送温暖2期；深化投资建设“项目管家”工作模式，坚持重抓体系、重抓质效、重抓机制，实现全区重大项目、民生实事工程项目“应代全管、一办到底”；上线“小花小桥”政务服务机器人，实现业务咨询、信息查询、窗口导航等智能化服务功能，提高群众办事效率，提升办事体验。

（王晓昱）

政协花桥镇工作委员会

【概况】 2022年，政协花桥镇工作委员会（简称“花桥镇政协工委”）按照昆山市政协工作部署安排，围绕党政中心工作和社会民生事业积极履职，以“有事好商量”协商议事工作为主线，发挥基层政协组织职能作用。

【“有事好商量”协商议事活动】 2022年，花桥镇政协工委围绕常态化新冠病毒疫情防控形势下台资企业经营现状及未来发展思路，开展以“如何助力台资企业高质量发展”为主题的“有事好商量”协商议事活动。市政协委员从加大政策宣传力度、做好企业管理的经验分享、融入“双循环”新发展格局等方面谈问题、提建议。紧扣“一体化”“高质量”两个关键，组织开展“深化花桥—陆家区域联动发展”为主题的“有事好商量”协商议事活动，在

10月27日，“深化花桥—陆家区域联动发展”专题协商议事活动举行（党群工作部　提供）

8月26日，星浜社区“因地制宜打造健康主题公园”专题协商议事会召开（党群工作部　提供）

交通互联、产业发展、社会治理、文化交流等方面拓展联动的深度和广度。

【“民生专题协商议事月”活动】 2022年，花桥镇政协工委依托镇、村（社区）两级“有事好商量”协商议事平台，围绕道路修复、加装充电桩、高空抛物治理等一系列群众急、难、愁、盼问题开展协商，形成“党建＋协商”“网格＋协商”工作格局，推动协商内容转化为惠民成果。开展民生专题协商议事月活动25场次，参与450余人次，助推解决民生突出问题20个。

（卜慧慧）

纪检监察

【概况】 2022年，花桥经济开发区纪检监察工作落实党中央全面从严治党战略部署，发挥监督保障执行、促进完善发展作用，各项工作取得新的成效。开展社区廉洁文化建设、出台激励保障八条措施、探索实践全周期管理、实施“巡纪审”联动等经验做法，被上级纪委监委核心媒体关注。获评全市优秀区镇纪检监察组织及特别贡献奖。9月，根据昆山市纪委监委《关于推进区镇纪检监察体制改革有关事项的通知》要求，优化和规范区纪工委监察工委机构设置。

【管党治党责任落实】 2022年，花桥经济开发区坚持党工委统揽全局，“一把手”掌舵领航，纪工委协助督促，完善落实“四责协同”工作机制。区党工委专题研究全面从严治党、党风廉政建设相关工作3次，协助制定推动22项全面从严治党主体责任、15项监督责任清单落实落细，配合完成市委第四巡察组巡察、苏州市政府性债务专项督查工作，督促抓好上级巡察反馈问题整改。贯彻落实党中央关于加强对“一把手”和领导班子监督的意见，区主要领导带队参观市清廉教育馆主阵地，开展谈心谈话30余人次，两个部门“一把手”主动报送问题线索5条，经核实给予党纪处分3人。强化落实党风廉政建设责任制考评，突出机关部门和基层社区两条主线，召开机关部门党风廉政建设座谈会，印发《花

2月10日，“重温入党誓词·坚定初心使命·全面对标超越”活动在昆山市清廉教育馆开展（纪工委监察工委　提供）

桥经济开发区纪工委委员挂钩联系社区监督组织工作制度（试行）》，厘清压实基层主体责任。

【政治监督职责落实】 2022年，花桥经济开发区聚焦常态化新冠病毒疫情防控、安全生产、文明城市创建、信访稳定、重大产业项目进展等重点工作开展监督检查，细化监督“一月一清单”，开展督导检查190余次，编发信息及通报46期，推动整改问题隐患900余个。聚焦生态环保、基层执法监管、行政审批窗口等领域，深化“点题整治”和“1+N”联动治理，查实违纪违法问题线索4条，党纪政务处理7人。聚焦村级集体“三资”管理，对强村富民公司及相关富民合作社开展“巡纪审”联动监督，发现问题29个，提出意见建议9条，党纪立案1人。聚焦群众身边的腐败和作风问题，快查快处理评审发现的“影子公司”、虚增套取等问题线索，党纪政务处分4人，挽回经济损失15.93万元。联合镇人大开展“联督联促”，推动徐公桥、横塈江2处养老机构建设及涉水企业专项整治。

【作风效能建设】 2022年，花桥经济开发区开展“清风行动”专项督查，整治形

2月15日，花桥经济开发区纪工委监察工委在花溪人才公寓开展疫情防控专项督查（纪工委监察工委 提供）

式主义、官僚主义，严肃查处“四风”问题。开展“党建引领基层能力和作风提升年”活动，贯彻落实市委《关于充分发挥纪检监察机关职能作用监督保障一流营商环境的“十个一”工作方案》，紧扣“1310”工作目标开展监督，巩固作风建设长效机制，督促职能部门优化提升监管服务效能。印发《激励保障疫情防控一线党员干部担当作为八条措施》，开展廉洁风险报备事项10件（其中市级以上2件、区级8件），澄清正名2人，激励干部担当作为。入选苏州市委组织部“三项机制”典型案例2起。

【违纪违法案件查办】 2022年，花桥经济开发区坚持“严”的主基调，查处严重破坏营商环境、造成重大损失、损害群众利益等违纪违法问题，以零容忍态度惩治腐败现象。全年党纪政务立案17人，挽回经济损失30.8万元。运用“第一种形态”批评教育帮助党员干部73人次，其中诫勉谈话2人次。深化以案为鉴、以案促改、以案促治，探索监督监管联动机制，通过制发监察建议，推动综合执法、行政审批等领域纪律作风和制度建设。开展新任职干部岗位风险排查，强化对制度执行的监督检查，对巡察整改44项制度建设情况开展自查，及时废止归并相关制度27项。

【“三项工程”】 2022年，花桥经济开发区实施“三项工程”（“砺剑工程”“哨点工

8月11日，党风廉政建设工作座谈会召开（纪工委监察工委 提供）

党政群团

6月24日，花桥经济开发区“清风润心·丹青妙笔”廉政书画作品展在花桥文化艺术展示馆开幕（纪工委监察工委 提供）

程”“润心工程”）。纪检监察干部“砺剑工程”，紧扣纪检监察干部“能力建设提升年”目标，突出“政治过硬、本领高强”要求，开展业务讲堂等各类活动9期，参与35人次，提升纪检监察干部政治素养、业务水平和履职能力。廉勤监督“哨点工程”，吸纳基层党组织纪检委员、退休老干部、“星期天先锋”等作为监督“哨点”，围绕新冠病毒疫情防控、基层治理、干部作风等开展“嵌入式”监督200余次，建立健全上下联动、巡察抽查、问题调处工作机制，督办“监督一点通”平台诉求936个，助力服务群众。实施廉洁文化“润心工程”，发挥群团组织优势，发放“廉洁家风倡议书”，开展“大手廉小手”“衍纸绘清风”等廉洁文化活动，运用新媒体新技术，制作《慎微》等廉政短视频，举办“清风润物·丹青妙笔”廉政书画作品展，推动以文化人、以廉润心。

（田兆玥）

人民武装

【概况】 2022年，花桥经济开发区人民武装工作按照上级要求，组织民兵参加全市军事训练，民兵整组按高标准、高要求编组，严把基干民兵点验关，征兵工作贯彻落实“一年两次征兵”改革相关要求，征兵“五率”量化考评列全市第一。获评2022年度全市民兵工作先进单位、2022年度征兵工作先进单位。

【兵员征集】 2022年，花桥经济开发区征兵工作贯彻落实“一年两次征兵”改革相关要求，聚焦强军目标抓征兵，全区大学生征集比例连续9年100%，征兵“五率”量化考评列全市第一，为强军兴军事业输送新鲜血液和新生力量。9月15日，举行新兵入伍“云”欢送大会。

【民兵整组】 2022年，花桥经济开发区根据《中华人民共和国民兵工作条例》，推动年度整组工作落实，助推国防后备力量。6月21日，召开2022年度民兵组织整顿检查验收暨基干民兵集合点验大会。

6月21日，民兵组织整顿检查验收暨基干民兵集合点验大会举行（社会事业局　提供）

【学生军训】 9月，花桥经济开发区人武部组织优秀退役军人参加全市军训教练员选拔。组织开展花桥商务城中等专业学校、花桥高级中学2022年度学生军训工作，成立军训教学班34个，参训1500余人，军训以队列训练、条令条例、国防知识教育为主要内容，开展军事游戏、教唱军歌等文体活动。

【主题教育】 1月，花桥经济开发区举行“虎年扬虎威·浓墨壮兵心”送春联活动；“八一”前夕，在全区巡回举行“共叙鱼水情·八月礼遇老兵”主题活动；9月，花桥首家“少年军校”在金城小学成立并设立“国旗班”，举行“喜迎祖国华诞·强国复兴有我”迎国庆升旗仪式；9月，开展“走访老兵·薪火相传”青少年主题教育，走访区内重点优抚对象，聆听老兵参军故事，引领学生传承红色基因；9月30日，组织各社区退役军人服务站工作人员、金城小学师生代表、烈士家属代表开展“铭记历史，缅怀先烈”烈士纪念日活动。

【双拥慰问】 2022年，花桥经济开发区发挥军爱民、民拥军光荣传统，服务部队练兵备战，巩固发展军政军民团结。花桥经济开发区党工委、管委会领导带队开展春节、“八一”期间走访慰问活动，慰问全

9月30日，组织学生赴昆山市烈士陵园开展主题教育（社会事业局　提供）

区享受国家抚恤补助的优抚对象，慰问339人，发放慰问金44.05万元；慰问驻昆部队，发放慰问金26万元。

（陶　维）

群众团体

花桥经济开发区总工会

【概况】 2022年，花桥经济开发区总工会（简称“花桥总工会”）有工会会员7.6万人，比上年增加0.8万人；基层工会298个，新建工会28个（其中百人以上企业工会27个）；工会法人资格证办理26个。年内，完成企业工会经费审查工作112家，完成专项审计19家，“三公”经费“零支出”。推进职工文体建设工作，通过职工服务站、传统文化进企业、公益微GO项目等载体，加强职工思想政治引领，提高职工综合素质，丰富职工精神文化生活。

7月21日，“安康‘三送’清凉一夏”慰问活动举行（党群工作部　提供）

【职工思想政治教育】 2022年，花桥总工会以学习贯彻党的二十大精神为主线，举办职工阅读分享、主题教育等活动16场次，开展“听党话跟党走，强国复兴有我”班组职工思想政治工作案例征集活动，引领职工听党话、跟党走。

【暖心关爱行动】 2022年，花桥总工会开展“工会陪你过大年”系列活动，发放暖心礼包等慰问品5000余份；开通职工心理热线，举办心理健康讲座5场次，帮助职工做好心理疏导，增强“心力量”；为抗疫一线职工紧急采购暖身贴、防疫中药包，对全区医务人员开展暖心慰问，惠及职工3万人次；开展夏季高温“安康‘三送’”活动，慰问一线职工5026人。

【助推企业复工复产】 2022年，花桥总工会指导20家受新冠病毒疫情影响的企业申请特殊工时民主程序工作，联合区劳动部门举办“春风行动”网络公益性专场招聘会12场次，向区内重点企业发放物资包、复工包1.1万份，助推企业复工稳产。

【产业工人队伍改革】 2022年，花桥总工会新增产业工人队伍改革单位2家、产业工人队伍改革基地2家；开展叉车操作、品检检料、职业软件技能等劳动竞赛超10场

9月9日，“情系职工暖人心·浓浓中秋别样情”职工迎中秋系列活动举行（党群工作部　提供）

3月4日，花桥总工会助力企业复工复产活动举行（党群工作部 提供）

次；开设“花工学堂”，开展“菜单式”选学，提升产业工人素质，畅通产业工人成长通道，发挥主力军作用。

【职工文体活动】 2022年，花桥总工会提升工会工作社会化、专业化水平，依托区职工服务站和企业职工之家阵地，创新与丰富职工文体活动内容与形式，全年举办各类文体活动超50场次，满足职工精神文化需求。

（杨　康）

共青团花桥经济开发区工作委员会

【概况】 2022年，共青团花桥经济开发区工作委员会（简称“花桥团工委”）下设团组织283家，其中机关、社区、学校团组织53家。至年末，全区有团员5373人，其中新发展团员273人。收缴2021年度团费6.37万元。选举出席昆山市第二十次团代

7月，“享·趣少年·花开盛夏”青少年暑托班在中铁建设大厦党群服务点举办（党群工作部　提供）

会代表17人。新增“上云青年之家”1家。

【团组织建设】 2022年，花桥团工委坚持党建牵动、楼宇促动，探索实施“点线面”楼宇团建三步工作法，承办昆山市集宿区团建品牌发布会，打造集宿区“360度青年之家”，相关经验做法得到苏州团市委专题调研；启动“青新聚力·新新相印”专项行动，加强新业态新就业领域团组织覆盖。

【思想引领】 2022年，花桥团工委围绕学习宣传贯彻党的二十大精神，开展青年讲师团宣讲、基层团干部专题学习会、集宿区“360度青年之家”青春微聚会等活动58场次，宣传教育青年、青少年2130人次。推进“青年大学习”，参与网上主题团课10.23万人次，17期目标值完成率超100%。花桥团工委获评苏州市共青团系统理论学习型团组织。

【青年评优】 2022年，花桥团工委助推便民服务中心团支部获评江苏省五四红旗团支部，获评昆山好青年5人、昆山市优秀青年志愿者11人、昆山市青年岗位能手6人，发挥各行业各领域青年典型引领作用。

10月12日，苏州团市委副书记王超一行到花桥经济开发区集宿区“360度青年之家”开展调研（党群工作部　提供）

【志愿服务】 2022年，花桥团工委组建新冠病毒疫情防控青年志愿队、青年突击队，选派优秀青年志愿者服务市两会、镇人民代表大会，依托“联青服务站”，开展“四进四排查”“聚焦‘三青两线’持续助力安全”等主题行动，引领青年主动参与苏州全域一体化、对接融入上海等发展实践。

【青少年成长护航】 2022年，花桥团工委承办昆山市青少年暑托班开班式，开办花桥青少年暑托班16个，服务青少年789人，缓解双职工家庭和特殊困难家庭未成年子女暑期照护难问题；实施“益见青心花 YOUNG 护航”青少年安全自护服务项目，开展共青团“暖冬行动”、爱心包裹捐赠、“早安，同学”等青少年关心关爱活动。

（陈　萍）

花桥经济开发区妇女联合会

【概况】 2022年，花桥经济开发区妇女联合会（简称“花桥妇联”）设专职主席1名、专职副主席1名、兼职副主席5名、执委39名。各社区妇联设主席1名、兼职副主席1名、执委15名、妇女小组长若干名，妇联主席100%进“两委”。机关企事业单位妇联设主席1名、副主席1名、执委7—11名、妇女小组长若干名；全区59个“女性驿站”、3个特色妇女微家、3个女性社会组织均有妇女带头人2—3名。

【思想引领】 2022年，花桥妇联成立“建滔大厦楼宇妇联宣讲团”“骑手姐姐宣讲团”等特色巾帼宣讲团，开展各类主题活动11场次，服务群众1200余人次。评选花桥经济开发区“文明和谐家庭”30户、“最美家庭”25户，其中获评昆山市“最美家庭”1户。发挥联动协同效应，创新“线上+线下”形式，举办以《中华人民共和国家庭教育促进法》为主题的宣讲会等，吸引全区11所学校1.25万名师生、1.8万名家

1月24日，《中华人民共和国家庭教育促进法》主题宣讲会召开（党群工作部　提供）

11月17日，天福社区获评苏州市儿童友好社区（党群工作部 提供）

长参与，发放宣传资料2000余份。

【阵地建设】 2022年，花桥妇联组织近200名妇联干部、执委，号召1200多名巾帼志愿者参与新冠病毒疫情防控各项工作，开展独居、困难孕产妇暖心关爱服务，对全区3000余名孕产妇进行靶向摸排，服务独居、困难孕产妇49人。组织基层妇联开展妇女儿童维权排查工作，畅通妇女儿童诉求渠道，排查重点家庭1.69万户，涉及妇女儿童7761人，涉及流动妇女儿童5111户。围绕儿童友好城市及“三全”社区建设，构建双试点社区，天福社区获评苏州市儿童友好社区并入选江苏省“三全”家庭教育指导试点社区。年内，获评昆山市三八红旗手1人、昆山最美巾帼科技人物2人，选送项目获评苏州市女性创业创新大赛初创型二等奖。

【组织建设】 2022年，花桥妇联创新“链式”妇联模式，推进妇联组织区域化建设，探索基层妇联组织建设改革新路径。建立1个楼宇妇联、6个行业妇女小组、N个企业妇女微家的“1+6+N”三级妇联组织形式，打造“滔上花叙”妇联工作品牌。聚焦新业态新就业女性群体，创新打造“骑手姐姐”妇女微家，并入选江苏省新领域“最美妇女微家”。通过“阵地＋项目＋服务”等方式整合社会资源，开展“花漾在你身边·服务随时相伴”项目，开展各类活动

7月8日，花桥妇联开展“花漾在你身边·服务随时相伴”服务（党群工作部 提供）

12场次，服务京东、顺丰、叮咚买菜等新业态新就业妇女群众100余人次，征集并解决基层治理问题51个，制订骑手姐姐“十带头”清单。

（金 卉）

花桥经济开发区关心下一代工作委员会

【概况】 2022年，花桥经济开发区关心下一代工作委员会（简称“花桥关工委”）学习贯彻习近平总书记在纪念中国关工委成立30周年就做好关心下一代工作的重要指示精神，以深入学习党的二十大精神为契机，坚持服务中心、凝心聚力，团结教育引领广大青少年听党话、跟党走，培养德智体美劳全面发展的中国特色社会主义建设者和接班人。

【宣传教育】 2022年，花桥关工委以迎接和学习宣传贯彻党的二十大为主线，以老教师、老干部、老党员为主体，组建“五老”讲师团、报告团、关爱团，推出党的二十大宣讲“菜单”，进校园、进社区、进辅导站开展宣讲活动24场次，750余名青少年现场受教。联合区少工委开展“薪火相传老少情·携手共话二十大”主题宣传活动。花桥关工委加强宣传报道队伍建设，召开关工委宣传通讯报道工作会议，传达贯彻市关工委宣传通讯报道工作会议精神，全年报送信息178条。抓好《花溪夕阳红》宣传报道阵地建设，全年印发3期，总计55期。

【育人阵地建设】 2022年，花桥关工委由社区党组织负责人兼任校外教育辅导站站长，社区关工委负责人担任常务副站长，辖区学校、文体机构和群团组织等负责人任辅导站班子成员，形成关工委主抓、教育部门为主力、各部门协力支持配合的工作格局。至年末，有“五老”辅导员15人、在职教师辅导员26人、大学生及其他志愿者71人参与进站辅导，开展教育辅导活动288场次，服务学生5469人次。

【巩固“创零”成果】 2022年，花桥关工委组建一支25人“五老”义务网吧监督队伍，采用个人定点网吧随时查、平时结对互相查和节假日分组集体查模式，做到网吧监督检查制度化、常态化。全年未发现未成年人进入网吧。

【双城共建】 2022年，花桥关工委深化花桥、安亭两地关工委“5G”工作机制，联合开展“最美五老”优秀工作事迹线上征集评选等活动，推进工作共商、活动共建、资源共融、成果共享和发展共赢。

（陈　萍、高晓华）

11月17日，“薪火相传老少情·携手共话二十大”主题活动举行（党群工作部　提供）

花桥国际商务城

HUAQIAO INTERNATIONAL SERVICE BUSINESS PARK

区域合作

对接融入上海

【概况】 2022年，花桥经济开发区围绕“沪苏同城桥头堡”战略定位，紧扣一体化和高质量两个关键，制定《2022年“安亭—花桥—白鹤”城镇圈一体化高质量发展共建项目》，围绕党建引领共促、产业发展共兴、城市生态共建、社会发展共治4个领域，落实年度重点共建项目12个。办结“亭桥鹤”流转单及接壤区域环境整治等民生诉求80余件，共同编辑并发布“亭桥鹤”一体化高质量发展简报8期。

【党建交流合作】 2022年，花桥经济开发区强化党建引领城镇圈一体化发展，深化跨区域党群共建合作。召开“亭桥鹤”三地党群工作交流会，推进学习贯彻习近平新时代中国特色社会主义思想主题教育，

9月27日，“相约星期五”惠企政策解读会召开（党政办公室　提供）

开展庆祝中国共产党成立101周年和“喜迎二十大·奋进新征程”系列活动，举办“先锋课堂”新发展党员“教育第一课”，联合上海复旦大学编印《历史的瞬间》党史学习教育专题读本。落实“全面对接学习上海”党建引领发展重点项目28个，打造“相约星期五”党建惠企平台，发布服务楼宇经济高质量“小红书”2.0版，惠及党员职工近2万人次。成立花桥经济开发区欧美同学会（留联会），助力沪昆两地留学人员交流合作。推进“鹿城同心聚人才”品牌建设，深化高层次人才引进；组建“亭桥鹤”新的社会阶层人士“联盟e家”，发挥“‘新’界拓‘链’”“花开五洲，侨联四海”等品牌优势，赋能沪昆经济圈发展。

【产业协同发展】 2022年，花桥经济开发区增强花桥、安亭、白鹤三地产业协同力度，推进优势产业协同发展。聚焦总部经济、数字经济、研发经济等领域，联合安亭、白鹤共同编制统一城镇圈产业发展指导目录。瞄准数字经济、总部经济、研发经济主攻方向，抢抓项目招引，推动世界500强蒂森克虏伯、中善物流、首智新能源、和乐文娱等一批项目落地。对接上海优质人才科创资源，围绕重点科技项目攻关需要，引进上海高端人才科创项目10个，其中国家级人才项目1个；与上海理工大学、上海大学等高校开展产学研对接活动5场，促成苏州诺克汽车工程装备有限公司与上海理工大学、昆山弗思特工业设计有限公司与上海第二工业大学等达成产学研合作，推动一批科技成果引进和转移转化，助力花桥经济转型升级。

【生态共建】 2022年，花桥经济开发区发挥项目对城市发展带动引领作用，优化城市产业布局、功能布局、空间布局。协同虹桥国际开放枢纽向西延伸建设，推进中环南线东延对接外青松公路、金融大道东延对接春天大道等框架道路建设，推动大虹桥区域服务功能和枢纽功能沿吴淞江走廊和高铁走廊延伸。优化区域内公共服务、停车等基础服务体系，谋求设施共享和功能协同，花桥联合安亭完成交接区域城市设计研究方案，推动解决两地道路衔接瓶颈，实现道路互联互通。完成河长制目标任务，吴淞江国考断面及鸡鸣塘、金城内河2条吴淞江断面支流河道水质稳定达标，区镇内河水质持续向好，“消劣争优”取得实效；持续开展河道清淤、景观提升及束水点改造工程，打造顺扬新开河等幸福河湖项目10个。

【社会共治】 2022年，花桥经济开发区持续推进跨区域、跨部门社会治理联动，建设社会治理共治区。完善花桥与安亭、白鹤疫情联防联控机制，加强疫情防控指

4月1日，花桥、白鹤两地领导在交界区域开展联防联控协查（党政办办公室　提供）

挥部常态化联系，强化信息互通、重点区域管控等。成立上海“飞地”（指隶属于某一行政区管辖但不与本区毗连的土地）保障专班，做好6000余名“飞地”居民服务保障工作，解决疑难问题579个，涉及1064人次，打开“飞地”联防联控新模式。

（倪乙平）

对台融合发展

【台企服务】 2022年，花桥经济开发区成立“同心向未来”台胞台企服务行动支部，以“定心、信心、暖心”三个“心”为工作思路做好对台服务。年内，走访台资企业150余次，协调解决华东台校2022年学测工作等事项50余件，为台企办理“非公赴台审批”等各类事项70多次。为台企开通补贴政策申报渠道，推动11家台企获批昆台融额度6050万元，为台企申报各项疫情补贴92.51万元。苏银凯基消费金融公司副总华倩获评2022年昆山荣誉市民“琼花奖”。设立“暖心热线”，协调台胞返昆132人，安排30位台胞在花桥隔离。开展“夏日送清凉”“社区送爱心”等“台商精神家园活动”10余场。

【昆山市台湾同胞投资企业协会花桥分会】 2022年，花桥台协会联合区台服办，举办“昆山台协会长分区行（花桥）”“花桥经济开发区台资企业座谈会”等活动，为台商与政府打造沟通平台。走访调研台企80余次，覆盖台企50余家，联合区台服办解决协调各类事项50余起。开展“夏日送清凉”“社区送爱心”等“台商精神家园活动”10余场。疫情期间，台协会组织开展“慰问疫情防控前线”活动，鼓励推动台商台胞参与疫情防控工作，为疫情防控工作贡献了重要的力量。

（姜春华）

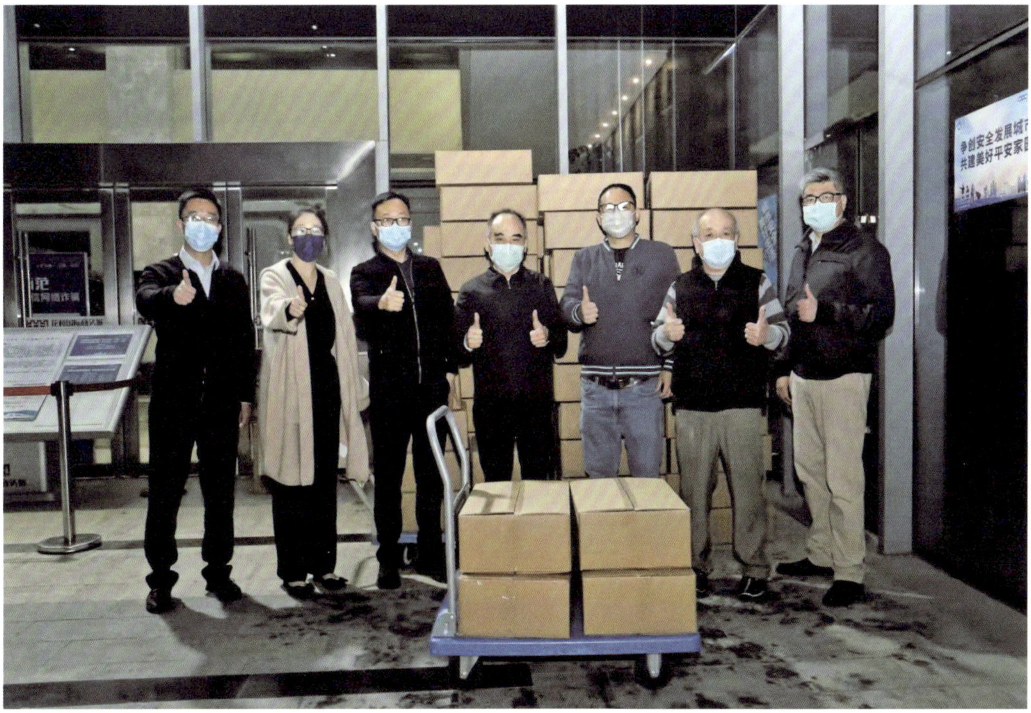

2022年新冠病毒疫情期间，台协会向花桥经济开发区管委会捐赠物资（台商投资服务办公室　提供）

5月24日，花桥经济开发区台资企业座谈会召开（台商投资服务办公室　提供）

对口援助共建

【概况】 2022年，花桥经济开发区围绕统筹城乡发展、构建和谐社会主线，以壮大农村集体经济、增加农民收入为目标，以发展当地特色产业、提高素质培训为重点，发挥优势，加大对口协作工作力度，做到认识到位、领导到位、措施到位、资金到位、指导到位。全年援助西藏林周县松盘乡、新疆阿图什市170万元。

【对口支援】 2022年，花桥经济开发区拨付西藏林周县松盘乡对口协作经费70万元，拨付新疆阿图什市对口协作经费100万元。强化定向采购帮扶力度，鼓励社会力量参与消费帮扶，全年购买新疆、贵州等地区特色农产品98万元。

（倪乙平）

经济发展

综　述

2022年，花桥经济开发区完成地区生产总值401亿元，比上年增长0.8%，迈上400亿元新台阶；一般公共预算收入54.2亿元，增长5.2%；限额以上社会消费品零售总额增速全市第一、总量全市第二；规模以上工业总产值212.2亿元，增长11.6%，增速全市第二；规模以上交通及营利性服务业总量全市第二；服务业增加值315亿元；固定资产投资91亿元，增长0.5%；进出口总额21.21亿美元，增长4.6%；实际使用外资及港澳台资1.7亿美元。同时位列全国综合竞争力百强镇、综合实力千强镇第5名，分别比上年度提升1个、4个位次。连续6年位列省级产城融合型开发区土地集约利用全面评价第一。

（叶　斌）

产业体系

【概况】 坚持产业立区不动摇，做强产业链条、做大产业集群、做优产业生态，打造数字经济、总部经济、研发产业三大千亿级现代产业集群，加快建成数字经济实验区、总部经济集聚区、研发产业示范区。

（叶　斌）

【数字经济】 2022年，花桥经济开发区抢抓建设数字经济产业集群“新赛道”，建设数字经济产业园，以全域数字化理念，组建数字经济产业研究小组、产业专家智库，围绕数字经济“7+1”重点领域，制订数字经济龙头企业招商目录图谱，开展精准招商、专业招商，二冷科技等一批重点数字项目相继落户。认定苏州市数字经济入库企业49家，占比位居昆山第一、苏州前列，认定苏州市数字经济示范企业3家，新增数字经济人才科创企业23家。

（凌　冬、陈丽洁）

【总部经济】 2022年，花桥经济开发区坚持招大引强，引进跨国公司地区总部、民企总部、央企第二总部等各类总部机构，集聚研发、销售、贸易、结算、数据等功能机构，引导本土企业拓展总部功能，初步形成以研发、销售、运营为特色的总部企业集聚地。至年末，拥有恩斯克、蒂森克虏伯等各类总部企业超100家，全年实现销售额550亿元。

【研发经济】 2022年，花桥经济开发区紧扣昆山打造国家一流产业科创中心总体部署，依托科创平台、人才集聚优势，深化与中国航天科技集团第九研究院、哈尔滨工业大学等大院大所合作，壮大研发设计服务主体，推动研发端、制造端精准对接，打造汽车、时尚、航空航天、机器人等研发产业，支持培育一批细分领域“隐形冠军”“雏鹰瞪羚”企业。至年末，初步形成“造血”和自我发展机制，拥有超100万平方米科创空间，集聚复旦科技园等高端科创平台21个。

（刘　伟）

特色产业园

【概况】 2022年，花桥经济开发区按照“产业园就是产业链”工作思路，紧扣特色专业创新产业园区建设，以产业创新集群为导向，以特色专业创新园区为突破口，

数字金融产业园（金融业发展办公室　提供）

打造8个特色专业创新园区。其中，建成晨风时尚创意产业园、梦世界两岸数字文娱产业园、数字航空产业园等5个产业园，在建3个产业园，8个园区占地超80万平方米，总建筑面积超150万平方米，投资总额超60亿元，入驻企业近100家。2022年实现税收超3亿元。

（叶　斌）

【花桥晨风时尚创意产业园】 位于兆丰路115号，占地13.33万平方米，总建筑面积16万平方米，总投资超4亿元。项目以晨风存量资源为载体依托，率先在长三角构建集品牌总部基地、独立设计师工作室、直播电商平台、工厂直营店等于一体的时尚创意产业链。至年末，园区引入晨风时装、超模吕燕CM品牌总部等高端品牌企业3家，吸引独立设计师团队36个，开设品牌电商直播18个。先后获评纺织服装创意设计试点示范园区、绿色供应链管理示范企业、工业产品绿色设计示范企业、江苏省工业设计中心等荣誉。2022年，实现产值10亿元、税收3000万元。

（刘　伟）

【梦世界两岸数字文娱产业园】 位于金捷路68号，占地16万平方米，总建筑面积35.6万平方米，主打数字文娱（元宇宙）、社交电商、平台经济、数字健康等业务板块，落地艺人直播基地“畊练村”。11月，

花桥晨风时尚创意产业园（经济发展促进局　提供）

举办开园仪式，以增进海峡两岸文化交流为导向，以提振数字文化产业为抓手，以创建青年城市新阵地为目标，建设昆山首个两岸数字文娱产业园，打造两岸文娱领域先行先试创新样板。以“元宇宙 + 文化”为核心导向，打造元宇宙项目创业基地与孵化中心、元宇宙虚实融合体验基地。

【数字航空产业园】 位于金洋路西金峰路交叉口，占地12.67万平方米，总建筑面积17.04万平方米，总投资14.3亿元。2022年，花桥经济开发区以中国航天九院旗下航天时代飞鹏公司落地投运为契机，培育数字航空产业链“链长”单位，依托公司在无人机领域关键技术与核心人才优势，借助产业链上下游配套资源，引进一批航天航空产业重点项目，结合空地通信、无人驾驶、芯片研发等细分领域，完善产业链，提升价值链，打造数字航空产业创新集群。

（刘 捷）

楼宇经济

【概况】 花桥经济开发区楼宇经济主要涵盖商务服务业、批发和零售业、软件和信息技术服务业等9大服务业类别，其中以总部经济、研发经济、金融产业、新零售

建滔广场（经济发展促进局 提供）

产业为典型。近年来，花桥经济开发区围绕产业集聚、企业集群、功能集成思路，凭借特殊区位、成本及服务等优势，做优楼宇经济，主攻创新型、研发类以及总部经济等高端项目，初步形成一批“垂直产业园”。2022年，投运商务楼宇42栋，其中税收“亿元楼”8栋，总面积超160万平方米，楼宇经济税收超20亿元，占服务业比重超80%。

（叶　斌）

【建滔广场】 位于光明路505号，北邻上海轨交11号线光明路站，南靠中央公园，占地1.94万平方米，建筑面积17.74万平方米，办公面积9.24万平方米，于2017年投运。以大数据、新媒体为依托开拓数字商贸新兴业态，入驻蒲公英、优护优家等新零售企业84家，初步形成体量可观、体系完善、配套齐全的电商产业集群。2022年，实现税收2.35亿元，成为新零售产业集聚发展新阵地。

【亚太广场】 位于兆丰路18号，占地10万平方米，办公面积10万平方米，2011年12月投入运营，入驻总部项目7个。2022年，实现税收1.42亿元，成为总部经济发展新

亚太广场（经济发展促进局　提供）

恩斯克总部大楼（经济发展促进局　提供）

样板。入驻的总部企业中，华住集团是国内第一家多品牌连锁酒店管理集团，全年实现税收4200万元。

【恩斯克总部大楼】 位于恩斯克路8号，占地3万平方米，办公面积1.8万平方米，由恩斯克在中国投资的生产技术销售营运及研发中心，是日本第一、世界领先综合轴承生产企业——日本精工株式会社投资的中国区总部，统一管理内地及香港地区生产、技术、销售和运营。先后获“江苏省跨国公司地区总部”“苏州市跨国公司地区总部”等称号。2022年，实现税收3.39亿元，成为研发经济发展新高地。

（周丽琼）

重点项目

【概况】 2022年，花桥经济开发区瞄准数字经济、总部经济、研发经济三大主攻方向，开展项目攻坚服务月活动，举办花桥数字经济产业创新集群建设推进会、易商产业园开工仪式等重大活动，新增注册资本超亿美元项目1个、国华新能源等超亿元项目8个，世界500强企业蒂森克虏伯汽车车身智造中心等一批项目落户。震雄铜业连续上榜江苏民营企业百强。芯龙光电成为全球5家获评世界知识产权组织全球奖企业之一。国绿新材料等6家企业获评江苏省“专精特新”企业。航天时代飞鹏、普飞科特入选2022年江苏省“潜在独角兽”企业。华迅工业获评苏州市数字经济示范企业。

（叶 斌）

【航天时代飞鹏有限公司】 公司由航天九院发起，联合国内物流行业龙头顺丰集团、古玉资本在花桥设立的混合所有制企业，从事无人运输机系统研发设计、生产和特殊场景运营，是中国科协“科创中国”先导技术榜单（装备制造领域）百强企业，江苏省科技型中小企业，2022年入选江苏省“潜在独角兽企业”名单。

（孙 旭）

【蒂森克虏伯汽车装备（苏州）有限公司】 公司由世界500强蒂森克虏伯集团投资设立，注册资本600万欧元，主要从事汽车车身解决方案的研究、开发、设计、制造和销售等业务，服务北京奔驰、华晨宝马、一汽大众等知名客户。该公司是蒂森克虏伯集团在中国投资设立的首家公司，2022年入驻顺扬智汇谷。

【博实智能机器人】 项目由哈尔滨博实自动化股份有限公司投资设立，园区占地面积1.36万平方米，建筑面积3.6万平方米。依托哈尔滨工业大学的人才、技术、资源等竞争优势，重点聚焦特种环境机器人、智能化装车机、智能移动机器人、制造业智能化升级方案及工业服务等。项目于2月16日奠基启动。

【易商花桥智能制造及新零售产业园】 项目由香港联交所上市的ESR易商集团投资开发，嫁接盘活原中钢项目所在的低效用地13.4万平方米，总投资10亿元，建设30万平方米高标准建筑，其中工业厂房面积11万平方米，新零售中心及配套设施面积近20万平方米。项目于7月28日开工。

（刘 伟）

人才科创

综　　述

2022年，花桥经济开发区依托花桥国际创新港建设数字经济产业园，举办花桥数字经济产业创新集群推进大会，认定苏州市数字经济入库企业49家，投运数字经济展示馆。开展精准招商、平台招商，新增人才科创项目81个，其中院士合作项目3个，国家级重大人才工程项目2个。获评省创新创业计划人才1人、省高层次创新创业人才引进计划博士1人、姑苏创新创业领军计划人才6人、昆山创新创业计划人才15人，江苏省外国专家工作室2家，新增外籍高端人才22人。认定高新技术企业76家，有效高新技术企业157家，认定江苏省“潜在独角兽”企业2家、苏州市“瞪羚”企业5家，认定省级科技企业孵化器1家、省级众创空间1家。新增科创承载空间20万平方米，累计运营科创空间超100万平方米，新增科创平台3个。

（陈丽洁）

平台载体

【概况】 2022年，花桥经济开发区举办花桥数字经济产业创新集群推进大会，集中签约数字经济项目20个，总投资43.8亿元，完成数字经济展示馆建设并投运使用。认定苏州市数字经济入库企业49家，占比居于昆山第一、苏州前列，认定苏州市数字经济示范企业3家，新增融链数字、同羲智能、易加科技等数字经济人才科创企业23家。新增科创承载空间20万平方米，累计有效运营科创空间超100万平方米。新增U创空间、科创帮、京东科技孵化器科创平台3个，西交大花桥创新中心二期启动建设，举办花桥 & 昆山杜克创新合作联盟揭牌仪式活动，武汉大学（花桥）数字技术创新中心签约落地。

（陈丽洁）

【花桥数字经济产业创新集群建设推进大会】 7月18日，花桥数字经济产业创新集群建设推进大会举行，通过“线上＋线下”集中签约数字经济项目20个，总投资43.8亿元。项目涵盖数字金融、数字健康、数字交通、数字航天等多个领域。苏银凯基消费金融有限公司20亿元增资到账发布，为聚力打造昆山金改区示范金融公司、业内数字化标杆公司奠定基础。花桥与武汉大学签订共建“武汉大学（花桥）数字技术创新中心”合作框架协议，双方将在科技创新与成果转移转化、数字技术新型研发机构建设、数字经济发展要素集聚等方面深入合作。花桥数字经济产业创新联盟首发启动，联盟将实施“1+3+N”共建共商共享机制，联合政府、企业、基金、院所、智库、协会等要素，构建内外联动、上下联结桥梁，共同打造花桥数字经济产业“生态圈”“强磁场”。

【花桥 & 昆山杜克创新合作联盟揭牌】 1月25日，花桥经济开发区与昆山杜克大学联合举办花桥 & 昆山杜克创新合作联盟揭牌仪式。该联盟旨在依托昆山杜克大学人才、科研资源优势，结合花桥经济社会发展实际，以共建联盟为起点，推动双方在产业发展、科技创新、人文艺术、生态环境等领域开展深入合作，实现共建共享共赢。

【U创空间】 2022年，花桥经济开发区与平台签约开展合作，引进项目7个，工作人员19人，其中博士7人、硕士2人。申请发明专利4项，授权1项，实用新型17项均授权。认定高新技术企业1家，认定研发立项4项，研发立项金额430万元。

（凌　冬）

【科创帮】 2022年，花桥经济开发区依托科创帮资源优势，重点聚焦“六新经济”产业领域，推动国内科创企业、科技成果转化项目、高层次人才团队等落户花桥，打造人才创新创业示范基地。科创帮上海基地由上海云孵信息科技有限公司运营管理。该公司是国家技术转移东部中心平台旗下国内首个直接服务于技术成果团队而实现成果转化的公司，全年为花桥推荐人才科技项目5个。

（邹　俊）

【京东科技孵化器】 京东昆山智能产业园是京东智能产业发展集团在华东打造的首个智能产业园项目。依托京东集团产业生态资源，聚焦新一代信息技术、智能制造、数字文化、现代服务业等产业领域，打造集研发办公、科技孵化、智能制造、商业配套于一体的智能产业新地标。产业园入驻世界500强企业3家、上市培育拟入库企业1家、高新技术企业8家、中小科技企业8家、苏州市数字经济入库6家、双创人才项目2家、苏州“瞪羚”企业1家。获苏州市重点文化项目、昆山市科技孵化器、花桥经济开发区电子商务培育载体等资质。

（徐　明）

人才引进

【概况】 2022年，花桥经济开发区新增院士合作项目3个、国家级重大人才工程项目2个，获评省创新创业计划人才1人、省高层次创新创业人才引进计划博士1人、姑苏创新创业领军计划人才6人、昆山创新创业计划人才15人、昆山紧缺人才117人，新增外籍高端人才22人，认定江苏省外国专家工作室2家。苏州兆凯电子有限公司车大志获评第二十八批昆山之友“并蒂莲奖”；苏州国绿新材料科技有限公司董事长左晨东、昆山莱士阁工业科技有限公司总经理周凯获评俄罗斯自然科学院院士；昆山莱士阁工业科技有限公司获评2022年度“江苏省最具成长潜力的留学人员创业企业”。举办第四届“聚才助力智汇花桥”科创人才沙龙主题活动。

（陈丽洁）

【院士合作项目】 2022年，花桥经济开发区新增宽泛科技（江苏）有限公司、昆山科磊智能科技有限公司、苏州国绿新材料科技有限公司国内外院士合作项目3个。

宽泛科技（江苏）有限公司　项目由日本工程院外籍院士李颉领衔，设立智慧城市项目平台，基于成熟的深度学习算法，结合云、移动互联网和物联网等先进技术，面向泛安防与人工智能教育领域，自主研发 FansLink 智能设备综合管理平台及部分人脸识别一体机，可向智能大厦、智慧园区、政府机关、银行、新零售、学校、监狱、机场、轨道交通和医院等各行业场景提供通道管理、门禁管理、访客管理、考勤管理和迎宾系统等解决方案。

昆山科磊智能科技有限公司　项目由俄罗斯外籍院士李伟领衔，项目基于区块链的中日贸易商品安全追溯系统，是商品安全控制和管理的有效技术手段。该技术可对日本高价值产品建立溯源体系，帮助日本优质产品进入中国市场销售。

苏州国绿新材料科技有限公司　项目由俄罗斯外籍院士左晨东博士领衔，致力于成为新能源电池核心材料开发应用的行业领跑者。公司获批国家高新技术企业、江苏省双创人才企业、最具成长潜力的留学人员创业企业。有自主知识产权30项，研发的核心产品为光伏太阳能电池电极银浆。2022年，实现营业收入2226万元。

【国家级重大人才工程项目】 2022年，花桥经济开发区引入国家级重大人才工程项目2个。

苏州济世达航空科技有限公司　项目由国家高层次人才唐一超领衔，致力于国产大飞机发动机关键零部件制造技术的研发和生产，针对大飞机发动机ACC管路的加工需求，研发五轴电火花群孔加工设备，积累大量加工工艺基础数据，制造的ACC管路产品应用于CJ1000、CJ2000等航空发动机。公司瞄准国际前沿技术，研发航空发动机涡轮叶片气膜孔加工技术。

苏州拾音科技有限公司　项目由国家高层次人才邱毅领衔，依托智能网联汽车先进电子电器和软件架构，通过融合车辆行驶状态、座舱声场、道路路面振动激励等物理信号，按客户需求定制主动降噪产品供应方案。以核心控制器产业化为基础，辅以下游供应链的车规级振动传感器的配套生产及上游车载音响功放贴牌生产，联合英国南安普顿大学和浙江大学共同搭建的算法和软件研发团队，研究全球领先智能座舱主动降噪解决方案。

（邹　俊）

【江苏省“双创计划”创业领军人才项目】　花豹科技有限公司成立于2019年，注册资金5000万元，产品定位为适用于国内IOT智能设备和超低功耗系统的Cloud based OS-BAOS。基于该系统，IOT智能设备可实现免安装、升级、客户端瘦身；超低功耗系统可实现语音识别、消息推送、系统OTA等一系列功能，成本仅为同类产品的一半。创始团队均由小米、华为、小蚁等企业资深工程师和设计师组建，拥有核心专利20多项。公司创始人吴廷彬获评省创新创业计划人才、姑苏创新创业领军计划人才和昆山创新创业计划人才等多项荣誉。

【江苏省“双创”博士】　李昊旻，西比里电机技术（苏州）有限公司副总经理，主要从事真空电弧理论与大容量开断技术、等离子体放电与诊断等方向研究，主持或参与国家自然科学基金、中国博士后科学基金等国际合作项目10余项。作为核心成员，参与输电等级单断口真空断路器、快速真空断路器、无氟环保型GIS等新装备研发。2022年，获评江苏省“双创”博士。

（徐玉霞）

【昆山莱士阁工业科技有限公司获评“江苏省最具成长潜力的留学人员创业企业”】　昆山莱士阁工业科技有限公司成立于2019年，创始人周凯为俄罗斯自然科学院院士、新加坡国立大学博士。公司致力于为制造业企业提供智能化改造和数字化转型综合服务，主导产品为基于AI检测的质量管理数字化服务平台，以数字驱动和创新服务优化生产、质量、物料、设备

昆山莱士阁工业科技有限公司（科学技术局　提供）

全流程，赋能工业企业提升生产效率，在产业链关键领域实现“补短板”作用，达到国内领先水平。先后获苏州市新一代人工智能创新应用场景示范企业、苏州市工业互联网重点平台、苏州市重点软件企业、苏州市外国专家工作室等10余项称号；承担多项省、市级科技、人才项目，获得知识产权17项。2022年，公司营业收入超2600万元，获评“江苏省最具成长潜力的留学人员创业企业”。

【“聚才助力·智汇花桥”科创人才沙龙主题活动】 10月22日，花桥经济开发区科学技术局开展第四届“聚才助力·智汇花桥”科创人才沙龙主题活动，邀请区内科创载体及人才企业参加。本次活动以团建拓展形式，开展旱地龙舟竞赛、同心鼓、团队拔河大赛等活动，旨在加强与区内科创载体及人才企业之间的沟通交流，增强科创领域凝聚力、向心力。

（徐玉霞、张振东）

【大学生青年产业人才引聚】 2022年，花桥经济开发区党群工作部开拓资源，建强引智聚才平台。对接黑龙江、江苏2省教育厅职能部门，通过“黑龙江省高校就业协作体”“中国·江苏高校毕业生精准招聘”“江苏智慧就业平台”“陕西省苏陕教育协作网络平台”等4个省级引才平台为区内企业需求制定人才引进方案。用“请进来”方式，推进校企对接8批次。举办“空中双选会”，组织浦项（苏州）汽车配件制造有限公司等135家企业携2366个岗位开展“百校千企·智汇花桥”空中双选会10场，达成求职意向400余人。组织博实（苏州）智能科技有限公司等20家重点企业赴江苏科技大学、江苏大学开展引才对接活动，吸引高校毕业生1500余名，收到意向简历800余份。与江苏科技大学、常州工学院签署引才合作协议2份，探索全方位合作。对接江苏、黑龙江、湖南、广西4省28所高校，组织区内博实（苏州）智能科技有限公司等60家企业开展“智汇花桥·‘职’得你来”2022花桥经济开发区高校云聘会，借助高校新媒体平台宣传发布需求岗位855个，储备青年人才440余人。与黑龙江东方学院等2所院校举办校地企“云上”对接交流会，通过“人才直通车”输送近70名本科青年产业人才赴花桥就业。举办“助企引才·才聚‘青年城’”后疫情时代人才招聘素养提升活动。

（杨晓倩）

9月22日，“百校千企·智汇花桥”2022花桥经济开发区高校（江苏）引才对接活动在江苏科技大学举办（党群工作部　提供）

科技创新

【概况】 2022年，花桥经济开发区新增高新技术企业76家，累计有效高新技术企业157家，高新技术企业认定数工作目标完成率、数量增幅位列昆山第一。认定江苏省“潜在独角兽”企业2家、苏州市“瞪羚”企业5家，申报苏州市“独角兽”培育企业4家，申报省级重点研发计划、省产学研合作等省级以上科技项目13项。认定省级科技企业孵化器1家、省级众创空间1家、省级工程技术研究中心1家、苏州市工程技术研究中心1家。昆山西交创新中心管理有限公司、昆山市中孵创新管理服务有限公司获2022年江苏省拟推荐上报国家级科技企业孵化器公示。组织开展产学研对接活动18场，苏州科环环保科技有限公司与苏州大学合作项目获评祖冲之攻关计划银π项目。全区专利授权1381件，其中发明专利新增68件，开展登记技术合同成交额11.76亿元。开展昆山市技术经纪人培训花桥专场活动，举办银企对接活动12场，完成昆

江苏普飞科特信息科技有限公司（科学技术局　提供）

科贷、苏科贷146笔，授信金额4.52亿元。

（陈丽洁）

【江苏省“潜在独角兽”企业】 2022年，花桥经济开发区2家企业被认定为江苏省“潜在独角兽”企业。

江苏普飞科特信息科技有限公司 公司成立于2017年，旗下品牌聚盟共建，秉承“为小微物流赋能、用科技改变物流”理念，聚合并带领全国多家核心城市物流“小霸王”，打造中国专业的大票零担网络运营服务商。以园区为基础，聚合城市物流专线融合共享，强强连接，实现产品化、标准化、信息化、集约化发展，形成覆盖全国一、二、三级城市全直达运输体系。入围2021年苏州市“独角兽”培育企业名单，是花桥首家获得这一荣誉的企业。2022年，被认定为江苏省“潜在独角兽”企业。

航天时代飞鹏有限公司 公司成立于2021年，业务涵盖运输投送、民用物流、应急救援等领域，专业从事无人运输机系统研发设计、生产和特殊场景运营。公司紧盯运输领域顾客需求，开展“远中近结合”“高低速互补”“固定翼旋翼兼具”不同构型的系列无人运输机系统研制。公司入选江苏省科技型中小企业名单、中国科协2021年“科创中国榜单企业”。2022年，被认定为江苏省“潜在独角兽”企业。

【苏州市“瞪羚”企业】 2022年，花桥经济开发区5家企业被认定为苏州市“瞪羚”企业。

昆山炫生活信息技术股份有限公司 公司成立于2015年，是一家基于移动支付、人工智能、区块链、大数据等技术提供相关软硬件产品与数字化解决方案的运营服务商，是集研发、生产、销售、服务于一体的创新型高新技术企业。获江苏省互联网“百千万”工程重点企业、江苏省互联网企业50强、江苏省工程技术研究中心、姑苏双创领军人才企业、昆山双创领军人才企业等60余项称号，通过ISO27001、CMMI3等5项国际体系认证，累计申请国内外知识产权170多项。2022年，被认定为苏州市“瞪羚”企业。

昆山普尚电子科技有限公司 公司成立于2009年，致力于为通信企业提供性能卓越的测试仪器，集中于频谱仪、网络分析仪、信号分析仪和信号源的研发和生产。主要客户有华为、中兴、中国航天系统工程有限公司等知名企业。获授权专利33项，其中发明专利3项，先后获江苏省民营科技企业、高新技术企业、昆山市工程技术研究中心、苏州市工程技术研究中心、昆山市级专精特新企业等称号。2022年，被认定为苏州市“瞪羚”企业。

苏州诺克汽车工程装备有限公司 公司成立于2006年，致力于工业4.0高端智能

昆山炫生活信息技术股份有限公司（党群工作部　提供）

装备及基于5G技术智能制造的高新技术企业，拥有关于汽车生产线输送技术、焊接夹具、工业机器人集成与应用等多项汽车工程装备的专利和软件著作权，先后获评高新技术企业、江苏省民营科技企业、苏州市工程技术研究中心等称号。2022年，被认定为苏州市“瞪羚”企业。

苏州岱创过滤系统有限公司　公司成立于2015年，是一家生产空气、液体、漆雾过滤产品和提供过滤技术服务的高新技术企业，多年来致力于为各种工业需求提供过滤产品和解决方案，拥有专门的研发团队，获得授权专利20多项。2022年，被认定为苏州市“瞪羚”企业。

昆山庆腾欣金属实业有限公司　公司成立于2005年，是一家专业从事汽车零配件、精密轴承粉末冶金制品的生产型高新技术企业，具有ISO9001、TAIF16949以及ISO14001资质，获授权专利35项。2022年，被认定为苏州市“瞪羚”企业。

【省级科技企业孵化器】　花桥联合创新空间孵化器是由花桥经济开发区牵头，与六七八九集团共同打造的国际化、全要素、多功能的科创服务平台。平台位于花桥国际创新港内，拥有1万多平方米的物理载体，创新空间以联动张江、漕河泾等区域为重点，重点嫁接跨国企业合作资源，推动IBM（人工智能加速器）、Intel（机器人创新中心）等20余家跨国企业的技术、人才溢出项目在花桥转移孵化。已引进科技人才企业47家，其中国家级人才项目企业2家、姑苏领军人才项目企业3家、昆山双创人才项目企业13家。目前认定高新技术企业4家，新增知识产权278项。2022年，被认定为江苏省科技企业孵化器、昆山市众创空间。

【省级众创空间】 昆山集梦园众创空间是由花桥经济开发区和复旦大学国家科技园共同发起成立的集成果转化、企业服务、人才集聚和投资孵化为一体的政产学研合作平台。致力于引进电子信息、生物医药、节能环保、智能制造等专业领域人才，针对入孵企业、团队（个人）创业短板，提供政策辅导、技术对接、产学研合作、供应链上下游资源对接、产品展示、媒体宣传、融资等服务，协同推进产业化进程。入驻9家企业和27家创业团队（个人）。2022年，被认定为省级众创空间。

（花　程）

【江苏省工程技术研究中心立项】 奥科宁克（昆山）铝业有限公司，主导产品为

花桥跨国联合创新空间（党群工作部　提供）

热传输复合铝材，用于汽车和工业热交换器，设计年产能力5万吨，在国内汽车热交换器复合铝材领域市场占有率名列前茅。2022年，销售收入总额超13亿元，研发投入4383万元，占销售收入的3.37%，是江苏省高新技术企业，拥有江苏省高新技术产品4个。2022年，公司的“江苏省散热器复合铝材工程技术研究中心”项目入围2022年度江苏省工程技术研究中心立项名单。

（葛裕东）

【祖冲之攻关计划银π项目】 2022年，苏州科环环保科技有限公司与苏州大学合作“己内酰胺生产废水深度处理新技术研发及产业化”项目获评祖冲之攻关计划银π项目。继2021年“基于臭氧催化氧化技术深度处理石化行业难降解有机废水的新材料与新工艺研发及产业化”项目获评祖冲之攻关计划银π项目后，再度斩获此奖，成为昆山市唯一取得该成绩的产学研合作项目。该项目取得了一系列基础研究及应用开发合作成果，在*Environmental Science&Technology*、《化工进展》等国内外高水平学术期刊发表论文10篇，申请国内外发明专利10余项，开发2种高级氧化催化剂新产品，实现每年万吨级工业化量产，完成新工艺包1套，并在多个项目中应用，项目合同额逾1亿元。

8月4日，苏州科环环保科技有限公司与苏州大学合作项目获得祖冲之攻关计划银π项目（科学技术局　提供）

【产学研合作】 2022年，花桥经济开发区开展产学研合作16次，与上海理工大学、苏州大学、宁波大学等高校和科研院校达成合作协议。

上海理工大学与昆山猛马机械有限公司校企对接 1月6日，昆山猛马机械有限公司负责人赴上海理工大学与王永雄教授进行技术对接。校企双方围绕交流工件在线检测需求展开讨论，探讨合作可行性。

苏州大学与昆山玛冀电子有限公司产学研对接 1月19日，苏州大学陈涛教授与昆山玛冀电子有限公司负责人对接，针对磁性芯片及智能制造技术细节及商务内容进行洽谈，在产品精度、稳定性等方面展开深入交流，确保项目进度稳步推进。

上海理工大学与苏州诺克汽车工程装备有限公司校企对接 7月19日，上海理工大学李卫东教授、仲梁维教授、陈龙教授赴花桥与苏州诺克汽车工程装备有限公司进行技术对接。校企双方围绕柔性生产线智能设计平台展开详细讨论。合作项目将基于 Catia 的三维设计软件，针对柔性生产线上重要关键部件进行二次开发，实现部件自动化设计，包括自动生成设计方案、自动调整与优化设计参数、自动生成三维和二维图纸，完成设计方式智能化改进、设计流程自动控制、设计结果自动优化。

宁波大学与苏州铄瑾智能科技有限公司校企对接 9月6日，宁波大学与苏州铄瑾智能科技有限公司针对交流加热管防垢难题解决方案进行沟通，助力企业攻克技术难点，实现产业高质量发展。

（葛裕东）

花桥国际商务城
HUAQIAO INTERNATIONAL SERVICE BUSINESS PARK

农业·农村

综　述

2022年，花桥经济开发区推进“三农”各项重点工作，农业农村发展稳中加固、稳中向好，为推进乡村振兴、加快农业农村现代化建设提供保障。农业生产面积6211.2亩，粮食生产面积5972.69亩，粮食产量2711.3吨，完成昆山市粮食生产目标任务。申报江苏省昆山市全国绿色食品原料（水稻、小麦）标准化生产基地4000亩，绿色食品基地340亩，省级绿色优质农产品基地3000亩。绿色优质农产品比重实现值为80.69%。农村集体经济发展活力增强。以创新发展投资经济方式，变资金为资产，拓展村级集体经济增收渠道。通过翻建、修缮等方式，对老旧集体资产进行改造提档升级，研究农村集体“无证”资产办证实施路径，有效盘活存量资源。2022年，三大合作社总收入1.02亿元，发放股金分红2705.07万元。

（朱怡青、洪友青）

农村经济

【概况】 2022年，花桥经济开发区有村股份经济合作社15个、富民合作社3个、农地股份专业合作社2个，有入股农户9596户，股民3.06万人。村级经营性总资产6.7亿元，经营性资产建筑面积24.57万平方米，其中厂房10.6万平方米，商铺4.42万平方米，宿舍8.35万平方米，综合楼及其他1.2万平方米，年租金收入总额5953万元。

【村级资金非现金管理】 2022年，花桥经济开发区规范村级现金结算管理，落实资金监管平台审批流程，实现网上信息化管理，确保资金支出轨迹全程留痕，规避资金使用风险，年内通过资金监管平台审批，村级资金支出申请634笔，支出金额1.84亿元，均严格落实非现金管理要求。

（朱怡青）

【委托经营管理模式】 昆山市花桥强村富民联合发展有限公司作为村集体资产市场化运作平台，负责自有资产、资源及委托资产、资源经营管理工作，资产总额

20.07亿元，主要包括商铺、厂房、宿舍及土地等，总面积62.67万平方米，年化租金6500万元。2022年，昆山市花桥强村富民联合发展有限公司实现向综合产业项目开发转变。依托"一村二楼宇"项目建设载体，与昆山优加生活商业投资管理有限公司就强村大厦花溪悦里项目签约，年租金207万元，喜事宴会大厅年租金52.69万元，鸡鸣塘市民休闲广场配套商业用房年租金16.59万元；拓展业务增收渠道，受11个股份经济合作社的委托，代持经营绿地运动城4号楼项目。公司始终坚持"为民理财，为民创收，以经营为目标，以安全为底线，以生态为基本"的发展理念，通过强化合同管理、严控租金收缴、规范交易程序、整合优化资源等方式，发挥经营管理效能，探索集体资产有效运营新路径。

（冯晨晨）

【股份合作制】 2022年，花桥经济开发区有15个村股份经济合作社，入股农户9596户，全年实现总收入3868.88万元。有3个富民合作社，其中2个由个人股投资成立，入股户数770户，1个由集体股投资成立，全年实现总收入5506.93万元。有2个农地股份专业合作社，入股农户977户，全年实现总收入821.76万元。

【富民红利】 2022年，花桥经济开发区"三大合作"组织分红总额2705.07万元。15个村股份经济合作社股金分红为1979.09万元，2个富民合作社股金分红为195.98万元，2个农地股份专业合作社股金分红为530万元。根据《关于扎实推进乡村振兴战略实施的若干意见》精神，通过市、镇两级财政补贴，对符合低保户和低保边缘户及低收入家庭发放富民红利。年内，符合条件的低保户21户、低保边缘户11户、低收入家庭7户，总计39户，发放干股分红7.06万元。

（朱怡青）

现代农业

【概况】 花桥经济开发区引导农民以土地承包经营权入股农地股份专业合作社，开展规模化、集约化、专业化、绿色化经营，提高土地产出率、资源利用率、劳动生产率，加快推动构建以农业龙头企业为引领、农民专业合作社为纽带和专业大户为基础的现代农业经营体系。2022年，江苏永辉彩食鲜供应链管理有限公司获评昆

10月18日，天福生态园高标准农田（社会事业局　提供）

山市级农业龙头企业，全区累计4家。县级以上农业龙头企业全年销售收入3.44亿元，农业园区建成面积占比84.8%。

【智慧农村示范村】　2022年，花桥经济开发区集善社区发挥自身地域、政策优势，从“基础设施、社区治理、便民服务、特色产业”4个方面，加快数字技术与乡村建设融合，构建“智慧＋”支撑数字管理、数字技术保障精准治理、数字发展引领产业集群三大乡村数字经济体系，获评2022年度苏州市“智慧农村示范村”。

（朱怡青）

【农田连片建设】　2022年，花桥经济开发区推进农田连片和闲置地整治工作，加快补齐农业基础设施短板，增强农田防灾抗灾减灾能力，提升粮食综合生产能力，为粮食稳产高产夯实根基。农田连片建设促进耕地质量和地力提升，推动形成绿色生产方式，增加优质粮食和农产品供给，加快农业高质量发展。按照高标准农田建设要求，建成土地平整、集中连片、设施完善、沟渠配套以及和现代农业生产经营方式相适应的粮田。东泾片区农田连片整治项目新增农业种植面积1308.5亩。该项目以金融大道为界，分为南、北两大区块。南侧地块位于吴淞江北岸，东至邹浦河，西临蔡浦河；北侧地块位于严巷村宅基地以南，东至邹浦河公园，西临东城大道。建设内容主要为田块整理、农田进排水、机耕路铺设、新建3座灌溉站及改建1座原有灌溉站。完成闲置地点位整治，新增农业种植面积36亩。

（洪友青）

【农机装备】 2022年，花桥经济开发区围绕主要农作物生产需要，在省、市、区多级农机装备建设及作业奖补支持下，农机装备不断更新换代，农业机械装备水平得到显著提升。通过配置先进适用农机装备、强化管理服务等措施，推进机械化耕整地、播种、收获、高效植保、产地烘干及秸秆还田等环节全程机械化作业，提高农业生产全产业链服务水平。探索绿色农机装备与技术推广应用服务体系，加强农机农艺融合。实施水稻机插秧侧深施肥500亩、小麦种肥同播500亩、秸秆离田1100亩、生态型犁耕深翻1618.7亩。新增无人机3台、大中型拖拉机2台、水稻插秧机2台、旋耕机3台、单摆式撒肥机1台、水稻育苗用播种机1套、大米真空包装机1台。累计拥有大中型拖拉机28台、半喂入联合收割机6台、全喂入联合收割机5台、水稻插秧机9台、喷杆喷雾机5台、无人机5台、粮食烘干机10台、育秧流水线1条

1月10日，农业机械年检（社会事业局　提供）

及其他农机配套装置若干。全年完成各级各类农机化奖补金额127.7万元。实现耕、种、管、收等粮食生产全程机械化作业，耕、种、收机械化率100%。

（朱晨磊）

农业服务

【概况】 2022年，花桥经济开发区开展“农田连片”和闲置地整治工作，整治点位4个，新增农业种植面积1344.5亩。小麦种植面积492.5亩，水稻种植面积5480.19亩，其中机插秧面积3620.21亩。蔬菜（含马铃薯、玉米等杂粮）生产面积358.8亩（不含复种），果品生产面积137.5亩，葡萄生产面积234.72亩。花桥经济开发区推进农业现代化发展，强化农业科技和装备支撑，注重农业生态及环境保护，实现全程机械化、服务外包化、管理专业

夏种插秧忙

6月10日，天福生态园插秧机进行插秧（社会事业局　提供）

6月3日，天福生态园育秧秧田（社会事业局 提供）

化、生产绿色化。年内，购置农机13台（套），提升农业机械化作业水平；获评苏州市“平安农机”示范乡镇（街道），在全国基层农产品质量安全检验检测技术能力社会性年度单项验证中考核合格，大秋、富有和甘秋3个甜柿果品在省级评比中分别获金奖、银奖及优秀奖。

【农业服务外包】 花桥经济开发区农业服务外包贯穿于农业产前、产中和产后各环节，是发展农业适度规模经营、扶持综合农事社会化服务、培育社会化服务主体的重要方式之一。通过加强区域内土地、农机、农资等服务主体联合，提高服务协作效率，构建形成利益联结紧密的农业生产联合体。花桥经济开发区依托“全程机械化＋综合农事”服务中心建设，推动农机专业合作社、农业企业发展，扩大外包化服务规模，提升综合效益。2022年，花桥经济开发区农业服务外包项目主要有集中育插秧服务、种植管理服务、农业机械作业服务、高效植保施肥作业服务和烘干中心外包服务等。各服务主体完成集中育插秧、种植管理、水稻收获、耕翻平整、

花桥刘地农业合作社农机仓库（社会事业局　提供）

小麦种肥同播等农事生产工作。至年末，花桥农机社会化服务组织常驻机手10余人，农忙时临时招募30余人（包括机手）为花桥农业生产服务，缓解当地农业劳动力数量相对不足与劳动力技能不足问题。

（朱晨磊）

【农业服务专业化指导】 花桥镇农业服务中心指导各生产管理单位组建专业技术团队，对农业生产各个环节进行指导督查，构建以蔬菜瓜果、生态大米等优势产品为支撑品牌的农业产业体系，打造现代农业转型发展、农业生态文明先行区。2022年，创建“美丽菜园”289.3亩，累计创建358.8亩。实行轮作制度试点总面积5117.66亩，均为轮作换茬（油菜），落实昆山市耕地轮作制度试点补贴204.71万元，施用缓释肥17.5吨，实施商品有机肥124吨，用于蔬菜和果树。年内，胡春家庭农场、洪硕家庭农场被昆山市农业农村局认定为昆山市级示范家庭农场，全区累计4家。做好农业科技入户项目工作，完成2次物化补贴发放。做好涉农补贴工作，申报各类补贴金额138.6万元。创建天福“全程机械化＋综合农事”省级服务中心。

稻谷飘香
年丰时稔

（洪友青）

综合经济管理

财政管理

【概况】 2022年，花桥经济开发区完成一般公共预算收入54.18亿元，增长5.2%，其中税收完成48.96亿元，增长5%，税收占比90.4%，完成任务目标。抓好企业复工复产，开展“大走访、大服务”，落实各项助企纾困资金，帮助企业摆脱疫情影响；落实企业退税减税政策，加大对服务业、技术引进、人才等各项财政政策扶持；落实各项扶持资金4亿元，推动重大项目集聚花桥、科创项目落地转化。

【经费压缩】 2022年，花桥经济开发区统筹资金支出，对预算单位支出实施跟踪管理，严控一般性支出规模，压减非紧急、非刚性支出，按20%压减全年公用经费，全年盘活存量资金7265万元。

【“三农”投入】 2022年，花桥经济开发区促进富民增收，全年发放创业小额贷款贴息近70万元，安排生态补偿资金446万元，村（社区）公共服务补贴1905万元，水稻价外及秸秆还田补贴37万元，低保户干股分红补贴7.06万元，发放种粮农户一次性补贴16.5万元，以“农业增效、农民增收、发展增资”为导向，发展以生态绿色、观光休闲为特征的都市农业。

【财政改革】 2022年，花桥经济开发区职工工资补贴、公车购置、企业奖补逐步开展数字人民币业务支付，应用场景扩充，数字人民币支付金额超1.8亿元。财政电子票据和非税收缴电子化改革实现全域覆盖，开具电子票据6.8万张。

（吴俊文）

税务管理

【概况】 2022年，花桥经济开发区统筹规划税收收入目标，贯彻落实组合式税费支持政策，分析经济税收形势，办理退税、减税、缓税，实现收入有序入库。

【税收收入】 2022年，花桥经济开发区组织各项收入73.24亿元。其中，税收收入72.27亿元，因实施组合式税费支持政策，比上年减收3.56亿元，下降4.7%；非税收入0.97亿元，下降27.77%。

【重点工作】 2022年，花桥经济开发区落实增值税留抵退税优惠政策，惠及区内839户企业，退还增值税留抵税额6.4亿元。落实减税降费各类税收优惠，办理相关退税（费）6797笔，退税（费）金额226.83万元。定期核实减税降费应享未享情况，确保能退尽退，能退全退。全年对3549户企业研发费用加计扣除、制造业缓缴纾困、小微企业减税等税收优惠进行核实提醒。

【营商环境优化】 2022年，花桥经济开发区推广“江苏税务”App和智能导税系统，巩固拓展“掌上办、移动办、智能办”和“非接触式”办税缴费服务；提供全程“管家式”办税服务，减少纳税人办税次数，压缩办税时长。花桥办税服务厅业务一次性办结率提高至99%以上，缩短纳税人、缴费人业务办理等待时长，提升纳税人、缴费人满意度和获得感。

（姬蕴文）

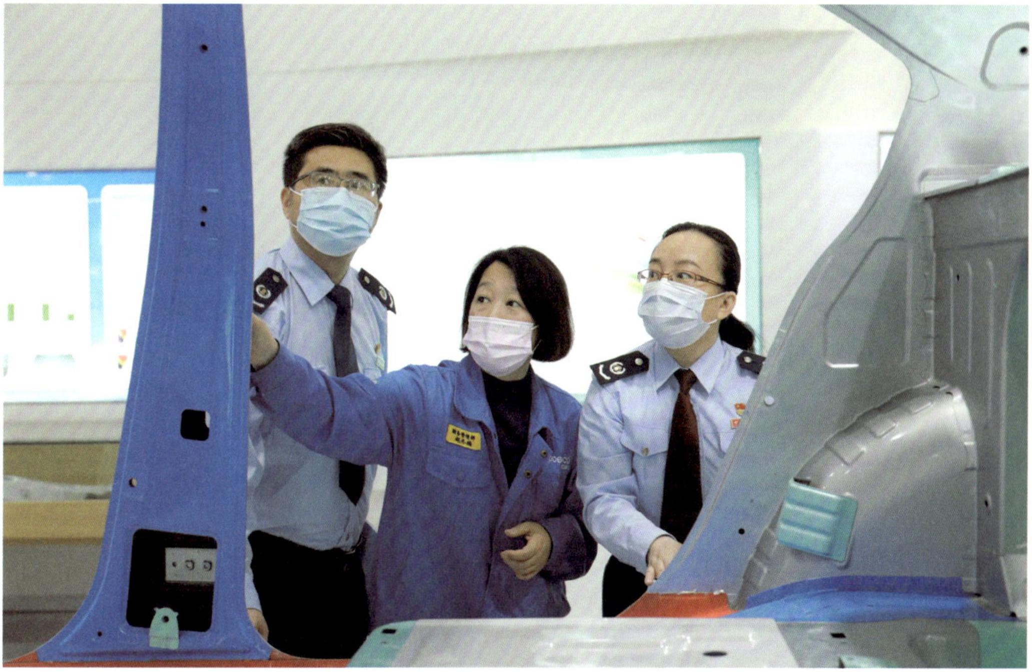

3月25日，国家税务总局昆山市税务局花桥经济开发区税务分局走访调研浦项（苏州）汽车配件制造有限公司，宣传留抵退税相关税费优惠政策（花桥税务分局　提供）

市场监督管理

【概况】 2022年，花桥经济开发区宣传贯彻市场监督管理法律法规和规章制度，落实市场主体及其准入、生产、经营、交易等行为的日常监管和案件查处工作。开展特种设备、农贸市场、转供电、双随机等各类专项执法监督检查活动，推动质量奖项申报工作，夯实创建工作重点，开展“一老一少”“食安守护”、农贸市场标准化改造等重点民生项目。

【特种设备监管】 2022年，花桥经济开发区开展小锅炉专项、起重机械、叉车安全专项排查治理等3项专项整治行动。全年检查特种设备使用单位210家，抽查特种设备585台，发现隐患420处，完成整改420处。全年核实特种设备超期未检信息184条、特检院抄送隐患信息5条，公告停用或注销特种设备29台。立案处罚使用超期未检的特种设备行为6起，查封超期设备14台，罚款23万元。开展专场培训会11场，抓实特种设备安全管理人员、作业人员安全警示教育。

（吴亚蓉）

【食品安全监管】 2022年，花桥经济开发区食品安全监管主体总数3432家，其中餐饮服务经营单位2041家，食品销售企业1230家，食品生产企业16家，食堂145家。食堂中，学校食堂43个，社区会所食堂11个，日间照料中心食堂2个，殡葬服务中心、福利院食堂各1个，集体用餐配送单位6家，100人以上建筑工地食堂16个，其余为企业食堂。

食品日常监管 开展速冻汤圆、“五毛”食品、青团、水果被膜剂、散装白酒、食用明胶、粮油等流通领域专项检查20次，检查单位500户次。在节假日、重点时段，开展专项检查8次，未发现重大食品安全问题。对所有持证餐饮服务单位实施食品安全风险分级管理，落实餐饮服务单位主体责任。分拣中心开展食品快检4432批次，辖区内11个食品快检点完成2.81万批次。开展“一老一少”“食安守护”行动，辖区学校食堂全部通过“五常法”管理评审。2022年，创建苏州市名特优小作坊1家、昆山十佳集体用餐配送单位2家、苏州精品学校食堂1家和昆山精品食品安全工作站1家。

食品安全专项检查 开展中考食品安全保障工作3次，保障1046人次用餐安全。完成食品生产企业、学校食堂、养老机构食堂、医疗机构食堂、集体用餐配送单位、中央厨房以及200人以上企业食堂、100人以上建筑工地食堂全覆盖检查。排查进口冷链食品企业，排查经营户86家次。开展社区会所食品安全检查，检查会所40家次，通过集体聚餐管理系统和现场抽查方式，规范预约登记、厨师选择、现场管理等工作，全年指导宴席453场、8981桌。全年未发生食品安全突发事件。

（曹　聪、吴亚蓉）

【转供电专项整治】 2022年，花桥经济开发区为清理规范转供电主体电价加价行为，8月2日，市场监管分局组织召开花桥经济开发区物业转供电收费事宜专题会议，解析转供电收费政策，规范转供电收费行为，推动国家降电价政策。全年摸排辖区楼宇、商圈62个，转供电主体60余个，制作和发放《关于规范转供电环节收费行为的提醒告诫书》，帮助相关企业追回多付电费70余万元。

【质量品牌建设】 2022年，花桥经济开发区推进质量奖项申报，宏茂五金（昆山）有限公司、昆山迪安医学检验实验室有限公司、江苏国技仪器有限公司、昆山炫生活信息技术股份有限公司、苏州科环环保科技有限公司等5家企业获“2022年度江苏省质量信用A级企业”称号，昆山迪安医学检验实验室有限公司获“2022年度苏州市质量奖”。指导震雄铜业集团有限公司、昆山东海岸工程有限公司、六晖橡胶金属工业（昆山）有限公司等3家企业参与4项国际标准制定，指导昆山王张检测技术有限公司、苏州汉丰新材料股份有限公司2家企业参加江苏省标准化试点申报工作，推进昆山市轨道交通投资发展有限公司通过省级标准化试点验收工作。

（吴亚蓉）

国有资产管理

【概况】 花桥经济开发区国有资产由昆山银桥控股集团有限公司（以下称“银桥集团”）进行管理。银桥集团成立于2006年9月，注册资本36亿元，前身是花桥国际商务城资产经营有限公司，2016年3月更名为银桥控股集团有限公司。以“园区基础设施建设”“数字经济、临沪现代服务等相关产业投资”“资产运营管理”为主责主业，业务涵盖科创运营、会展服务、商业服务、物业租赁服务等多个领域。有员工251人，下设9个内部部门和13家全资子公司、2家控股公司、5家代管公司。至年末，集团总资产220亿元，净资产96亿元，资产负债率56.2%。全年营业收入12亿元，利润总额1.38亿元。

【国企改革发展】 2022年，银桥集团推进国企改革三年行动，完成61项改革任务，强化党建引领优势，规范企业决策程序，完成集团及7家子公司“党建入章程”，建立配齐4家子公司董事会，聘任子公司董事、外部董事和监事18名。聚焦中心突出主业，成立创新发展工作领导小组，制订集团及各子公司创新发展方案，激发创新发展活力；注销子公司银丰酒店，企业管理层级压缩至二级以内。加强企业内控管理，创建“银核护卫”风控品牌，修订制度23项，增补49项，废止3项；完成风控体系运行评价，识别分析经营风险562项，完善风险防控措施586项。推行市场化用工，全年公开招录员工13人，其中政策性安置退役军人1名，出台《青年后备干部选拔和培养实施意见》，将26名优秀青年人才纳入集团后备干部人才储备库。

【投资融资管理】 2022年，银桥集团强化项目投资管理，完善风险预警机制，梳理所投30个投资项目，推动到期项目退出，完成资金回笼4.54亿元，其中项目退出回笼3.92亿元，实现投资收益6200万元。实行全面预算管理，合理控制债务规模，加快高利率贷款置换，全年节约融资成本近

8月22日，银桥集团“银核护卫”风控品牌发布暨“依法治企、合规经营”素质能力提升开班仪式举办（银桥集团　提供）

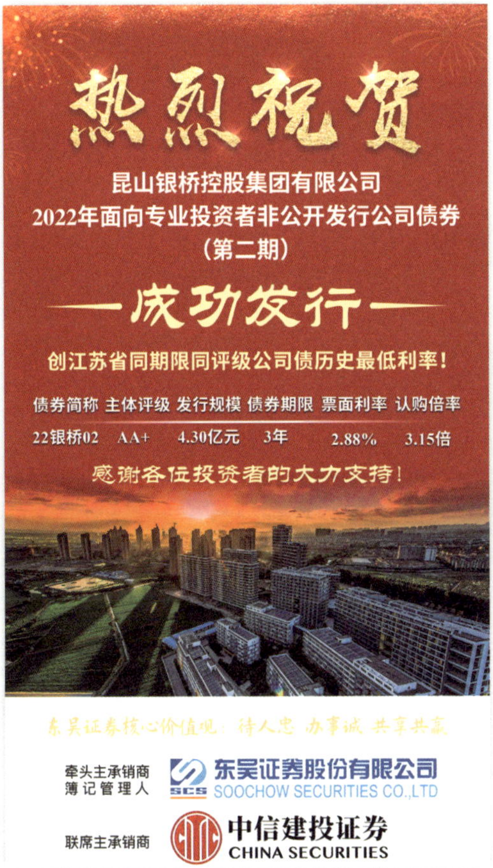

8月26日，昆山银桥控股集团有限公司2022年面向专业投资者非公开发行公司债券4.3亿元（利率2.88%），创江苏省同期限同评级公司债历史最低利率（银桥集团　提供）

2000万元。创新融资方式，拓宽融资路径，全年完成融资38.16亿元，平均利率控制在3.24%以下，为花桥经济发展提供资金支持，其中1月17日发行10亿元小公募公司债，票面利率3.25%，为当时长期发债市场全国最低利率；8月26日发行4.3亿元公司债，票面利率2.88%，为江苏省同期限同评级公司债历史最低利率。

【城市配套建设】 2022年，银桥集团聚焦民生重点工程，推动花桥10个重点实事工程建设，建筑总面积49.8万平方米，总投资25.7亿元；竣工交付花桥中学等项目6个，完成投资额9.13亿元，交付建筑面积11万平方米。聚焦优化城市功能，“投融建管”一体推进花桥艺体馆、徐公桥邻里中心、花家湾滨水文化街区建设，推动消费升级，实现幸福宜居，花桥·青年家、徐公桥邻里中心、花家湾等4个项目被列入市重大产业项目。聚焦提升建设品质，所建工程获市级及以上荣誉9项，其中昆山市中西医结合医院异地新建项目获2021—2022年度中国建筑工程装饰奖、2022年建设工程项目施工工地安全生产标准化学习交流项目称号（原国家AAA级安全文明标准化工地）等国家级荣誉2项，下属昆山花桥国际商务城置业有限公司获2021年度昆山市房地产开发企业信用等级A等，位居全市第4名。

【资产经营管理】 2022年，银桥集团管理资产总面积125万平方米，其中花桥国际博览中心、梅苑里商铺等商业资产33.55万平方米，花溪人才公寓、徐公桥人才公寓、华道园区等住宿资产34.24万平方米，花桥国际创新港、国际金融大厦等办公资产38.05万平方米，配套地下停车场13.24万平方米，顺扬·智汇谷等厂房资产5.98万平

花桥国际博览中心（银桥集团　提供）

方米，出租使用面积80万平方米，全年租金收入8782万元。上线投用资产模块信息化系统，启动花苑新村联排别墅、香逸尚城人才房等存量房产销售，加大动迁房销售力度，年销售额1.22亿元。创新推动在管资产提质增效，启动花溪人才公寓、徐公桥人才公寓“五星级集宿区”创建，完成华道园区集宿区292套公寓改造，提升集宿区人才居住体验，助力区域人才引进、项目落地。

【产业发展服务】 2022年，银桥集团运营科创园区超30万平方米，下辖花桥国际创新港、顺扬·智汇谷等7个科创园区，年内引进苏州科环等优质企业12家，盘活科创载体空间2万平方米。创新校企合作模式，推动产业高质量发展，与武汉大学合作共建武汉大学（花桥）数字技术创新中心。下属昆山市银桥科创发展有限公司获评昆山市开放型经济高质量发展专项资金（做强外资载体平台）扶持企业，为全市唯一获评企业。花桥国际创新港数字经济产业园被评为昆山市特色专业创新园区。优化营商环境，落实租金减免政策减免租金1403.9万元，惠及企业42家。联系对接省内外900余所各类大中专院校，与3家知名猎头公司开展合作，为企业定向引进高端、紧缺型人才；打造“银桥优聘”专业人才平台，发布岗位1.8万个，服务企业超200家。

（李　琦）

花桥国际创新港（银桥集团　提供）

集体资产管理

【概况】 花桥镇级集体资产由昆山市花桥资产经营公司（以下称“资产经营公司”）进行管理。资产经营公司成立于1992年，股东为花桥镇人民政府，注册资本2000万元，为集体所有制企业。2019年11月，资产经营公司整合重组并实体化运作。资产经营公司以服务花桥经济社会发展为目标，主要将镇级资产经营、物业服务管理、农贸市场运营、餐饮食堂服务作为四大业务板块。公司下设6个职能部门，拥有全资子公司15家、参股子公司6家、代管公司1家。直接参与经营管理的全资子公司4家，包括昆山花桥商务城物业管理有限公司、昆山市花桥国际商务城物业管理有限公司、昆山三桥餐饮管理有限公司、昆山市花桥巷浦农贸市场有限公司。2022年，实现总收入1.65亿元，保持5%以上增速。

【体制机制改革】 2022年，资产经营公司推进体制机制改革，优化资源结构，厘清管理关系，推进创投公司、天福经营公司等历史遗留问题处置，完成子公司法人变更6家、股权变更6家，注销公司5家，增设合资公司1家，组织架构精简优化，运营管理顺畅。新增、修订内部控制制度9项，完善安全分级管理体系，健全安全制度13项。

【资产保值增效】 2022年，资产经营公司在管各类镇级集体房产以及土地类资产资源（包括幼儿园、售楼处、商铺、厂房、公寓、集宿区、金卫广场等）29处，资产管理面积12.8万平方米，资产总额4.61亿元。制订完善资产盘活处置方案，原海鸿大酒店存量闲置建筑转型为精品酒店，增加集体资产收益的同时实现资产保值增值。改善老旧资产，推进老旧资产改造提升行动，先后对集宿区顺扬打工楼开展综合环境治理和软硬件设施改造，实施外墙涂料粉刷、整体电力线路改造、绿化补植、智能化监控安装以及停车位规划等工程，提升承租户生活便利度。吸收优质资产，拓宽渠道，挖掘新资产资源，加快吸收和推进“朗诗”项目等优质资产投入使用，探索盘活运营模式，完善方案处置，提高优质资源利用率。

【物业服务效能】 2022年，资产经营公司负责物业服务项目116个，物业服务管理面积555万平方米。业务覆盖花桥20个动迁小区（管理面积356万平方米）、21个无物管小区（27万平方米）、2个商业综合体（9

原海鸿大酒店改造转型为精品酒店（资产经营公司　提供）

苏州市级党建引领物业管理工作示范点——庞家浜新村（资产经营公司 提供）

万平方米）、14座公园（130万平方米）、25个停车场和5处道路停车区域（32万平方米）、1个集宿区顺扬打工楼（0.7万平方米），承接花桥17所中小学幼儿园、6个场馆、集成指挥中心、花桥交警中队、花桥派出所、曹安派出所等物业服务管理项目。重点打造建设“红色物业”。推进垃圾分类减量行动，推动“误时投放”模式落地，加大与再生资源分拣中心合作，推进小区再生资源回收服务站建立；开展住宅小区、公园、停车场等重点场所环境绿化专项整治行动，清理各类垃圾1300余处、118车、350余吨，维护公共设施550余处，卫生消杀面积150万平方米，等等；瞄准“精品小区”打造目标，开展各项党建引领、优秀物业、垃圾分类等评优创建活动，并取得突破性成绩。年内，获评“昆山市‘红管先锋’项目工作示范点暨党建引领物业管理服务工作示范点”“苏州市党建引领物业管理工作示范点”“苏州市市级示范物业管理项目”“垃圾分类五星小区”等4项示范称号。

【农贸市场运营】 2022年，资产经营公司放大巷浦农贸市场国家级、省级以及市级文明诚信市场示范效应，加大农贸市场安全文明消费宣传力度，开展市场环境卫生整治，维护完善市场内基础设施建设，规范市场内外停车秩序，改善农贸市场购物环境。巷浦农贸市场占地面积1.45万平方米，经营面积5154.62平方米，有商铺49间、固定摊位84个、临时摊位48个，出租商铺32间、固定摊位45个、临时摊位21个。有鲜肉、蔬菜、豆制品、水果、面点、熟食杂货等多种商品，满足居民物质生活需求，解决周边“菜篮子”问题。

【饭店食堂管理】 2022年，资产经营公司加强三桥餐饮公司管理建设，持续打造“1+N”（桥苑饭店＋机关食堂）经营模式，在菜品和服务上做文章，提升区域餐饮服务品质。

桥苑饭店 位于天福国家湿地公园内，占地面积1万平方米，建筑面积0.27万平方米，绿地面积0.96万平方米。做好各类政府、招商活动高层重要会议和高档餐饮接待等服务以及“福福”系列销售工作。全年完成国家、省、市级各项接待任务199批次。

机关食堂 统筹运营金融大厦、社会事业局、天福管理中心、综合行政执法局、仓业路5个机关单位食堂服务管理，打造优质化餐饮服务。

【城市配套服务】 2022年，资产经营公司深化智慧停车运用领域，完成一期、二期项目建设，对外运营21个公共停车场、5条收费道路、17个小区智慧停车系统接入，管理4500余个室外停车场智慧泊车位、约2万个小区智慧泊车位。扩大“花桥智慧停车”微信小程序应用，注册用户7万人，年车流总量157万次。联合国企城投集团打造物业“智慧报事通”App程序，加快在庞家浜新村、花溪畔居、黄城花园、天福苑、胜巷新村等条件比较成熟的小区推广试用，同时开通报修、缴费等功能，实现线上服务全年无休。

（沈　茜）

园区建设与管理

综　　述

2022年，花桥经济开发区实施132项重点实事工程项目，总投资43.6亿元，包括市政基础设施、民生项目、环境保护、功能性配套等工程项目。昆山第一高楼研祥国际金融中心加快建设，中骏·世界城主体结构封顶，叶辛故乡文学馆开馆，艺体馆完成验收，华邑酒店、假日酒店开业运营。中央公园改造一期工程完工。推进老镇区更新，原镇政府南广场改造工程完工，花家湾、花忆江南开工建设。苏州轨交S1号线全线“洞通”。绿地大道（常发路—巷浦路）改造工程竣工通车，建成商银路东延、商年路等市政道路2.74千米，城市道路进一步畅通。建成口袋公园2个、“昆小薇”项目4个，新增国土绿化面积2.32万平方米，完成闲置地块覆绿5万平方米。

苏州轨道交通S1线·花桥段

（褚铮琦）

“一中心双客厅”建设

【概况】 2022年，花桥经济开发区以“出沪入花”更美好、“双城”生活更幸福为目标，聚焦城市战略功能集聚和多元功能融合，坚持以城市空间品质、出行品质、服务品质综合提升为目标，打造“一中心双客厅”区域格局。

【城市中心】 2022年，花桥经济开发区推进轨交沿线TOD综合性开发，以花桥站为核心，集聚城市多元功能，依托45万平方米体量的中骏·世界城项目，提升服务能级和辐射功能。建设交通枢纽商业中心和生活中心，加快核心产业和要素集聚，提高经济密度，植入新经济业态，营造新消费场景，打造站城一体、商务汇聚、功能复合、品质卓越的城市中心。

【滨水城市客厅】 2022年，花桥经济开发区依托鸡鸣塘河及小瓦浦河两条文化轴脉，在地区整体更新规划指引下，对沿线空间开展系统化梳理和改造，建设滨水城市客厅。以花家湾、花忆江南建设、老政府改造为基础，以滨水两岸持续更新为依托，培育新商业、新功能、新业态。挖掘滨水人文资源，唤醒“桥”主题文化记忆，塑造城市文化地标。以滨水品质整体提升为目标，激活滨水岸线，建设滨水口袋公园，推进花溪路、花园路沿路提升改造，推进滨水两岸腹地老旧小区改造和花桥小学规划设计。

【时尚城市客厅】 2022年，花桥经济开发区以建设昆山第一高楼研祥国际金融中心等标志性功能为引领，结合周边建滔广场等项目，发展楼宇经济。以投运的华邑酒店、假日酒店等商业项目为依托，重点集聚城市多元文化、消费、数字商务、会议交流等功能。对中央公园音乐广场及周边场地进行改造升级，建设内容包括旱喷广场、艺术座椅、光影景亭、城市家具和梅花林等，以该区域为中心打造吸引年轻人聚会交流的滨水时尚城市客厅。

（褚琤琦）

城市功能品质建设

【概况】 2022年，花桥经济开发区围绕打造数字经济实验区、建设宜居宜业“青年城”城市定位，实施城市能级提升行动，主导标志性功能建设。年内，中骏·世界城主体结构封顶，叶辛故乡文学馆开馆，艺体馆完成验收，华邑酒店、假日酒店开业运营，花家湾、花忆江南开工建设，苏州轨交 S1线实现全线“洞通”，花桥宜居宜业水平大幅提升。

【标志性城市功能建设】

中骏·世界城 是由中骏集团打造的集商业、住宅、酒店、办公等多元业态于一体，同时配备亚洲首个超1000平方米真三维裸眼3D 显示屏的大型城市综合体，总投资55亿元。项目建筑体量45万平方米，其中地上建筑面积33.8万平方米，地下建筑面积11.8万平方米，包括住宅建筑面积14万平方米，办公、酒店、商业建筑面积19.3万平方米。11月，中骏·世界城购物中心主体结构封顶。

花忆江南 总建筑面积22万平方米，总投资24亿元，其中地上建筑面积15.1万平方米，地下建筑面积7.3万平方米，包括住宅13.6万平方米、地上商业和配套用房1.5万平方米。花忆江南是老镇区城市更新样板项目，依托轨道交通站点周边开发，形成重点明确、特色鲜明、风貌统一的城市空间，为花桥人民构建一个文化生活与社区服务有机融合的高质量居住区。

花家湾 总建筑面积3万平方米，地上建筑面积2万平方米，地下建筑面积1万平方米，总投资3亿元，包含商业、住宿等功能。花家湾项目填补了花桥老镇区高端商业板块的空缺，项目建成营业后可服务花桥本地及周边地区居民生活需求，也是老镇更新、水岸复兴首批启动项目。

华邑酒店、假日酒店 由宁沪置业（昆山）有限公司开发，北侧正对中央公园，距上海地铁11号线光明路站800米，建筑总面积6.55万平方米，总投资9.8亿元，建筑为一个裙房和两座塔楼。高塔楼为五星级华邑酒店，包含20种不同类型客房261间；低塔楼为四星级假日酒店，包含9种不同类型客房100间。酒店还包含餐饮、会议、游泳健身、婚庆宴会、举茗邑茶吧、聚膳邑一站式餐饮娱乐等。

研祥国际金融中心 由江苏研祥智能科技有限公司开发，规划总建筑面积16.21万平方米，总建筑高度257米，地上56层，地下4层，总投资12.4亿元，是昆山在建第一高楼。该项目规划为高级商务办公及配套商业，大楼正对中央公园，并与上海地铁11号线光明路站通过连廊相接，是花桥地标性项目。

（褚琤琦）

华邑酒店、假日酒店（建设局　提供）

10月15日，蓬青路改造工程竣工通车（建设局　提供）

【市政基础设施】 2022年，昆山市绿地大道（常发路—巷浦路）改造工程竣工通车，长1.9千米，总投资1.34亿元。花桥经济开发区投资1.01亿元，完成蓬青路（沿沪大道—徐公河）、商银路东延（香悦花园—光明路）、丹桥路（商务大道—商银路）、商湖路（梅浦河—光明路）等4条市政道路建设，长2.74千米；安装路灯145套，改造公交候车亭28座，升级智能公交站牌28个；建成投运高标准公厕2座。整治“三优三保”地块5160平方米。

（杨　阳、吴　洁）

花桥绿地大道（常发路—巷浦路）改造工程竣工通车

【海绵城市建设】 2022年，花桥经济开发区配合昆山市海绵城市研究会推进海绵城市建设，在城市建设中融合海绵生态理念，成立区系统化全域海绵城市建设领导小组，完善工作机制，强化统筹协调，严格监督考核。全年开展海绵城市建设项目18个，其中建筑与社区型项目13个，道路广场型项目2个，海绵型公园绿地项目3个。结合闲置地块覆绿，在覆绿中考虑海绵城市建设要求，多用水流水系，减少硬质铺装，利于雨水渗流。

（仇　晨）

【既有多层住宅增设电梯】 2022年9月，花桥经济开发区首部既有多层住宅电梯（花苑新村141栋1单元）投入使用。2021年9月，该楼栋业主于花安社区完成增梯合约签订，总投资48.8万元，其中政府财政给予出资业主20万元补贴，剩余增设电梯所产生的费用由该单元501、502、301共同承担。该项目于2021年11月开工，2022年9月交付使用。至年末，全区签约12台，其中1台交付使用，4台进行施工，4台进行前期工作，3台处于居民付款阶段。

（张少谷）

生态景观建设

【概况】 2022年，花桥经济开发区新增国土绿化面积2.32万平方米，改造国土绿化面积3.3万平方米。完成项目配套绿化方案备案10起，备案绿化建设面积3.19万平方米。绿化方案规划验收16起，验收项目

迟日江山丽，
春风花草香

绿地大道东端中分带绿化景观（党群工作部　提供）

配套绿化面积15.72万平方米。

【口袋公园建设】 2022年，花桥经济开发区建成口袋公园2个，总投资800万元。叶辛故乡文学馆口袋公园位于绿地大道与集善路路口西南角，占地5500平方米，总投资520万元；花桥老政府南广场口袋公园位于花溪路与花园路路口东北角，占地4000平方米，总投资280万元。

【"昆小薇"建设】 2022年，花桥经济开发区建成"昆小薇"项目4个，总投资355万元。昆山市中西医结合医院南侧及周边区域绿化工程，位于金融大道与远国路东北角，占地1万平方米，总投资110万元；鸡鸣塘路（312国道—花望路）东侧滨河小游园，占地3000平方米，总投资130万元；中央公园缤纷花带，占地2000平方米，总投资50万元；集善公园健身步道喷绘和浮桥建设工程，占地2000平方米，总投资65万元。

【闲置地块整治】 2022年，花桥经济开发区完成中央公园地块、花溪畔居东区北侧地块、绿地大道以北常发路两侧等10处闲置地块整治，覆绿面积5万平方米。

【绿化养护】 2022年，花桥经济开发区完成700万平方米市政绿化养护，清理绿化垃圾2130吨。迁移苗木7500株，面积12万平方米。公园管护13个，面积127万平方米。

（周啸尘、杨志强）

动迁安置

【概况】 2022年，花桥经济开发区加快城市更新步伐，全年实现10个老旧地块拆房清零，破解一批制约城市发展更新的历史难题。

【老旧地块清零】 2022年，花桥经济开发区完成人民路51号、52号商铺等6处D级危房解危，拆除建筑面积3450平方米；完成星浜7组、新东11组等4个地块动迁清零，拆除建筑面积1.11万平方米。解决骏玉纺织工业企业动迁历史遗留问题，实现光明路以南区域动迁清零。加快曹安片区动迁进程，推进星浜别墅区、曹新花园24幢别墅动迁，为曹安小学尽快开工建设提供保障。

（曹红月）

生态环境治理

【概况】 2022年，花桥经济开发区继续打好蓝天、碧水、净土三大保卫战，生态环境持续改善。全年空气质量优良天数比例84.1%，$PM_{2.5}$平均浓度25微克／立方米，臭氧90百分位浓度177微克／立方米；全区河道水质持续稳定达标，16条劣Ⅴ类河道全部销号，提前两年完成消劣任务；全区土壤环境质量总体保持稳定，农业用地和建设用地土壤环境安全得到保障。

（施鑫宇）

【空气环境保护】 2022年，花桥经济开发区完成活性炭入户核查21家；完成昆山市天丰印刷包装有限公司和日进塑胶五金（昆山）有限公司活性炭提质增效项目；对重点工业企业、工地、码头堆场及餐饮单位开展常态化巡查整治工作，定期巡查市控大气监测点位周边微环境。

【水环境保护】 2022年，花桥经济开发区对54家涉磷企业开展专项检查，完成新建污水管网3千米建设，完成鸡鸣塘整治工程并销号，完成沿高速新开河清淤整治2000米和夏前泾清淤整治1950米，完成诸家河、蒋浦河2条劣Ⅴ类河道治理，完成浦项奥斯特姆（苏州）汽车配件有限公司等13家涉及工业废水排放企业专项排查整治，对10条重点河道开展常态化水质监测，建成污水厂二期扩容工程并投入运行。

（曹　惠）

【土壤环境保护】 2022年，花桥经济开发区有4家土壤污染重点监管单位，分别是浦项奥斯特姆（苏州）汽车配件有限公司、浦项引富拉（苏州）汽车配件制造有限公司、奥科宁克（昆山）铝业有限公司、宏茂五金（昆山）有限公司，均完成土壤污染防治责任书签订及有毒有害物质排放报告编制，土壤及地下水自行监测均达标。全年，花桥104家危险废物产生单位正常进行危险废物网上申报、转移，年产危废总量3800吨，新增开户7家，账号关闭、冻结8家，新纳入小微企业危废收集系统30家，全区产废企业全生命周期监控系统正常使用率100%；结合《2022年昆山市危险废物规范化环境管理评估实施方案》要求，9家企业列入危险废物规范化环境管理评估名单，其中1家（亿方药业）为应急处置企业，经企业自查、区镇复查及专家核查，9家产废企业全部达标，规范化管理达标率100%。

表2　　2022年花桥经济开发区完成危险废物规范化环境管理评估企业一览表

序号	企业名称
1	昆山亿方药业有限公司
2	昆山华硕金属制品有限公司
3	昆山市众兴家庭用品有限公司
4	昆山市花桥申信五金厂
5	苏州小兴精工机械有限公司
6	昆山市林益金属材料有限公司
7	昆山诺丹舜蒲胶辊有限公司
8	奥科宁克（昆山）铝业有限公司
9	浦项奥斯特姆（苏州）汽车配件有限公司

（徐丹倩）

【水环境治理】 2022年，花桥经济开发区完成“333”行动（“三消除、三整治、三提升”行动）河长制工作、小区雨污水管网养护、污水处理等治理工作，区内水环境质量显著提升。年内，完成2.81平方千米达标区创建，通过苏州市级验收。

“333”行动　年内，花桥经济开发区开展污水处理提质增效精准攻坚“333”行动，形成全区河道、排口、小区、公建、“散乱污”等排查清单、问题清单及整治清单。系统推进小区、公建管网养护及维修项目，完成天福苑等42个小区、社会事业局等15个公建、光明路等3处商铺雨污水管道疏通清理377千米，清理化粪池371座，清理隔油池114座，清理检查井3.28万座，清理雨水边井1.56万座，完成供电所、供电住宅楼等4个小区雨污分流改造。完成2.81平方千米达标区创建，并通过苏州市级验收。

河长制工作　年内，花桥经济开发区利用河长制 App 开展巡河、护河，各级河长累计巡河820次，派单38件，完成整改38件，完成率100%。深化联合河长制，与上海市青浦区白鹤镇召开两地交界河道研讨会，讨论交界河道相关问题并提出后续整治提升方案。建成幸福河湖项目10个，完成10条“消劣”河道销号任务。

小区雨污水管网养护　年内，花桥经济开发区推进小区管网精细化养护管理，解决管道不畅、化粪池（隔油池）淤堵、井盖破损等问题。完成天福苑、梅苑里、米筛巷、曹新花园、胜巷新村、巷浦别墅、光明新村、花溪新村等42个小区305千米管网疏通清理，清理化粪池（隔油池）323座，清理检查井2.8万座，清理雨水边井1.2万

11月2日，安全环保局对浦项奥斯特姆（苏州）汽车配件有限公司开展危险废物规范化环境管理评估工作检查（安全环保局　提供）

座，更换井盖720只。

污水处理　年内，花桥经济开发区污水处理厂（二期）建成并投入使用，污水日处理量提升至12.5万吨/日，污水处理能力提升；新建污水管网3千米，启动绿地大道、集善路污水管网建设；完成392千米市政雨污水管道养护及7处问题修复；开展小区及公建管道养护、排查及维修，完成管道检测241千米、混接点改造410处、管道缺陷维修124处；完成绿地家世界等3处污水提升、富隆花园等15处污水提升泵及自控系统安装；完成80套水泵自控系统模块升级改造，增设44套污水管网及河道液位监测设备；推行数字化管理模式，“花桥智慧水利平台”上线运行。

（杨昊进、沈逸潇）

【环保网格智慧监管】 2022年，花桥经济开发区优化环保监管模式，帮助418家企业建立“一企一档”，提升企业环保管理水平；利用现有平台实现现场检查流程无纸化，增强监管信息、企业反馈透明度。依托环保网格智慧监管模式开展日常巡查和各类专项检查，全年检查企业2584家次，出动7062人次；聘请第三方专家对全区企业开展帮扶，帮助企业梳理环保问题、排查环境隐患。全年帮扶企业415家，助力企业合规经营；依托网格调处“民声110”及上级交办件等各类环境信访414件，其中市级信访27件、省级信访18件，办结率100%。

（汤　鹏）

【生态文明建设宣传教育示范点】 位于花桥经济开发区泗泾路庞家浜新村南门东侧垃圾分类学习体验中心旁，占地80平方米，于2021年11月底建成。宣教点紧扣生态文明建设中心思想，围绕“党建＋生态”理念，展示环保先锋、各项荣誉、相关政策等内容，以“构环保蓝图，绘生态画卷”为主线集中呈现近年来花桥生态环境保护的工作成效和生态图景。8月，宣教点获评首批“昆山市生态文明宣传教育示范点”。2022年，开展生态环保宣教活动19次。

（王宇蔚）

【苏州市环保示范性企业】 昆山丽强转移印花有限公司、奥科宁克（昆山）铝业有限公司2家企业依法遵守国家生态环境法律法规及生态环境部门规范化管理要求，落实生态环保主体责任，执行建设项目环保“三同时”管理制度，依法申领排污许可证，规范设置排污口，污染治理设

花桥经济开发区生态文明建设宣教点（安全环保局　提供）

施运转正常，污染物达标排放，编制环境污染事故应急预案并依照规定备案，定期组织员工开展环保培训及环保应急演练活动，在生态环境保护方面发挥正面引领作用。2022年，分别获评“苏州市环保示范性企业”。

（施鑫宇）

【天福国家湿地公园】 天福国家湿地公园位于花桥经济开发区北部，于2018年获“国家湿地公园”称号，总面积779.54公顷，其中湿地面积495.94公顷，湿地率63.62%，是以永久性水稻田为主体，集生态保护、休闲观光、科普教育于一体的国家湿地公园。2021年，天福国家湿地公园实施的“太湖流域700亩农田停留全中国10%的鸟种”项目入选“生物多样性100+全球典型案例”。自建设以来，先后获“自然教育学校（基地）”“江苏省优秀科普教育基地”“江苏省土地科普基地”“中国国家湿地公园创先联盟成员”“A Member of Wetland Link International-Asia”等各类国家级、省市级荣誉。2022年，天福国家湿地公园在全市湿地公园建设管理考核中获四星级评定。

湿地保护与修复 2022年，天福国家湿地公园开展鸟类调查25次，年度新增鸟类新纪录3种，分别为小田鸡、灰树鹊和普通秧鸡，鸟类种类共214种。开展水质监测

9月23日，湿地文化宣教园湿地观鸟活动举行（天福国家湿地公园　提供）

10月22日，湿地文化宣教园农事体验活动举行（天福国家湿地公园　提供）

12次，园内水质总体偏向Ⅳ类水质。实施湿地文化宣教园栖息地微地形营造、水位调控、植被管理及水闸泵站等基础设施建设系列修复工程，为丰富生物多样性打牢基础。打造科研监测可视化平台，整合现有科研监测数据及生物监测监控设备，通过可视化平台展示湿地现状及监测预警分析，建成覆盖保护区核心区和重要道口的视频监控系统，实现开放区域监控、主要出入口监控、边界处监控全覆盖。

研学教育　2022年，天福国家湿地公园宣教工作重点由户外主题活动转向课程优化与开发，开展暑期夏令营等系列活动。创新宣教课程形式，与金城小学合作开设“第二课堂”，开展鸟类观察校外延伸教育主题实践活动，满足自然教育需求。全年完成宣教活动25场，涵盖1000人次。

农业观光与农耕体验　2022年，天福国家湿地公园发挥自然生态优势，形成以桥苑公园—万顷良田—湿地文化宣教园—天福三桥的特色观光路线。年内，天福国家湿地公园入园约10万人次，为湿地公园发展农业观光、提供农耕体验奠定基础。通过科学规划，形成以万顷良田为核心的水稻种植区，以哈密瓜、葡萄、黄桃等果品为特色产品，以蜜梨、樱桃、无花果、枇杷等果品为辅的果蔬种植区域，打造以草莓、黄桃、水果黄瓜、小番茄等优质鲜果为招牌的四季采摘链。引进先进农业设施，应用现代生物技术，建成集生产、休闲观光及科教宣传于一体的现代农业示范基地。通过绿色种植、科学管理、优化技术，打造"天福葡萄""天福蜜瓜""天福大米"等特色农产品品牌，深受嘉定、太仓等周边市民喜爱。以研学游为载体，与辖区内学校合作开展插秧、割水稻、拔草等农事体验活动，将传统农耕文化与基础教育拓展课程有机衔接，培养青少年珍惜粮食、热爱劳动、保护生态的良好意识。

（田利青）

环境卫生管理

【概况】 2022年，花桥经济开发区做好全国文明典范城市创建各项工作，城市管理水平迈上新台阶。落实道路保洁"整改时限下降至8分钟"考核标准。完成36个停车场、9657个停车泊位动态数据接入昆山市智慧停车云平台。完成光明路商年路、蒋浦路2处AA级公厕建设。垃圾分类在全市区镇年度考核中取得第一档次。建成垃圾分类四星小区2个、五星小区1个、省达标小区7个及苏州市公共机构生活垃圾分类工作示范单位1个。

【市容管理】 2022年，花桥经济开发区注重常态长效发展，强化城市精细化管理，做好全国文明典范城市创建各项工作，城市管理水平迈上新台阶。实施店招店牌、户外广告规范设置，拆除违章户外广告129处，面积1590平方米。市容环卫责任书签订张挂实现全覆盖。开展高空坠物和拆违安全生产专项整治，围绕违章户外广告、外墙脱落、小区空调外机放置花盆和空调外挂机等设施支架存在隐患问题开展拉网式排查，检查单位（场所）8000家次，发放《高空坠物安全宣传手册》1.2万份，给居民普及安全知识，排查隐患83处，整改率100%。

（毛　莉）

【道路保洁】 2022年，花桥经济开发区保洁道路122条，清扫面积960万平方米，有道路清扫人员695人，配备道路机械清扫车辆25辆、道路高压冲洗车辆18辆。按照道路主次和人流量合理划分保洁任务，分级处理、分时保洁、分片管理。对适合机扫路段全部机械化清扫，并对机扫死角

5月3日，在商务大道开展洒水作业（综合行政执法局 提供）

进行人工补扫，道路保洁全覆盖，保洁率96%。落实道路保洁“整改时限下降至8分钟”考核标准，督促服务单位压缩环卫工单处置时间，年内考核扣款162.32万元。

（毛　莉、陆晓耀）

【停车泊位规范管理】 2022年，花桥经济开发区开展公共停车收费专项管理，停车泊位规范，对国有资金、集体资金投资建设停车场性质、收费标准、费用去向等问题分类整治，全年出动720人次，排查停车标线施画不规范、停车位编号不规范、朝向线缺失、停车收费公示牌设置不规范、场内保洁不规范、小区通道违规停车等问题43处，均整改完成。完成36个停车场、9657个停车泊位动态数据接入昆山市智慧停车云平台。

（毛　莉、王雨雯）

【公厕建设】 2022年，花桥经济开发区推进公厕建设，按照AA级公厕标准，投入227万元，完成光明路商年路、蒋浦路2处公厕建设。2处公厕均为装配式，设有男厕、女厕、第三卫生间和工具管理间。

（杨　阳、陆晓耀）

11月30日，商年路公厕建成投入使用（建设局　提供）

表3　　2022年花桥经济开发区公厕一览表

序号	公厕名称	坐落位置	等级标准
1	赛格电子西公厕	花桥镇312国道与外青松公路交叉口东南角绿化带内	A
2	晨风路公厕	花桥镇兆丰路与晨风交叉口西南角停车场内	达标
3	中宇广场公厕	花桥镇外青松公路中宇广场西北侧停车场北	达标
4	曹安公园公厕	花桥镇312国道与外青松公路交叉口西南角曹安公园内	A
5	兆丰站北公厕	花桥镇312国道与曹新路交叉口往东100米11号轻轨线兆丰站北	AA
6	巷浦路公厕	花桥镇巷浦路与姚南路交叉口东南角	达标
7	花望路公厕	花桥镇花望路花溪畔居北区东门口	AA
8	金城路公厕	花桥镇金城路花桥中心小学北门东侧停车场旁	达标
9	花园路中公厕	花桥镇花园路与金城路交叉口东北角	达标
10	花园路北公厕	花桥镇花园路与花集路口交叉口	AA
11	人民路西公厕	花桥镇鸡鸣塘路鸡鸣塘小区门口往西50米	达标
12	机关招待所公厕	花桥镇花园路机关住宅楼旁边	达标

续表

序号	公厕名称	坐落位置	等级标准
13	花桥集贸市场公厕	花桥镇光明路花桥农贸市场南出入口西侧	达标
14	蒋浦路公厕	花桥镇蒋浦路与光明路交叉口西北角	达标
15	蒋浦路北公厕	蒋浦路与鸡鸣塘路交叉口西北角10米	AA
16	集善公园公厕	花桥镇西环路与绿地大道交叉口西南角集善公园内靠近西环路	A
17	青年运动公园公厕	花桥镇金中路与金星路交叉口往东120米	A
18	周浦河湿地公园公厕	花桥镇远政路与金中路西南角周浦河湿地公园内	A
19	金融大道公厕	花桥镇金融大道与远政路交叉口往西50米	AA
20	职三中公厕	花桥镇集善路花集路口西南方向20米处	AA
21	徐公桥公厕	花桥镇光明路徐公桥农贸市场北侧	AA
22	166公园公厕	花桥镇绿地大道外青松公路交叉口往南60米166公园内	AA
23	商年路公厕	光明路与商年路交叉口东北角10米	AA

（毛　莉）

【垃圾分类】 2022年，花桥经济开发区围绕《2022年昆山市生活垃圾分类及减量工作实施方案》总体要求，以实现城市精细化管理为目标，聚焦成效提升，强化分类质效，通过抓实“薄弱小区”提升、开展“专项执法”行动、增设“过时投放”点位等举措，在全市区镇垃圾分类年度考核中取得第一档次成绩，并完成2022年度花桥经济开发区垃圾分类各项工作指标。

年内，围绕“教育内化”核心，建成“垃分学院”并获得市级授牌。每月定期举办“垃分课堂”，对全区15个社区督导员开展垃圾分类业务培训，定期组织开展“瓶瓶罐罐”“大件垃圾集中收运”“薄弱小区再宣传”等系列主题活动。

完成住宅小区140个分类亭“亭改房”提档升级项目，实现分类亭（房）智能监控系统覆盖率100%。

实现智能称重系统覆盖率100%，地磅使用率100%，平均合格率90%，居民小区厨余分出率29.2%，可回收物占比率170.84%，建筑垃圾196.17%，园林大件96.25%。

全年形成督查周报24篇、月报9篇，公共机构季报4篇，企业督查月报9篇，检查1972次，发现并整改问题9210个，发出限期整改通知书50余份，约谈物业单位30家，签订企业垃圾分类承诺书30份，做出行政处罚4408件。

落实《花桥经济开发区生活垃圾分类

管理薄弱小区提升行动实施方案》工作要求，实现花溪新村、花苑新村、集善新村、滨江裕花园、香逸铂悦等5个居民小区销号验收工作，17个居民小区增设35个“过时投放”点位。按照“设施保障、管理到位、讲究实效、注重长效”原则，创成垃圾分类四星小区2个、五星小区1个、省达标小区7个及苏州市公共机构生活垃圾分类工作示范单位1个。

（沈育莉）

11月11日，“瓶瓶罐罐焕新颜”活动在集善新村举办（综合行政执法局　提供）

社会治理

应急管理

【概况】 2022年，花桥经济开发区区镇安全发展指数位居昆山市第一，获评2022年度全市安全生产先进集体。成立减灾委员会并实体化运作，开展“5·12”全国防灾减灾日、“10·13”国际减灾日等重要时间节点集中宣传活动，提高防灾减灾救灾综合能力和应急处置水平。

【安全生产】 2022年，花桥经济开发区未发生生产安全亡人事故，安全生产整体形势呈现稳中向好态势，区镇安全发展指数位居全市第一，获评2022年度全市安全生产先进集体。

安全源头治理 调用“高层建筑重大消防安全隐患专项维修资金”，完成世纪华城高层住宅小区消防设施垫资维修。完成3家涉爆粉尘企业信息化监管改造、3个老旧小区天然气管线改造、240家餐饮场所“瓶改管”“瓶改电”，新改建电动车智能充电桩2200余个。

安全风险防控 “智慧消防”管理平台实现高层住宅小区全覆盖。2022年，监测提示消防设施设备问题隐患69处、安全出口和消防车道占用5.8万余次、消控室无人值守1.4万余次。“智慧消防”三期启动建设。完成工业企业安全风险报告。

安全生产监管 完成安全生产专项整治三年行动任务，开展安全“四进四排查”等专项行动，消除各类安全隐患1.58万处，责令生产经营单位限期整改769家次、停产停业整顿14家次，行政处罚54起，处罚金额79.5万元，警示约谈相关责任人44人。完成14个三级政府挂牌督办重大安全生产隐患项目整改。开展小微工业企业安全“5S”攻坚行动，以整理、整顿、清扫、清洁和素养综合整治为手段，提升小微企业安全管理水平。

安全文化建设 依托“安全学校”推进线上线下安全宣传教育。开展“安全生产月”“百团进百万企业千万员工”安全生产专题宣讲等活动，新建15个安全学校“现场教学点”。组织现场教学32场次，参与人数600余人次。“花桥安全小卫士”微信视频号推送安全科普短视频74期，开设线上安全直播课7场次，观看人数超12.4万人次。开展第五届国际安全社区“安全惠民”活动89场次，受益群众5.4万人次。奥科宁克（昆山）铝业有限公司入选第三届企业安全文化最佳实践案例。

（支燕萍）

【防灾减灾】 2022年，花桥经济开发区成立减灾委员会并实体化运作，深化应急管理体制机制、预案体系、物资管理、防灾减灾宣教培训、应急救援队伍和应急管理平台建设等工作。实行7×24小时值班制度，确保手台、布控球正常运行，打造标准化、规范化应急值班值守体系。每月按时完成灾害风险隐患信息报送，全年组织各单位开展相关防灾减灾救灾知识培训10余场，开展“5·12”全国防灾减灾日、“10·13”国际减灾日等重要时间节点集中宣传活动。

10月13日，国际减灾日防灾减灾宣传活动在花桥鑫隆广场举办（安全环保局　提供）

【应急救援】 2022年，花桥经济开发区编制完善《突发事件总体应急预案》《自然灾

6月10日，在水事综合管理中心花桥站开展汛前检查和防汛演练（安全环保局　提供）

害救助应急预案》等18个应急预案和15个社区现场处置方案。组织多个部门开展安全应急救援演练，完成年初上报计划，其中水事综合管理中心花桥管理站于6月开展防汛抢险演练，区建设局于7月开展建筑施工消防火灾应急演练。开展应急物资及队伍排摸，共有发电机、水泵、应急照明灯等100多个品类3万余件物资，分别存放于社会事业局、水事综合管理中心花桥管理站、花桥消防中队等部门。全区有建设局、安全环保局、综合行政执法局、消防特勤中队、区属应急排等33支应急队伍，成员468人。

（顾芩榕）

建设行业监管

【概况】 2022年，花桥经济开发区完成房产、建筑施工、城镇燃气、地下管线、建设工程招标等全方面监管，成效显著。

【房产监管】 2022年，花桥经济开发区完成商品房预售初审5件，涉及2349套21.54万平方米；交付初审5件，涉及2901套37.6万平方米。完成商品房非重点预售监管资金审批90次，拨付资金26亿元。监督完成商业房地产项目合同见证书1049套。完成房产经纪机构备案25家、经纪机构年审231家、发放房地产经纪机构电子备案证书234件。推进房地产领域矛盾化解，协调处理房产类民生诉求1400余件。规范整治房地产市场秩序，开展售楼处规范化设置专项检查70余次，开展“四进四排查”专项行动和“双随机”检查等300余次，发放整改通知书10份，移交处罚线索10条。发放公共租赁住房租赁补贴7户，共5.66万元。

（彭舜尧）

【施工监管】 2022年，花桥经济开发区围绕“零事故”目标，开展“三年大灶”、安全生产“四进四排查”集中行动、夏季安全生产“百日攻坚”行动等各类专项整治活动。强化隐患排查治理，开展安全监督检查594个次，消除各类安全隐患问题1853项。完成小型（临时）建设工程备案登记66个，开展安全监督检查192个次，消除各类安全隐患问题303处。开展安全生产月系列活动、消防月工地观摩、消防演练、专题培训、“百团进百万企业千万员工”专题宣讲等各类宣教活动100余场次，发放各类宣传资料7000余份，建筑工地安全管理水平和安全防范意识提升。

（吴　涛）

【城镇燃气监管】 2022年，花桥经济开发区树立“人民至上、生命至上”安全发展理念，开展燃气领域安全隐患排查治理，全年开展日常检查76次、第三方专家专项检查8次、领导带班检查3次、部门联合督查2次，消除安全隐患26处。开展入户安检，完成1533户瓶装液化气入户安检，消除安全隐患303处；完成2.05万户天然气入户安检，消除安全隐患2233处。

（唐博文）

【地下管线监管】 2022年，花桥经济开发区发挥地下管线专委会平台作用，做好地下管线日常监管。开展日常巡查、督查，开展窨井管线、移动通信飞线等专项排查，全年排查地下管线269处，发现并整改安全隐患58处。加大管线批后管理力度，杜绝管线安全事故发生。

（吴　洁）

【工程招标监管】 2022年，花桥经济开发区根据《花桥经济开发区建设工程限额以下招标（发包）管理办法（试行）》，受理询价、竞价发包项目147项，受理项目变更备案27项，完成服务项目考核67项。签订项目合同351份，合同总额3.82亿元。

（蒋凤燕）

综合行政执法

【概况】 2022年，花桥经济开发区各领域行政执法立案6706起，结案6706起，处罚金额529.492万元。一般案件立案1320起（城管领域1295起，住建领域7起，卫健领域11起，人社领域5起，教育领域1起，资规领域1起），结案率100%；简易案件立案2158起，结案率100%。违停贴单案件5650起。

【柔性执法服务】 2022年，花桥经济开发区深化服务型执法，坚持柔性执法，落实“谁执法谁普法”主体责任，进小区、进企业、进商铺开展垃圾分类宣传实践和违法建设普法宣传活动，进新交付小区开展“拒绝野蛮装修、违法搭建”法制宣传，制作宣传展板108块、工地围挡450块，发放各类宣传单页和宣传品1.2万份。

【行政执法规范】 2022年，花桥经济开发区落实“三项制度”，规范执法办案系统及法律文书使用，完善执法流程。开展听证程序案件47起。开展重大执法决定集体

1月6日，行政处罚法处罚听证程序业务培训举办（综合行政执法局　提供）

讨论6次，配合对接行政复议案件47起。依法对符合涉企轻微违法行为不予行政处罚和一般行政违法行为从轻减轻处罚清单的8起案件作出不予和从轻处罚决定。帮助2家企业完成信用修复。开展《中华人民共和国行政处罚法》《江苏省行政处罚听证程序规定》《住房和城乡建设行政处罚程序规定》学法培训3次，开展关于新老非税系统转换工作、人行道机动车违法停车行为查处工作业务培训2次。

【集中整治行动】 2022年，花桥经济开发区开展建筑垃圾、建筑工地夜间施工噪声扰民“夜鹰行动”集中整治行动。6月14日—10月27日，开展“夜鹰行动”90次，出动执法队员460人次，检查渣土运输车辆99辆，全覆盖巡查前期排查的42个工地。通过设卡、巡查等方式，加强运输车辆管理，查处违规运输渣土案件43起。加大工地夜间施工检查力度，查处工地夜间施工扰民类案件15起。强化市容环境秩序整治，督促商家落实“门前三包”责任，查处无证摊贩165起，处罚金额2.34万元；查处占道经营68起，处罚金额2.07万元；查处“门前三包”案件116起，处罚金额3.59万元。做好无证废品回收企业（场所）整治，前期排摸的30家无证废品回收企业（场所）全部完成整治，并定期进行“回头看”检查。全年受理“12345”政府服务热线群众诉求交办单6359件、数字城管违建54起、劳动监察大队劳动保障违法线索移送通知书246份。

（毛　莉、周雨薇）

小区管理

【概况】 2022年，花桥经济开发区有小区166个、房屋18.3万套。其中商品住宅小区74个、动迁小区20个、老旧零散小区21个、商业办公项目51个。建设“红管先锋”项目23个；创成苏州市级党建引领物业管理服务工作示范点2个（庞家浜新村、绿地国际家园A区），创成苏州市示范物业管理项目2个（庞家浜新村、德馨嘉苑）以及昆山市示范物业管理项目1个（德馨嘉苑）。

（诸超君）

【网格治理】 2022年，花桥经济开发区以社会治理“一张网”为基础，探索“网格+N”模式，整合党建、安全、消防、法治、民生、城管等治理要素，推进网格治理规范化运作。年内，获2022年度苏州

9月23日，2022年度苏州市专职网格员职业技能竞赛复赛（昆山决赛）团体、个人“双第一”合影（社会事业局　提供）

市专职网格员职业技能竞赛复赛（昆山决赛）团体、个人“双第一”。开展“滤网清格”任务，采集基础信息2.29万条，巡查走访重点人员1206人次，核查出租房屋3.83万套、群租房屋279套，处置网格疑难事件1383件；依托127个综合网格，核查完成指令42.08万条，及时反馈率100%；开展“网格之星”等评先评优活动，评选昆山市“网格之星”18名、昆山市“一案一奖”12名、区级“季度网格之星”30名、区级“月度网格之星”10名、区十佳网格职业技能选手10名；开设“网格学堂”培训5次，解读社会治理网格化联动重点工作任务，提高网格化业务水平；划分精网微格，按照50—100户为基本单元的标准，将网格细分为若干个“微网格”，每个微网格配备联络员，建立自治群，畅通群众诉求收集、解决、回应渠道；集中开展公众安全感和网格化满意度线上有奖问卷调查活动，调查样本5808份，群发短信30万条，发动各职能部门解答回应群众意见建议115条；推广鹿路通“网格在线”模块，“留言板”留言1772人，处理市民诉求75件，及时答复率100%，满意率97.43%。

【重点地区（小区）整治】 2022年，花桥经济开发区围绕“三升一降”（指整治技防能力显著提升，环境面貌显著提升，群

9月23日，政法办在中城虹梅苑小区开展“平安行动”联合整治活动（社会事业局　提供）

众安全感满意度显著提升，压降可防性案件）整治目标，将游站商业中心划为重点地区；将集善新村、天福苑、可逸兰亭、黄城花园、常发香城湾、星汇兰亭、天誉名邸、胜巷新村、中城虹梅苑和启航社U世代划为重点小区。排查房屋（出租房）及人口信息，摸清基础信息底数；强化社会治安防控，加强人防、物防、技防措施，整合物管员、网格员、信息员、志愿者等社会资源力量开展联防联控，形成群防群治合力；聚焦盗抢骗、黄赌毒、涉黑恶等违法犯罪活动，开展针对性侦破会战，严打严治一批治安突出问题，重点压降入室盗窃、盗窃电动自行车或电瓶、盗窃车内物品、车辆划痕、网络电信诈骗可防性案件，集中开展打击养老诈骗行动；整治“三合一”场所、车库（出租用于住人、开店）、群租群居、车辆乱停放等违法违规行为，畅通消防通道，消除治安、消防、交通等各类隐患，开展集中清查整治行动9次，发布重点地区和重点小区整治工作简报7期。

（周海凤）

【“枫桥式社区”创建】 2022年，花桥经济开发区推动社会治理重心向基层下移，培育选树“小事不出村、大事不出镇、矛盾不上交”的“枫桥式示范社区”。发挥社区矛盾调解中心和人民调解组织作用，对

8月15日，花溪社区开展“枫桥式社区”宣传（花溪社区　提供）

家庭纠纷、邻里纠纷等优先在社区调解，做到早发现、早化解，打造“无讼”社区；通过社情民意联系点、“委员之家”、律师服务窗口、调解室等收集社情民意，开展法治宣传和法律服务，引导群众依法反映诉求，做到基层善治，打造“无访”社区；结合“331”夜查、“平安前哨”建设，定期对网格内社会治安、公共安全、城市管理、生态环境、住房城乡建设等相关重点领域进行隐患排查，发现和掌握风险隐患苗头，遏制群体性事件和安全事故发生；结合扫黑除恶专项斗争常态化，深挖黑恶势力“保护伞”，打造“无案”社区；组织开展禁毒集中宣传教育，对辖区内涉毒人员底数清、情况明，开展经常性走访帮教，引导他们融入正常生活，配备禁毒社工，常态化开展社区戒毒工作，打造“无毒”社区。全年建成“三星枫桥式社区”15个，建成率100%，“五星枫桥式社区”10个，建成率66.7%。

（孙　云）

【光明新村、公桥新村综合改造工程】 2022年，花桥经济开发区持续对现有老旧小区进行改造升级，开展公桥新村、光明新村综合改造提升项目，改善人民群众居住条件，提高居民生活质量。

光明新村　建于2006—2008年，因每年上报房屋维修量大，停车矛盾逐年凸显。为优化老小区居住环境，对该小区实施外墙及楼道墙面刷新、路灯改造、道路维修改造、围墙维修养护、楼道各类电线凌乱整改、增设停车位及景观提升等改造。涉及住户628户，总面积8.03万平方米，总投资4111万元。项目于2022年6月开工。

公桥新村　建于2003—2005年，因建造年久，小区呈现绿化环境差、配套设施不齐、停车位不足等情况。为提升居民生活环境质量，对该小区实施外墙及楼道墙面刷新、道路维修改造、增设停车位、景观提升等改造项目，涉及住户1170户，建筑面积15.3万平方米，总投资8269.23万元。项目于2022年7月开工。

（徐　峰、田文龙）

城市治理

【概况】 2022年，花桥经济开发区开展违法建设治理，全年拆除违法建设611处、面积18.33万平方米，超额完成市、区两级指标任务。成立既有建筑违法拆改巡查组和执法整治组，排查整治既有建筑及自建房屋安全隐患。完成区域244户“瓶改”目标任务，完成率100%，全市领先。落实农民工工资专用账户及《保障农民工工资支付条例》等相关制度要求，化解民工工资纠纷。

【违法建设治理】 2022年，花桥经济开发区按照“减存量、控增长”原则，推进违法建设治理工作，全年拆除违法建设611处、面积18.33万平方米，超额完成市、区两级指标任务。率先在昆山市创成江苏亿卡迪机械工业集团有限公司、苏州丹景智能科技有限公司、昆山高友五金塑胶有限公司等“无违企业”3家及象屿都城怡园、廊桥嘉苑、富荣花园、名俊豪庭等“无违小区”4个。

（毛 莉、陈佳燕）

【房屋隐患治理】 2022年，花桥经济开发区成立既有建筑违法拆改巡查组和执法整治组，排查整治既有建筑及自建房屋安全隐患。排查既有建筑7532栋，总建筑面积3242.3万平方米；排查建筑幕墙207处，总面积138.9万平方米；核查房屋134处，认定房屋拆改70处、严重拆改承重结构14处。做好危房解危工作，对人民路51号、52号等6处D级危房实施解危，拆除建筑面积3449.7平方米。

（吕明君）

【餐饮场所“瓶改”】 2022年，花桥经济开发区开展燃气安全提升行动，实施天然气管网改造和餐饮场所“瓶改”。完成大上海小台北、原第二招待所和信用社商住楼等3个老旧小区天然气管网改造，完成中宇广场、鑫隆广场、鑫都汇商业广场、博富科技、花园路、曹新路北段等区域244户“瓶改”目标任务，完成率100%，全市领先。

（唐博文）

【农民工工资管理】 2022年，花桥经济开发区组织开展农民工实名制管理，落实农民工工资专用账户及《保障农民工工资支付条例》等相关制度要求，针对农民工实名制管理落实情况开展日常检查和随机抽查。化解民工工资纠纷116起，涉及工人2506人、工资金额5462.94万元。

（吕明君）

交通安全

【概况】 2022年，花桥经济开发区狠抓交通安全基础建设、隐患排查、秩序整治和宣传教育，开展交通运输联合执法“天网行动”“两客一危”“平安行动”等专项整治行动。开展沪昆联动“两客一危”专项整治6次。

【交通违法行为查处】 2022年，花桥经济开发区按照“减量控大”“平安畅行”总体目标，狠抓交通安全基础建设、隐患排查、秩序整治和宣传教育。其间，开展电动车专项治理合围、酒测夜查、联合治超等整治行动112次，查处各类道路交通违法行为3.2万余起、违停车辆行为5.6万余起，排查整改道路交通安全隐患442处，更新优化道路标线3万余米，优化路口信号灯配时182次，提升城市道路交通管理水平。

（王 钢）

【交通行政执法】 2022年，花桥经济开发区开展交通运输联合执法“天网行动”“两客一危”“平安行动”等专项整治

1月17日，沪昆联动在G2绿地大道高速口开展“两客一危”联合整治行动（交通执法中队 提供）

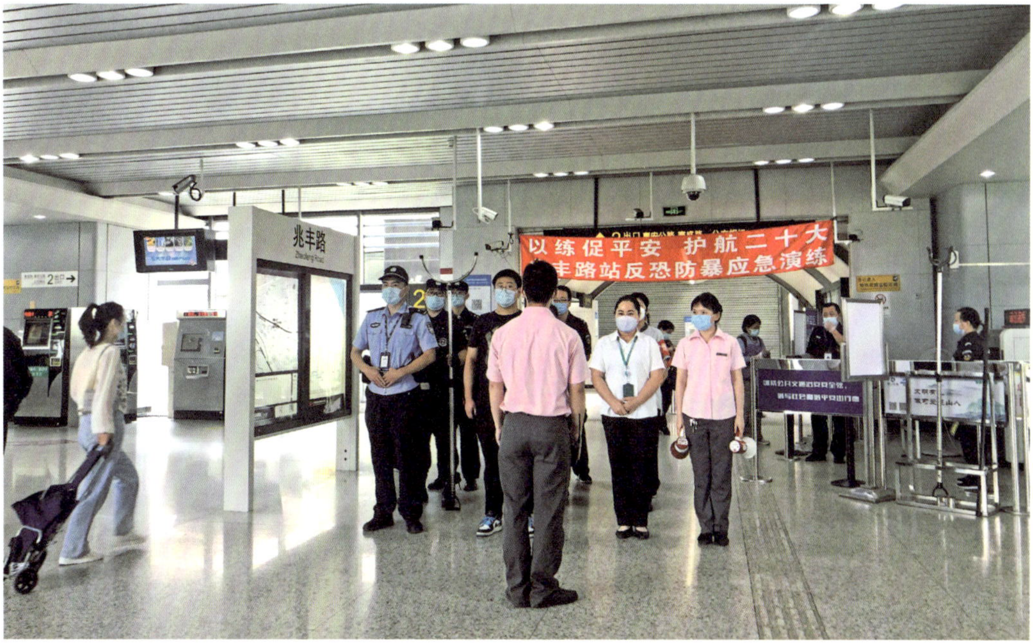

9月21日，轨道公司在兆丰路站开展反恐防暴应急演练（交通执法中队 提供）

行动，对车辆非法营运、超限超载等违法行为予以精准打击，查获各类违章案件185起，处罚金54万元。贯彻落实长三角执法一体化战略，开展沪昆联动“两客一危”专项整治6次。利用超限超载不停车检测非现场执法系统，推进数字治超，查获非现场超限案件65起。深化危险货物运输车辆整治，组建非法流动加油车治理专班，打击危险品非法运输行为。

【交通行业监督】 2022年，花桥经济开发区强化行业安全监管及隐患排查治理，推进交通运输领域“四进四排查”行动、“夏季百日攻坚”、消防安全专项整治等，全年巡查公路1.24万千米，巡查桥梁26座，检查运输企业72家次、货物源头单位24家次，轨道交通、公交站重点场所6次，排查隐患7起。开展汽车维修行业环境保护大排查大整治，完成汽修企业备案11家。办理各类行政许可473件，新增交通运输行业市场主体54个。围绕“迎进博 保安全”工作，开展轨道交通11号线兆丰路站反恐防暴应急演练。

（陶莉娅）

花桥国际商务城
HUAQIAO INTERNATIONAL SERVICE BUSINESS PARK

社会民生

综　　述

2022年，花桥经济开发区继续履行基本民生保障、基层社会治理、基本社会服务等职责，深入推进“6+1”高质量现代民政体系建设，持续打造“人本民政”“和谐民政”“活力民政”和“智慧民政”。全年新建综合为老服务中心2家、日间照料中心2家；按照尊老金发放提标扩面要求，发放尊老金620.146万元，发放各类救助保障金251.4万元，发放爱心助学金8人2.2万元，发放大病医疗救助及困难群众医疗救助59人42.3万元；完成横塈江社区、星浜社区、徐公桥社区区域调整，新设立延祥社区、金城基社区、泗泾社区、观澜社区。

（程　晨）

社会保障

【概况】 2022年，花桥经济开发区围绕稳就业、重保障、强人才、促和谐、惠民生工作主线，把民生工作做得更加扎实、更加牢靠，推动全区人力资源和社会保障工作高质量、可持续发展。

【就业创业】 2022年，花桥经济开发区举办“家门口的就业集市”社区招聘会，开展“码上就业”“码上帮扶”“职等你来”等就业帮扶、用工保障服务，举办线上主题招聘会16期，发布就业岗位8471个，联系帮扶困难人员1120人，推荐就业1918人次。帮助53家企业申请一次性稳岗补贴468.94万元；完成区内163名高校毕业生实名制登记，实名登记率100%，就业率99.39%；鼓励大众创业、万众创新，全年为自主创业人员对接人社创业政策、孵化指导等资源，申请一次性开业补贴、社保补贴等近40万元，硅湖创业孵化基地、花桥创业创新孵化产业园2家孵化载体被认定为2022年昆山市创业孵化基地。

【社会保险】 2022年，花桥经济开发区参加昆山市居民医疗保险3.54万人，上划城乡居民养老金市、镇两级补助1192万元。办理医保、社保、公积金等业务2.07万件；办理昆山市城乡居民基本养老保险36人，其中精准扶贫对象7人、四残对象14人、无

9月24日，“就在花桥·点亮梦想”家门口的招聘集市举办（党群工作部　提供）

业对象15人，缴费金额4.84万元。享受昆山市城乡居民基本养老保险1265人，发放养老金1193万元，丧葬费26万元。社保退休后延人员享受城乡居民基本养老保险补贴27人，发放补贴22.5万元。

【退休人员社会化管理】 2022年，花桥经济开发区申报昆山市社会化管理服务工作“尊老敬老爱老”十佳社区2个、昆山市“尊老敬老爱老”自管小组长7名、昆山市“乐龄苏州，社保添福”老年之星7名。组织2735名纳入社会化管理65周岁以下退休人员免费健康体检。开展冬送温暖、夏送清凉、重阳慰问工作，慰问2343人，发放慰问金83.64万元。

【技能培训】 2022年，花桥经济开发区举办“数字赋能·技享生活”2022年昆山市职工技能大赛暨花桥经济开发区职业技能竞赛，198名选手参赛，142人通过竞赛获得高级工证书。推荐企业优秀高技能人才参选昆山市高技能人才项目，入选昆山市企业首席技师1人、昆山市技能大师工作室1家、昆山市有突出贡献高技能人才10人。开展职业技能提升培训21场，取证人数超1000人，发放各类培训补贴149.38

12月2日，2022年昆山职业技能大赛暨花桥经济开发区职业技能竞赛举办（党群工作部　提供）

万元。利丰供应链、百通赫斯曼、华迅工业、金都建工4家企业获技能人才等级认定企业资质。

（陈　程）

民政服务

【概况】 2022年，花桥经济开发区推进社会救助、儿童福利、老龄事业等工作。新建“花万年”社区综合为老服务中心2家、日间照料中心2家。

【社会救助】 2022年，花桥经济开发区坚持“应保尽保”方针，发挥基本社会救助“兜底”作用。至年末，全区享受城乡低保21户31人，城乡低保边缘13人，特困分散供养6人，福利院集中供养4人，发放各类救助金66.7万元；临时救助12人次，救助金额1.03万元；春节期间慰问困难对象287人，发放慰问金51.56万元。

（盛秋华）

【社会儿童福利】 2022年，花桥经济开发区提高儿童主任自身素质和工作能力，加强排查力度，保持入户频次，组织儿童主任参加2022年昆山市儿童主任实务技能大赛，获团体一等奖；开展“点亮希望·伴你成长”困境儿童社会服务化项目，为困境儿童和家庭提供各类保护性、支持性、补充性、替代性服务，完成入户探访435次，开展社区活动10次、个案服务7个。至年末，全区有困境儿童80名，发放困境儿童生活保障金98.2万元，发放困难残疾人生活补贴114.2万元，重度残疾人护理补贴70.2万元。

（何智佼）

【老龄工作】 2022年，花桥经济开发区完成71户家庭适老化设施改造，建成“花万年”社区综合为老服务·徐公桥中心和延祥中心，新建天福、德馨嘉苑2个日间照料中心。为80周岁及以上老年人提供居家养老服务，月均服务875户，为70周岁及以上老年人提供助餐和日间照料服务，服务316人；根据尊老金发放提标扩面要求，做好排摸筛查、尊老卡申领、资金发放工作，全年发放尊老金620.15万元。重阳节期间，为384名高龄老人发放慰问金19.2万元，其中百岁老人6人；为19名入住福利院的老人发放慰问金0.38万元。

（杨旦凤、张　郁）

12月20日，“花万年”社区综合为老服务·徐公桥中心建成（社会事业局　提供）

社会民生

3月31日，清明节开展集体祭扫献花活动（社会事业局　提供）

【殡葬管理】 花桥殡仪服务中心位于顺扬路10号，占地面积4294.8平方米，建筑面积3347平方米（悼念楼3间1249.93平方米，会所4间2097.07平方米），设计容量1400人，于2016年3月启用。2022年，服务丧户56户。累计服务丧户422户；发放丧户移风易俗奖励7.6万元，累计发放奖励59.2万元。

昆山市神仙园公墓位于纳塞大道2号、吴淞江北侧，于1994年经江苏省民政厅批准成立，用地面积5.04万平方米。至年末，建设各类墓穴22642座，其中传统商品墓穴12686座、节地生态墓穴1851座、公益性墓穴8105座。全年安葬骨灰400穴（其中节地墓位45穴）。累计安葬骨灰24982穴。

（盛　冬）

残疾人工作

【概况】 2022年，花桥经济开发区在册残疾人1246人，其中肢体残疾608人，智力残疾181人，听力残疾157人，视力残疾117人，精神残疾128人，言语残疾9人，多重残疾46人。按年龄划分：0—18周岁少年儿童残疾人64人，60周岁及以上老年残疾人788人。

【残疾人社会保障】 2022年，花桥经济开发区完成第四届残疾人联合会（以下称“花桥残联”）换届选举工作，落实各项社会保障，维护残疾人基本权益。至年末，发放残疾人托养护理补贴7.14万元，为满足条件的389名持证残疾人发放日常生活补贴19万余元，帮助642名符合条件的持证残疾人免费办理团体意外伤害保险，推进“残疾人之家”建设和日常管理工作，完成全国残疾人信息专项调查1226人；登记上报短信流量补贴听力、言语、视力类人员141名；组织残疾人参加昆山残疾人职业技能比赛；为42人发放拐杖、轮椅、助行器等辅助器具131件，发放残疾人爱心防疫礼包604份。

【残疾人康复服务】 2022年，花桥残联推进残疾人精准康复服务。完成白内障复明手术补贴97例，补助金额9.4万余元；辅助器具适配报销40例，补助金额15.8万余元；为105人发放精神病免费服药卡。在助残日期间举办残疾人文体演出、助残服务等活动。根据苏州市残联、昆山市残联要求，推进康复进家庭活动，对区内1户低保

10月31日，花桥经济开发区残疾人联合会第四次代表大会召开（社会事业局　提供）

困难家庭进行“幸福亮居改造”。

【残疾人教育就业】 2022年，花桥残联为26名残疾学生发放教育助学补助，金额1.9万余元；为2名考取中专及以上的持证学子申领笔记本电脑；对残疾人就业结对帮扶，争取合适就业岗位，新增就业11人；组织有培训需求的残疾人参加上级残联举办的各类职业技能培训班与职业技能比赛，提高残疾人社会参与能力和自强意识。

【残疾人文体活动】 2022年，花桥残联结合各类残疾人节日，开展相关活动，取得良好成效。联合市残联开展走访慰问活动，参观徐公桥社区残疾人之家，慰问残疾人家庭，走访助残爱心企业；举办“慧动花桥，与爱同行”花桥残障儿童社会融合社工服务项目；色空鼓表演队伍在苏州市残疾人文体评选中获二等奖；全年开展志愿服务30余次。

（金成龙）

1月20日，花桥残联组织残疾人参加昆山人才市场专场招聘会（社会事业局　提供）

教育·卫生

教　育

【概况】 2022年，花桥经济开发区有学校35所，占地面积159.4公顷，建筑面积121.5万平方米。其中，公办学校22所，成人教育学校1所，占地面积0.65公顷，配备专职教师3名。全区公办教师1616人，均拥有大专及以上学历，本科及以上学历占87%，教师资格证持有率100%，学术学科带头人395人，三级及以上职称教师1260人，获省级荣誉2人、市级荣誉27人；民办教师1225人，大专及以上学历占99%，本科及以上学历占64%。

【学校建设】 2022年，花桥经济开发区完成并投运昆山市花桥徐公桥中学、昆山市花桥中学改扩建项目，推进金中幼儿园、天福学校续建，启动聚福幼儿园、曹浦路幼儿园、聚福小学建设。

昆山市花桥徐公桥幼儿园（社会事业局　提供）

【招生工作】 2022年，花桥经济开发区调整昆山市花桥中学、昆山市花桥集善中学、昆山市花桥徐公桥中学施教区，解决学生就近入学和热点学校招生压力；开设积分入学窗口，通过窗口初审797人，实际录取积分生485名；支付政府购买民办义务教育学位费用484.77万元，满足区内义务教育阶段公办学位增长需求。

（陆 静）

【办学质量提升】 2022年，花桥经济开发区启动“一十百”（三年内培养一名特级教师、发展十个区级名师工作室、发展一百名骨干教师）三年教师培养计划，10所中小学成为昆山市名师工作室实践基地校；启动“临沪飞翔·教育提质”项目，7所学校完成与上海市先进学校签约；发布“校园十八艺”特色项目，认领特色项目26个。年内，招聘中小学编制教师160人、备案制教师42人、高层次人才27人、代课教师140人、工作人员52人。新增正高级教师1人、高级教师1人、昆山市学科学术带头人9人、苏州市学科学术带头人2人。全区9所公办义务教育阶段学校落实“双减”政策，参与学生1.46万人，参与率84.7%；教师941人，参与率98%。

（周李玉）

9月9日，“临沪飞翔·教育提质”项目签约仪式举行（社会事业局 提供）

【校园安全建设】 2022年，花桥经济开发区深化校园安全检查工作，检查学校238家次；完成昆城外国语学校等4所民办学校53辆校车57条线路设置的随车研判，确保校车行驶路线安全；建立学生心理健康档案、开设心理健康课程、推送心理健康专栏、建设心理辅导室、组建家长心理工作坊、开展特色心理健康活动“六位一体”协同育人工作机制。全区有专职心理教师13名，兼职心理教师117名，建有心理辅导室7个，个案辅导学生127人次；全区学校安全防范建设实现四个“百分百”，即专职保安员、校园封闭管理、一键报警和视频监控系统、护学岗等百分百配备到位。推进“校园哨兵”智慧安防工程建设，10所公办幼儿园、8所公办中小学、16所民办学校完成学校端建设。

（姜洪鑫）

【托育服务】 2022年，花桥经济开发区有各类托育机构24家，总托位数1517个，每千人拥有托位数8.2个，达“十四五”末千人托位数4.5个要求，是昆山市千人托位数最多的区镇。引进国际品牌“优儿学堂”进行专业指导，孵化花桥公办托育品牌“花儿优育”，旗下有黄墅江托育园和中心托育园2家托育园投运。黄墅江托育园位于昆山市花桥镇西环路550号昆山市黄墅江幼儿园内部，开设2个托班。中心托育园位于昆山市花桥镇花溪路483号昆山市花桥中心幼儿园内部，开设2个托班。2个托育园开设课程涵盖语言、科学、音乐、美术、社会、健康五大领域。为推进社区托育发展，发掘建成居住区社区用房，完成花儿优育·名俊豪庭托育园建设。

（张　静）

【创新评优】 2022年，花桥经济开发区有公办学校22所，含全日制职业学校1所、高中1所、初中3所、小学6所、幼儿园11所。昆山市花桥徐公桥幼儿园和昆山市花桥天福幼儿园创建为省优质幼儿园，昆山花桥经济开发区鑫苑幼儿园通过苏州市优质幼儿园复审工作。昆山花桥国际商务城中等专业学校对口单招考试本科上线率77.8%，师生参加省职业院校技能大赛获一等奖1个、二等奖3个、三等奖3个。昆山市花桥金城小学通过苏州市基础教育前瞻性教学改革实验项目评选。花桥经济开发区有民办学校13所，含高职院校1所、一贯制学校3所、小学1所、民办幼儿园2所、普惠性民办幼儿园6所。年内，硅湖职业技术学院组织参加双创竞赛和评选21项，获市区级以上奖项35项，其中国家级9项、省部级22项、市区级4项。昆山育树家中城幼儿园（原剑桥中城幼儿园）通过苏州市优质幼儿园复审工作。

表4　　2022年花桥经济开发区公办学校情况一览表

序号	学校名称	启用年份	占地面积（平方米）	建筑面积（平方米）	班级数（个）	学生数（人）	各类教师数（人）	职工数（人）	学校地址
1	昆山花桥经济开发区中等专业学校	2010	77831	59768	56	2094	156	170	花桥镇花集路633号
2	昆山市花桥高级中学	2020	82374	84636	46	2446	181	70	花桥镇安博路2号
3	昆山市花桥中学	1960	66700	10973	29	1487	108	16	花桥镇花园路185号
4	昆山市花桥徐公桥中学	2022	48675	38934	12	565	30	5	花桥镇商年路200号
5	昆山市花桥集善中学	2018	49101	39145	39	1944	139	54	花桥镇远国路925号
6	昆山市花桥中心小学	1906	32000	12748	37	1861	103	17	花桥镇人民路104号
7	昆山花桥经济开发区花溪小学	2011	22773	9494	26	1319	75	27	花桥镇塞纳大道30号
8	昆山市花桥徐公桥小学	1960	38063	22254	45	2369	127	15	花桥镇光明路80号
9	昆山市花桥鑫苑小学	2018	27433	15097	32	1610	89	32	花桥镇绿地大道195号
10	昆山市花桥集善小学	2015	48408	36199	68	3615	187	13	花桥镇远国路999号
11	昆山市花桥金城小学	2020	56582	47560	48	2446	131	54	花桥镇远政路21号
12	昆山市花桥中心幼儿园	2004	20000	7620	15	550	39	42	花桥镇花溪路483号
13	昆山花桥经济开发区聚福幼儿园	2013	16105.4	12668.8	25	964	52	56	花桥镇花集路338号
14	昆山市花桥天福幼儿园	2018	12175	9503	8	261	18	22	花桥镇花旺路718号
15	昆山花桥经济开发区花溪幼儿园	2011	6922	4943	12	496	27	20	花桥镇塞纳大道31号

续表

序号	学校名称	启用年份	占地面积（平方米）	建筑面积（平方米）	班级数（个）	学生数（人）	各类教师数（人）	职工数（人）	学校地址
16	昆山花桥经济开发区鑫苑幼儿园	2013	3582	3440	12	436	29	53	花桥镇绿地大道189号
17	昆山市花桥黄墅江幼儿园	2018	13856	11233	20	763	42	24	花桥镇西环路550号
18	昆山市花桥枫浜幼儿园	2020	7648	5489	15	499	33	33	花桥镇万科魅力花园96号楼
19	昆山市花桥徐公桥幼儿园	2018	8129	5401	18	622	39	74	花桥镇商银东路369号4号楼
20	昆山市花桥曹安幼儿园	2010	4333	6400	11	456	24	48	花桥镇曹新路369号
21	昆山花桥经济开发区启航幼儿园	2014	3606	2999	9	308	20	33	花桥镇绿地大道137弄U世代小区2幢
22	昆山花桥经济开发区横漕幼儿园	2022	4115	3678.91	4	147	10	20	花桥镇兆丰路11号都会新峰园7号楼

表5　　2022年花桥经济开发区民办学校情况一览表

序号	学校名称	启用年份	占地面积（平方米）	建筑面积（平方米）	班级数（个）	学生数（人）	各类教师数（人）	职工数（人）	学校地址
				民办一贯制					
1	昆山康桥学校	2014	141885	166024	158	4428	459	751	花桥镇西环路500号
2	昆山华东台商子女学校	2001	65399	22774	45	1645	89	82	花桥镇曹淞路66号
3	昆山昆城外国语学校	2020	79525	129184	114	3214	275	176	花桥镇金捷路8号

续表

序号	学校名称	启用年份	占地面积（平方米）	建筑面积（平方米）	班级数（个）	学生数（人）	各类教师数（人）	职工数（人）	学校地址
民办幼儿园									
4	昆山昆城幼儿园	2020	79525	129184	24	619	55	42	花桥镇金捷路8号
5	昆山绿地协和幼儿园	2006	25322	9890	18	377	36	32	花桥镇圣心东环路28号
民办小学									
6	昆山开发区民办前景学校花桥小学部	2005	26629	20101	60	2781	133	31	花桥镇蓬青路3号
普惠性民办幼儿园									
7	昆山育树家中城幼儿园（原剑桥中城幼儿园）	2012	2980	1987	6	242	12	29	花桥镇曹浦路198号
8	昆山花桥镇博裕家幼儿园（原裕花幼儿园）	2015	2899	1798	6	175	17	26	花桥镇徐公桥路3号
9	昆山爱维叶集善幼儿园	2016	10300	10030	784	784	46	92	花桥镇西环路469号
10	昆山花桥国际商务城鑫宇幼儿园	2017	8206	5505.58	18	607	54	71	花桥镇集善路东侧、滨江东侧、滨江路南侧（万科小区）
11	昆山育树家香城湾幼儿园（原剑桥香城湾幼儿园）	2017	4279	3899	12	412	24	51	花桥镇常发路55号
12	昆山育树家裕花园幼儿园（原剑桥裕花园幼儿园）	2018	3480	2885	9	357	18	39	花桥镇安博路99号
高职院校									
13	硅湖职业技术学院	1999	492936	266661	136	6419	347	50	花桥镇绿地大道168号

（陆　静）

卫 生 健 康

昆山市中西医结合医院

【概况】 昆山市中西医结合医院（昆山市花桥人民医院）始建于1958年，是区内唯一一所集医疗、预防、教育、康复、保健于一体的二级中西医结合医院。2013年11月，步入二级医院行列；2018年8月，昆山市花桥人民医院经昆山机构编制委员会批复同意，更名为“昆山市中西医结合医院”；2019年11月完成医疗机构执业许可证变更，转型为中西医结合医院。建筑面积5.09万平方米，注册床位300张，实际开放床位196张。2022年，全院有职工438人，其中卫技人员400人，占职工总数的91.32%，具有高级职称人员46人、中级职称人员127人，博士1人、硕士51人。医院

昆山市中西医结合医院（社会事业局　提供）

设有脾胃病科、心病科、骨伤科等一级临床科室26个，药剂科、医学影像科、检验科等医技科室4个。其中心病科、肛肠科是昆山市级重点专科建设单位，内分泌代谢科是昆山市重点专科培育单位。医院有完备的医疗设备体系，包括3.0T磁共振、80排螺旋CT、40排螺旋CT、DSA等。

【中医药服务】 2022年，医院开展中医医疗技术项目44项；推广中药丸剂、中药膏剂、中药茶饮等院级协定中药方，满足全院各临床科室的应用需求；新增新冠病毒中医康养门诊，制定新冠防治和新冠康复中医干预方案，发挥中医药在防疫工作中的优势。全年门诊非药物中医适宜技术占门诊人次比例8.13%，比上年增长1.6%；门诊中药饮片处方占处方总数比例23.88%，增长4.07%；门诊中药饮片处方人次占比20.34%，增长2.35%；门诊中药处方占比41.75%，增长4.07%；病区中药饮片使用率74.44%，增长8.06%；病区中医适宜技术占比73.14%，增长3.78%。

【专科建设】 2022年，医院新增甲状腺乳腺、烧伤整形、皮肤美容、中医男科、痤疮、脑病等专科专病门诊12个；开展UBE、冠脉造影、白内障手术等新技术16项；检验科、发热门诊、生物安全、消毒供应室、手术室等通过苏州市验收；CT、DR、钼靶、骨密度等8个放射设备取得放射执业许可证；启用DSA导管室，引进上海中医药大学附属岳阳中西医结合医院戚广崇中医男科名医工作室；进一步深化与上海瑞金医院、上海胸科医院、上海曙光医院生殖医学中心等三甲医院技术合作。全年全院出院病人8176人次，比上年增长4.43%；手术3084例，增长29.96%；三、四级手术占比51.56%，增长5.58%。

【科教研建设】 2022年，医院医师发表论文34篇，其中在SCI（《科学引文索引》、*Science Citation Index*）和核心期刊上发表9篇。放射科1名医师的《急性基底节梗死rs-fMRI度中心度的相关研究》获2021年度昆山市卫生健康优秀学术论文奖，申报昆山市哲学社会科学2022年度应用研究课题5项、昆山社会发展专项10项（立项2项，指导8项）、苏州中西医结合学会项目3项（立项1项）、苏州中医药学会/吴门医派项目3项（立项1项）、江苏省中医药管理局项目2项（立项1项）、昆山市中医药学会9项（待立项）、院级项目3项，内分泌科1名医师获得扬州大学临床医学（内科学）专业学位硕士研究生指导教师资格，遴选“三类人才”7名、“重点专科人才”10名、“中医师承继承人”6名进入培养周期。

【法治医院建设】 2022年，医院建立普

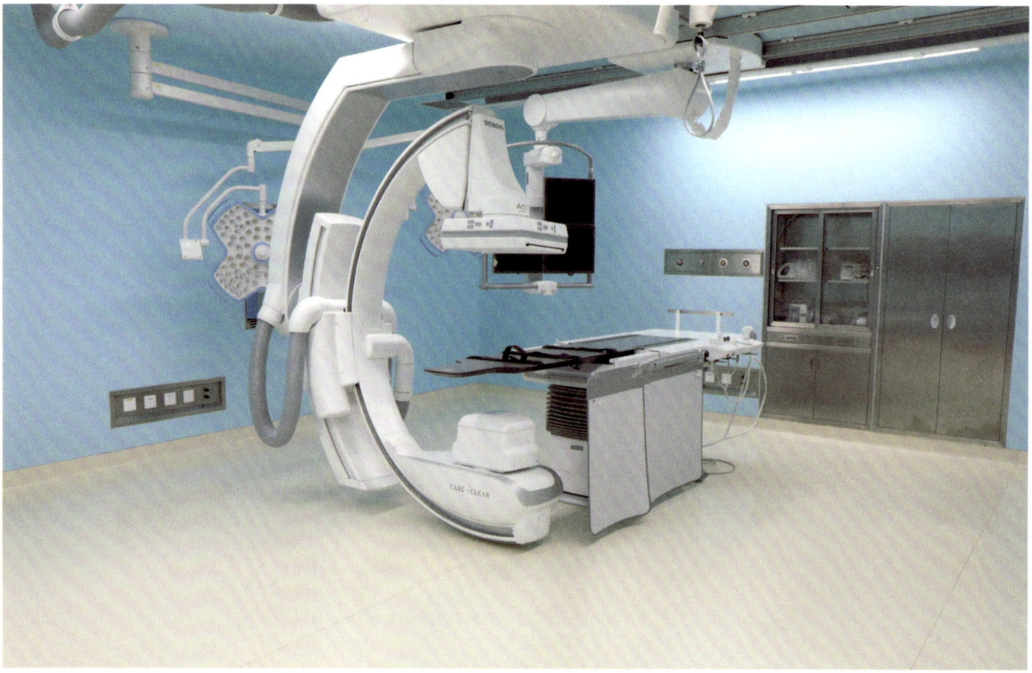

昆山市中西医结合医院 DSA（数字减影血管造影）设备（昆山市中西医结合医院　提供）

法阵地，提升职工和就医患者的法治素养，率先参与打造1处全新医患调解委员会阵地，将医患纠纷化解在最前沿。执行医疗质量和医疗安全核心制度，将《中华人民共和国执业医师法》《中华人民共和国侵权责任法》《医疗事故处理条例》《中华人民共和国护士管理办法》等卫生法律法规学习、考核纳入医护人员“三基三严”（“三基”即基本理论、基本知识、基本技能，“三严”即严格要求、严密组织、严谨作风）培训考核。

（沈维华）

社区卫生服务中心

【概况】 昆山市花桥镇社区卫生服务中心（昆山市花桥镇妇幼保健计划生育服务站）（简称“社区卫生服务中心”）是区内的一家公立医疗机构。主要承担公共卫生服务、基本医疗服务、社区康复服务、家庭医生服务、计划生育技术指导服务和监督协管6项职责，承担辖区18.5万名常住人口的健康管理服务。2022年，有职工145人，其中卫技人员125人（高级职称6人、中级职称36人、初级及以下职称83人）。中心设有全科医疗科、中医科、检验科、影像科、药剂科等临床医技科室及妇保门诊、儿保门诊和预防接种门诊，下辖7个社区卫生服务站。全年门急诊17.34万人次。

表6　　2022年花桥经济开发区社区卫生服务站情况一览表

名称	建筑面积（平方米）	建成年份	医务人员数（人）	门诊人次（人次）
花安社区站	500	2005	6	30483
花溪社区站	450	2006	6	24542
聚福社区站	500	2016	5	21218
天福社区站	700	2016	4	10389
集善社区站	500	2010	6	27591
徐公桥社区站	450	2007	5	11752
常发社区站	350	2020	5	7259

【基本医疗服务】 2022年，社区卫生服务中心联合昆山市中西医结合医院区域医联体单位，开展心脑血管疾病评估筛查5708人次、糖尿病并发症筛查115人次、慢阻肺筛查463人、骨质疏松筛查244人。结合预防接种门诊和儿童保健门诊日常工作，集中开展初三麻风疫苗接种1568人、水痘免费接种5886针次，65周岁户籍居民肺炎疫苗接种230人。根据中小学生体检工作方案，对6所学校初高中学生进行结核菌素试验，注射3260人。年内，创建省甲级村卫生室（花溪站）、省星级家医工作室（国基城邦）、苏州市特色科室建设单位（内分泌科）、苏州市中医馆（四级）。

【基本公共卫生服务】 2022年，社区卫生服务中心建立居民健康档案16.9万余份，公开居民电子健康档案16.5万余份，发放健康教育电子处方8909人次，开展公众健康咨询活动12场，举办线上与线下健康知识讲座54场。新生儿预防接种新建卡5337人，常规接种一类疫苗1.87万针次、二类疫苗16.89万针次，无接种不良事故。管理高血压患者1.12万人、糖尿病患者3769人。开展传染病疫情季度分析4次、传染病与突发公共卫生事件报告管理自查12次。开展学校传染病疫情处置118例，完成艾滋病高危人群检测60人、艾滋病讲座6场、麻风病患者日常随访1人，传染病报卡率、及时率均100%。孕产妇建册2731人，孕早中期健康管理2239人次，产后访视1793人，产后42天检查1213人，“两癌”检查1155人。新生儿访视1786人次，儿童建册4022人，体格检查1.5万人次，入园体检4808人，六一儿童节体检1.05万人，儿童中医药保健指导7380人次。完成老年人体检9555人，老年人中医药体质辨识和中医药保健指导率均为100%。规范管理严重精神障碍患者488人，其中基础管理443人，个案管理45人，全年新增管理99人，完成精神障碍患者体检291人。按照《肺结核患者健康管理服务规范》要求，可疑者推荐转介399人。开展卫生健康监督信息巡查465户次，其中饮用水卫生安全巡查76户次，学校卫生安全巡查76户次，非法行医及非法采供血巡查91户次，计划生育巡查12户次，公共场所巡查81户次，有证医疗机构巡查129户次。

【家庭医生签约服务】 2022年，社区卫生服务中心完成家庭医生签约服务1.52万人，其中收费签约866人。因病因残特助，计划生育特扶，65周岁及以上一、二类残疾人等精准帮扶对象签约覆盖率100%；高血压患者1.12万人，签约9827人，签约率87.73%；糖尿病患者3769人，签约3283人，签约率87.11%。65周岁以上老年人1.23万人，签约8629人，签约率70.31%。开展健康一体机评估185人次，门诊动脉硬化评估6396人次。

（徐阳智）

人口管理

【概况】 2022年，花桥经济开发区人口与生育工作坚持以人民为中心的发展思想，以优化生育政策、促进人口长期均衡发展为目标，坚持稳中求进，狠抓工作落实，创新创优，开创“十四五”时期人口与生育工作新局面。

【生育政策落实与奖励扶持】 2022年，花桥经济开发区生育登记2570人，其中户籍人口办理1243人，流动人口办理1327人。独生子女父母奖励金发放1773人，共5.32万元。办理退休职工独生子女父母一次性奖励300人，共108万元。农村奖扶1545人次，共12.36万元。独生子女特殊家庭95户、156人，发放扶助金1836人次，共146.96万元。公益金救助5户，救助金额1.9万元。

【特殊困难家庭养老帮扶】 2022年，花桥经济开发区发挥“连心家园”服务阵地作用，为有需要的特殊家庭提供“连心桥”

养老帮扶家政服务，全年签订服务协议家庭49户，服务1300户次，时长1300小时，支出金额3.9万元。为符合条件的49—69周岁特扶对象120人发放公交出行补贴（30元/人/月）和昆山市旅游年卡，持旅游年卡在年度期限内可无限次游览免费景点。为符合条件的特扶对象购买“特别扶助对象补充养老商业保险”“特别扶助对象补充医疗商业保险”“住院护工服务保险”等，提高特殊家庭养老保障和医疗保障水平。开展健康讲座、文体联谊、知心座谈、集体庆生、节日慰问等关心关爱活动3场次，特扶对象参与462人次，发放慰问金9万元，发放慰问物品折合金额7.77万元。落实计划生育特殊家庭“双岗”联系人、签约家庭医生、“绿色通道”三个全覆盖，发放“亲情帮扶·爱心牵手”联系人服务手册、联系卡190份，签约家庭医生86户，发放“特扶”就医优先便利贴花凭证95户、156人，确保三个全覆盖率100%。

【健康宣传服务】 2022年，花桥经济开发区组织开展各类宣传活动32场次，发放各类生育健康宣传资料、宣传品8400余份。推进“青春健康·同伴教育”项目活动，在高校开展系列讲座34次，参与人数1052人。

【生育健康促进行动】 2022年，花桥经济开发区宣传免费孕前优生健康检查项目，发放宣传材料3500份，为备孕人群发放免费健康检查预约单130份，做好现孕妇女优生优育疾病保险统计上报工作，全年发放“优生优育疾病保险证”2179份。推广避孕药具发放网点和微信扫码宣传。落实计划生育四项手术费报销27人，金额3170.5元。

【流动人口生育管理】 2022年，花桥经济开发区按照现居住地及全员人口管理原则，加强人口信息采集录入，做好人口信息平台维护应用，全年采集录入流动人口信息11.05万条。开展流动人口生育服务登记1327人，发放流动人口优生优育疾病保险1119份。

（苏　凤）

职业健康

【概况】 2022年，花桥经济开发区出台《关于加强全区职业健康监管工作的建议》和《花桥经济开发区职业健康网格员工作规范》，建立职业健康管理队伍，健全职业健康工作监管体系，为职业健康监管各项工作奠定良好基础。

【企业职业健康服务工作】 2022年，花桥经济开发区根据全市职业健康工作要点、职业病危害专项治理和职业病危害防治分类监管工作等要求，开展职业病防治分类监管、职业病危害专项治理、小微企业帮扶等专项工作。完成730家企业摸底调查，其中搬离本辖区及非本辖区企业72家，无职业病危害企业106家，存在职业病危害因素企业552家；确定甲类企业91家、乙类企业114家、丙类企业102家、丁类企业245家，为差异化监管提供重要依据。核查职业病危害治理企业583家，其中纳入治理企业103家，完成治理企业82家，未完成治理企业16家，关停企业5家。打造职业健康工作示范园区1个。

【职业健康培训】 2022年，花桥经济开发区围绕职业病防治法律法规、日常监督监管要点等内容举办业务培训和企业专场培训各2场；联合昆山安协安全培训服务有限公司开展用人单位职业健康法定培训花桥专场，220人参加培训，提高企业主要负责人和职业健康管理人员持证率。

【职业病防治法宣传周活动】 4月25日—5月1日是全国第20个《中华人民共和国职业病防治法》宣传周。因受新冠病毒疫情影响，花桥经济开发区通过微信群、线上点对点等方式开展宣传周相关活动，督促用人单位落实职业病防治工作主体责任，提高职业病防治法律意识。

（张燕峰）

人民文学出版社
新澜
叶辛著
巨澜
（下）
叶辛著
当代中国出版社
巨澜
（上）
叶辛著
当代中国出版社
叶辛著
三年五载『下』
贵州人民出版社
叶辛著
三年五载『上』
贵州人民出版社
人民文学出版社
叶辛著
拔河

文　化

【概况】 2022年，花桥经济开发区持续推进江南文化工程、重点文化项目建设，开展文化活动142场次，完成公益电影放映379场次，将文化惠民落到实处。

【文化设施建设】 2022年，花桥经济开发区实施江南文化工程，发掘归有光事迹，完成“这里有光”归有光纪念馆规划设计。持续推进重点文化项目建设，建成花桥艺体馆、叶辛故乡文学馆，推动“昆曲雅集”小剧场建设。

叶辛故乡文学馆　位于集善路与绿地大道交叉口往南（集善公园西侧），总面积约1300平方米。叶辛，祖籍花桥天福村，中国著名作家、编剧。叶辛故乡文学馆分为两层，一层设有主题咖吧、文学阵地、主题沙龙区、鉴赏讨论区等功能区；二层是文化休闲区，设有叶辛工作室、成长经历区等功能区。

花桥艺体馆　位于光明路北侧、西环

花桥艺体馆（党群工作部　提供）

路东侧，总占地面积1.5万平方米，总建筑面积3.35万平方米。项目集体育运动、文化休闲等服务功能于一体，主要包含400人规模文化剧场、国际标准8泳道室内游泳馆、赛场级室内篮球场、主题图书展示中心、青少年文化培训中心等专业场地设施。

（张费琴）

【文化惠民服务】 2022年，花桥经济开发区落实文化惠民活动，开展线上线下“三下乡”春风行动、春节送春联、戏曲下乡、元宵送惊喜等文化惠民活动。联合陆家镇开展文化双城共建，举办“江南文化花桥足迹”农文旅研学等系列活动。开设“艺在花桥”全民艺术普及课程，发挥艺术普及、社团互动、文化展览惠民功能，丰富群众文化生活。开展第十五届全民阅读节系列活动、廉政书画展、网络全民健身运动赛等各类主题活动50余次，覆盖人数5万余人。

（张费琴、倪玲玉、朱倩雯）

【文化主题活动】 2022年，花桥经济开发区开展各类文化主题活动，丰富群众生活。

“虎虎生威闹新春·阖家欢乐喜‘寅’新’2022年花桥经济开发区迎新春‘三下乡’暨‘亭·桥·鹤’”迎新系列活动 1月，

1月21日，“虎虎生威闹新春·阖家欢乐喜‘寅’新”2022年花桥经济开发区迎新春“三下乡”暨“亭·桥·鹤”戏曲下乡活动举行（党群工作部 提供）

花桥经济开发区举办“虎虎生威闹新春·阖家欢乐喜‘寅’新”2022年花桥经济开发区迎新春“三下乡”暨“亭·桥·鹤”迎新系列活动。活动主要分为6个部分，内容涵盖文艺演出、惠民服务、全民阅读、文明志愿、送春联、科普宣传等方面，活动开设11场，服务千余人次。

（张费琴、倪玲玉）

花桥经济开发区“清风润心·丹青妙笔”廉政书画作品展 6月24日，“清风润心·丹青妙笔”花桥经济开发区廉政书画作品展在花桥文化艺术展示馆开幕，展期从6月持续到7月。此次书画作品展包含书法、篆刻和绘画3个艺术门类、80余件作品，作品中有廉诗、廉对、廉政格言警句，也有山水、花鸟画等。围绕“廉政”主题，传递理想信念、从政道德、工作作风、家风家规等教育内容。

（朱倩雯）

“艺在花桥”全民艺术普及课程 7月5日—12月31日，“艺在花桥”全民艺术普及公益课程在花桥经济开发区文化体育活动中心开展。此次公益课程邀请专业艺术老师，面向不同年龄段学员开设瑜伽课、

6—7月，“清风润心·丹青妙笔”廉政书画作品展在花桥文化艺术馆举办（花桥党群工作部　提供）

7月5日—12月31日，开展“艺在花桥”全民艺术普及公益课程（花桥党群工作部　提供）

太极课、儿童画、拉丁舞等公益课程。全民艺术普及课程自2018年启动以来，共开设9期，惠及居民5000余人。

（张贲琴、倪玲玉）

“江南文化·花桥足迹”研学游驻企进校系列活动　9—10月，“江南文化·花桥足迹”研学游驻企进校系列活动在天福国家湿地公园举行。活动面向区内小学生、企业员工及子女。活动有16场次，以亲子形式为主，设4条研学游学习线路，分别为“红色学习”文旅研学游、“书香城市”文旅研学游、“传统文化”文旅研学游和“传统技艺”文旅研学游。

（张贲琴、李博璨）

9—10月，“江南文化·花桥足迹”研学游驻企进校系列活动举行（花桥党群工作部　提供）

8月20日，“花韵江南”时尚创意联盟启动（党群工作部　提供）

“戏”承古韵，“装”点花桥——百戏进花桥专场活动　8月20日，花桥经济开发区在晨风时尚产业园举办“戏”承古韵，“装”点花桥——百戏进花桥专场活动。为将昆山戏曲文化与花桥时尚产业跨界融合，同时启动“花韵江南”时尚创意联盟。“花韵江南”时尚创意联盟由晨风集团等4家文创企业组成，旨在带动时尚创意产业集群联动，促进时尚设计、时尚品牌、时尚科技、时尚人才等产业链共同发展。

（张费琴）

体　育

【概况】　2022年，花桥经济开发区开展象棋、掼蛋、徒步大赛等线下赛事3项，举办第四届四季联赛——足球比赛、第二届长三角定向邀请赛、昆山市钓鱼公开赛（花桥赛区）等线下赛事3项，参与人数500余人；组织参加市级体育赛事11次，参赛人数150余人；维修体育设施129件，更换体育设施33处；完成国民体质监测711人；申报三级社会体育指导员69人，一级社会体育指导员3人。

【体育设施建设】 2022年，花桥经济开发区体育场地总面积60.94万平方米，其中综合性文体中心2座、体育公园3个、公益性篮球场30片、足球场2片、门球场11片、网球场3片、羽毛球场3片、健身路径104处。

【体育活动】 2022年，花桥经济开发区开展各项体育赛事，增强民众体质。

2022年昆山市全民健身进机关——定向挑战赛暨花桥经济开发区第二届长三角定向邀请赛 9月16日，该活动在天福国家湿地公园举行，由昆山市文体广电和旅游局、花桥经济开发区党群工作部共同主办，有参赛队伍13支，参赛选手65人。开发区代表队获得一等奖，张浦、周市、千灯代表队获得二等奖，周庄、淀山湖、花桥、高新区、锦溪、陆家、巴城代表队获得三等奖。

9月16日，2022年昆山市全民健身进机关——定向挑战赛暨花桥经济开发区第二届长三角定向邀请赛举办（党群工作部　提供）

花桥经济开发区第四届“四季联赛”足球联赛 11月19日—12月31日，该活动在青年运动公园、美格菲体育中心足球场举行，由花桥经济开发区党群工作部主办，举办赛事25场次，有参赛队伍10支，参赛选手120人。集善大队获冠军，花桥英卓国际队获亚军，花桥商务城队获季军。

（唐伏达）

11月19日，花桥经济开发区第四届“四季联赛”足球联赛举办（党群工作部　提供）

社区

综　述

2022年，花桥经济开发区完成横塍江社区、星浜社区、徐公桥社区区域调整，新设立延祥社区、金城基社区、观澜社区、泗泾社区。至年末设社区19个，分别为花安社区、花溪社区、集善社区、花桥社区、天福社区、聚福社区、横塍江社区、枫浜社区、横漕社区、徐公桥社区、新安社区、星浜社区、绿地社区、时代社区、聚杨社区、延祥社区、金城基社区、泗泾社区、观澜社区。

花安社区

【概况】 辖区内有花苑新村和蒋浦新村2个小区，辖区面积5.52平方千米，户籍人口7462人，管理人口约1.5万人，有党委1个，下设党支部5个，中共党员204名。年内获评昆山市先进民兵连。

花安社区党群服务中心（社会事业局　提供）

【党建引领】 2022年，花安社区以基层党建工作为核心，不断深化“印象花安”党建品牌，围绕“党史学习教育”主线，结合党建引领“根系工程”，推进社区治理各项工作，健全组织体系末梢“根系”。

【社会治理】 2022年，花安社区依托“有事好商量”“网格议事亭”等平台，助力多元主体协商，解决老旧小区加装电梯、小区综合改造等重点难点问题。通过社区监管、业主自管等模式，推动物业服务与社区基层治理有机融合。拓展社区普惠措施，提高社区养老、助残、扶贫等服务覆盖面，增设充电棚、休息椅和儿童游乐设施，建设便民惠民生活圈。推动移风易俗，弘扬时代新风。

（张晨强）

【志愿服务】 2022年，花安社区打造“印象花安”志愿服务品牌，以“群众哪里有需要，哪里就有志愿者”为服务口号，以社区志愿团队为依托，凝聚志愿力量，不断提升志愿服务水平，提高居民群众满意度。社区10支志愿服务队伍，全年志愿者参与1400余人次，志愿服务时长2.8万小时。

（朱雪龙）

花溪社区

【概况】 辖区内有花溪畔居、花望新村、国际华城、白云佳苑等11个小区及商住楼，辖区面积2.08平方千米，户籍人口8620人，管理人口约2.1万人，有党委1个，下设党支部6个，中共党员257名。2022年，花溪社区获评“昆山市五一巾帼标兵岗”“昆山市关心下一代工作优秀集体”“昆山市助残先进集体”“昆山市‘无黑城市’示范点”“苏州市第一批‘一刻钟便民生活圈’”“昆山市五星‘枫桥式社区’”等荣誉。

花溪社区党群服务中心（社会事业局 提供）

【党建引领】 2022年，花溪社区打造“红色家缘”党建品牌，开展“三微”行动、建设“红色广场”、构筑“耆爱家园”，以全新面貌提升社区服务水平。开展“村村到、户户进、人人访”大走访活动，召开座谈会6次，解决民生问题50余个。发动社区在职党员、青年党员47人，结对困难家庭7户、高龄独居老人5人，点亮“微心愿”22个，收集居民意见建议30余条，促进“三美花溪”建设。开展“与长者同行，为夕阳添彩”党组织为民服务活动，全年举行邻里互助、走访慰问、文体活动、健康宣讲、安全检查等49场次，受益人群556人次；开展便民服务33次，志愿者参与256人次，服务居民1380余人次。

【社会治理】 2022年，花溪社区举办安全讲座等宣传活动14次、消防应急演练3次，推送微信宣传图文10条、举办广场宣传4次、发放纸质材料800余份，新增氛围布置240余处。开展夜查行动27次、集中约谈2次、专项整治5次，发现并整改隐患问题280余处，完成花溪畔居西区车库整治摘牌验收工作。应急搬离违停电瓶车277处、400余辆，清理私拉乱接违充设备21套，清理公共部位乱堆放62处。新增电动自行车智能充电装置39处、448套，新增独立式感

7月21日，“与长者同行，为夕阳添彩”花溪社区幸福养老项目开展（社会事业局　提供）

10月21日，花溪社区开展“家在花桥·文明有我”集中志愿服务活动（社会事业局　提供）

烟火灾探测报警器1200余个，完成国际华城消防垫资维修及末端维修工作。通过社会治理网格化平台，处置办结各类事件152件，开展群众知晓率满意度集中宣传3次，走访安置帮教人员120人次，监管矫正对象7人，化解信访矛盾问题7例，调解纠纷102例，完成严重精神障碍患者排查73人次，签订有奖监护协议59人次。

【帮扶工作】 2022年，花溪社区深入实施党建引领基层治理“根系工程”，以“满足居民生活需求，提升居民幸福指数”为目标，为老年群体构筑幸福养老“一整套”：上好一堂课、守好一道门、暖好一颗心。开展老年人专题讲座6场，内容涉及疫情防控、志愿服务、安全知识等，为老年群体提升安全防范水平。组织党员干部、楼道长、志愿者定期对辖区老人入户慰问，了解掌握生活近况、健康情况，做好记录、形成底册。为让老年人更好融入社区生活、安心颐养，社区多元化开展手工DIY、书法课堂、民俗文化等活动，惠及500余人次。年内，退出困境儿童2名，新增1名，低保边缘退出2户，完成大病医疗救助8人次，完成社会救助、重残两补对象年度审核80人次，全年慰问各类对象200余人、慰问金额21万余元、发放慰问物资500余份。

（许孝慧）

集善社区

【概况】 辖区内有集善新村、金城花园、花桥裕花园、富隆花园、台昆商墅等5个小区，辖区面积4.51平方千米，户籍人口9314人，管理人口约2.55万人，有党委1个，下设党支部4个，中共党员185名。

【党建引领】 2022年，集善社区以“集众人善德、筑至善家园”为宗旨，以“善文化”为核心，以党总支为引领，打造“先锋集善”党建服务品牌。围绕堡垒先锋、党员先锋、自治先锋、志愿先锋、榜样先锋“五大先锋”建设目标，以居委会为纽带，搭建自治共治平台，以文体活动聚人气，以志愿服务聚民心，以民主议事强威信，推进社区治理向纵深发展；以志愿服务为助力，以社区居民为主体，强化居民

集善社区（社会事业局　提供）

主人翁意识，倡导居民争创美丽楼道，共建美好家园，鼓励和引导社区党员群众学善、向善、行善、乐善，激活社区自治活力。

（周　寅）

【全量治理示范小区】 2022年，辖区内动迁小区金城花园通过昆山市全量化整治验收，成为市全量治理示范小区。该小区位于花桥镇光明路1611号，于2010年投入使用，有23幢高层建筑，小区住户1352户，居民5500人。至年末，小区有出租房80套，均装有智能用电系统。电动车充电桩点位24个，可同时容纳410辆电动车充电。1月，建成投用智能梯控系统，全年拦截电动车及燃气钢瓶违规上楼207次。

（张　吉）

【民生工程】 2022年，集善社区公共服务中心建成并投入使用，服务中心建筑面积4800平方米，集党群服务、行政服务、便民服务、健康服务、文体服务、综治服务于一体。标准化建设社区市民驿站，采用全科社工服务模式，实行一窗受理、后台通办工作机制，形成“居民生活、办事不出社区”的社区服务新局面。以群众关切为工作抓手，持续推进民生工程建设，全年完成2个动迁小区房屋维修199户，完成金城花园10号车库跑砂维修、集善新村9号楼公共活动场所设施及地坪维修等各类民生工程项目8个，补齐民生短板，提升群众生活品质。

（高　磊）

花桥社区

【概况】 辖区内有光明新村、花家浜新村、姜夏新村、鸡鸣塘小区、花溪新村、花都新村、机关住宅楼、青青家园、花溪公馆、朗绿花园、花卫新村等11个小区，1个农贸市场和1个商业街，辖区面积0.86平方千米，户籍人口5029人，管理人口约1.4万人，有党委1个，下设党支部3个，中共党员107名。

（吴秀清）

【党建引领】 2022年，花桥社区党委开展“流动党课”送学上门8次，集中学习、交流研讨22次，举办党的二十大精神宣讲等系列活动11次；深化“大党委”交流共建，开展党的二十大精神联学联动1次。探索“党建＋垃圾分类”新模式，发挥党群联系群众优势，确立“管家团”巡查网络，通过党小组挂钩小区，对垃圾分类意识较为薄弱的小区，在其单元门口做“流动插

7月16日，花桥社区志愿者开展小区清洁志愿服务（社会事业局　提供）

牌标记”，提升垃圾分类整体水平。扩大“海棠暖心”活动成果，推进“小区党支部”全覆盖。设立党组织为民服务项目4个，开展党员教育、节日活动、公共设施增设、志愿者队伍建设等主题服务。

（姜世杰）

【志愿服务】 花桥社区志愿者队伍成立于2017年6月，划分5个志愿者团队。2022年，志愿者团队弘扬“奉献、友爱、互助、进步”志愿精神，为社区群众提供卫生、医疗、法制等志愿服务30余次，为孤寡老人、残疾人、特困户等弱势群体提供专业帮助。

【安全工作】 2022年，花桥社区以“治理隐患，防范事故”为宗旨，开展各项消防安全工作。建立健全安全生产规章制度，制定重大事故预警预案和安全生产实施方案；组建消防安全队伍，社区书记担任队长，指定专人分级负责。开展各类安全生产专项检查、夜查、集中清查等行动86次，出动人员373人次，处理各类安全隐患502项。利用电子屏、宣传栏，开展安全宣传活动，普及消防安全知识，宣传安全法律法规，利用节假日、学雷锋宣传日、消防宣传月等进行宣传，发放宣传资料5000余份，受教育8000余人。

（曹晓东）

天福社区

【概况】 辖区内有梅苑里、天福苑、鑫隆广场、阳光苑、宫宵花园、信用商住楼等6个小区，辖区面积8.4平方千米，户籍人口3225人，管理人口约1万人。有党委1个，下设党支部3个，中共党员112名。

【党建引领】 2022年，天福社区党委持续深化"天福·添福"党建品牌建设，建立功能型网格党支部，实行社区党员干部网格结对联系制，将党群服务、疫情防控、人口管理、垃圾分类、"331"安全防患、文明城市建设等多项职能融入网格，形成"一网多格、一格多员"的精细化治理格局；党建引领"融创 hui"治理全过程，统

天福社区党群服务中心（社会事业局　提供）

筹各方资源，打造“有‘福’‘童’享”儿童友好社区品牌，以“三全齐美”推广社区家庭教育工作，以文化交流促融入，以儿童议事促融通，以家庭参与促融合，为辖区儿童打造一个环境友好、设施齐全、服务完善的社区生活圈。创建昆山市唯一一个“苏州市儿童友好型社区”。

【社区治理】 2022年，天福社区以老年人、儿童需求为导向，深化“天福·添福”党建品牌内涵建设，结合“融创hui”社区自治理念，为社区居民提供“一老一小”关爱服务，培养和发展本土服务人才，创新开展志愿服务，增强社会服务力量，拓展居民参与渠道，提升社区治理与服务水平，推动社区治理体系和治理能力现代化。

【民生服务】 2022年，天福社区简化办事流程，热心服务居民群众，畅通民生服务的“最后一千米”，“线上＋线下”协同开展工作，宣传惠民政策，提高知晓率。按照“以民为本、为民解困、为民服务”工作要求，进一步细化民主评议内容，规范工作流程，通过党组织为民服务专项工程，进一步提高服务居民群众的水平。

（朱　强）

聚福社区

【概况】 辖区内有黄城花园、可逸兰亭2个小区，兼管两岸新都心苑2栋商业楼，辖区面积1.54平方千米，户籍人口6366人，管理人口约1.8万人。有党总支1个，下设党支部2个，中共党员48人。

（陈　果）

【党建引领】 2022年，聚福社区党总支以“红管聚邻·先锋睦福”党建品牌为引领，以基层党建提质增效为目标，推进基层党建“书记项目”，实施党建引领基层治理“根系工程”，确保组织触角延伸在一线、为民服务开展在一线。开展学习教育活动，巩固党群阵地凝聚力，联动职能部门解决消防通道安全问题。完善“党建领方向、网格全覆盖、服务零距离”的治理新模式，形成党建与网格治理融合互促、双向提升的良好格局。依托“睦邻”“微光”等志愿团队，打造居民自治平台，为矛盾调解提供服务阵地，形成“发现问题、解决问题、跟进监督”闭环机制。

（戴明珠）

【民生工程】 2022年，聚福社区完成黄

聚福社区党群服务中心（社会事业局　提供）

城花园儿童游乐设施场地改造，更新周边配套设施。利用空置社区用房，启动建设可逸兰亭党群服务点，完善党群服务点功能设置和服务设施，为辖区居民提供更高效便捷、优质贴心的品质服务。

（陈　聪）

【志愿服务】 聚福社区建有黄城花园“啄木鸟环境维护小组”、可逸兰亭“微光”、“小福星”等志愿团队9个。2022年，围绕疫情防控、敬老、文明新风宣传、普查登记等方面，统筹各类资源力量，发布志愿者召集令，凝聚各方力量开展志愿服务。创新建立“一楼道一志愿者”的楼道管理模式，将居民自治触角延伸至一线。

（陈　果）

横塈江社区

【概况】 辖区内原有德馨嘉苑、光华时代、常发香城湾花苑、棕榈湾花苑、鑫苑世家、中科花苑、中科创新广场、象屿都城嘉园、嘉宝梦之晨花园、梦之悦花园、梦世界11个小区和花溪人才公寓1个集宿区，辖区面积3.07平方千米，户籍人口1.21万人，管理人口约4.8万人，有党支部1个，中共党员47名。12月底，横塈江社区进行区域划分，将德馨嘉苑、光华时代、花溪人才公寓、常发香城湾花苑、棕榈湾花苑划分到新成立的延祥社区，将嘉宝梦之晨花园、梦之悦花园、梦世界划分到新成立的金城基社区。区域划分后，辖区面积0.96平方千米，户籍人口6128人，管理人口约2.2万人，有党支部1个，中共党员21名。

【党建引领】 2022年，横塈江社区党支部以“横塈江 · 横竖 +”工作品牌为引领，针对辖区“楼高人多”的特点，构建“社区党支部—小区党支部—楼栋长—百户长—党员中心户”五级联动基层治理体系，坚持强化社区党组织统筹作用，采用“示范小区单建、普通小区联建”的方式，在8个小区建立小区党支部，实现居民小区党组织覆盖率100%。引导近500名“星期天先锋”参与心语鑫苑、睦邻伙伴等先锋队伍建设，充实海棠先锋队伍，凝聚社区治理合力。

7月18日，横塈江社区为入党50周年党员颁发纪念章（社会事业局　提供）

7月15日，“家在花桥·文明有我”宣传活动举行（社会事业局　提供）

10月18日，“重阳节”运动会举办（社会事业局　提供）

【社区治理】 2022年，横塍江社区以“凡星·共享空间”为阵地，成立“桃李工作室”，实行“流动办公间”工作法，发挥“时尚家·物管超市”便民作用，提供维修工具借用、闲置物品置换等便民服务913次。社区党组织将“红色物业”建设作为“书记项目”重点推进，成立“红色管家”队伍，搭建党建引领物业服务参与社区治理工作平台，结合辖区资源，常态化开展“物美家连”“便民星期五”等活动，构建共建共治共享小区微治理模式。社区建成“红管先锋”示范点5个，物业服务满意率、物业费主动缴纳率均95%以上。在辖区各小区设立“流动办公室”，社区工作人员轮流进小区“流动办公”，与辖区群众面对面座谈。形成河道整治、废旧非机动车长期占位停放等问题清单43项，完成攻坚38项，联合区职能部门进行综合性回复5项，所有问题均实现闭环管理。

【志愿服务】 2022年，横塍江社区梳理辖区党群人才、居民骨干、志愿者力量以及社区社会组织优势资源，按照科学统筹、整合资源、分类推进的原则，形成人才资源、组织资源、空间资源、服务资源等“资源清单”，有利于社区居民结合自身实际精准参与社区治理。至2022年末，鑫苑世家常态化志愿者148人，全年志愿服务时长超7万小时。

【帮扶工作】 2022年，横塍江社区落实相关政策，维护困难人群合法权益。以寒暑假、节假日为契机，组织开展“寒冬送暖，传递真情”“慰问暖童心，关爱助成长”等活动。结合大排查、大走访，开展走访慰问困难人群活动，让困难人群切身感受到关怀和温暖。全年帮扶困难人群121人。

（俞彩萍）

1月25日，“佳节尚文明·志愿关爱行”活动举行（社会事业局　提供）

枫浜社区

【概况】 辖区内有万科魅力花园、绿地滨江雅苑、浦岸花园3个小区，辖区面积3.33平方千米，户籍人口5459人，管理人口约2.3万人，有党支部1个，中共党员25名。

【党建引领】 2022年，枫浜社区引入小区物业主要负责人、社区党员、居民参与社区治理，定期召开居民座谈会、物业培训会，相互交流学习，增强物业管理人员业务技能，提升管理水平，把社区党员、物业服务企业打造成党建引领基层建设的先行队。

【社区治理】 2022年，枫浜社区以推动居民自治为目标，以提升管理服务水平为核心，在摸排调研的基础上，根据社区居民高层次、高学历、年轻化的现状与特点，举办各类培训活动，吸引社区居民参与社区治理，推动居民自治共享，引领社会治理现代化。

11月19日，万科幸福驿站举办"巾帼庆盛会·共抒家国情"主题活动（社会事业局　提供）

【志愿服务】 2022年，枫浜社区为深入推进社区"红色管家"党建引领社区治理工作项目化管理，发挥社区基层党组织推动发展、服务群众、凝心聚力、促进和谐的作用，枫浜社区成立枫浜志愿者团队、巾帼志愿者团队、文化志愿者团队、青年志愿者团队、家庭亲子志愿者团队等一系列"红色管家"志愿服务团队，全年开展志愿活动85次，参与900余人次，服务时长4500小时。

（朱　刚）

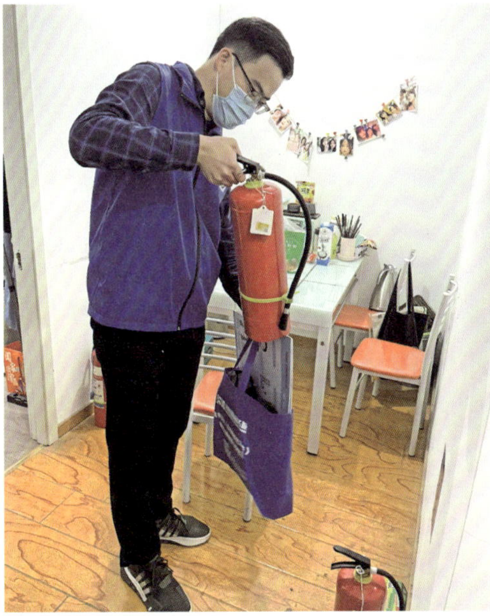

11月5日，枫浜社区网格长及党员志愿者开展夜查工作（社会事业局　提供）

横漕社区

【概况】 辖区内有都会新峰、鑫宇嘉苑、都会晶彩园等15个小区，辖区面积1.78平方千米，户籍人口3345人，管理人口约2.4万人，有党支部1个，中共党员46名。

【党建引领】 2022年，横漕社区深耕党建特色品牌“星火计划”价值升级，坚持组织融入、阵地融合、资源融汇的理念，以“先锋带头、典型引路”，抓实“根系工程”，推动落实“支部进小区”行动，围绕党群“集智堂”、“志愿者管理”、“红色楼组长”三大制度，抓实以社区“大党委”为核心的近邻党建模式，促进“星火”计划在社区治理、志愿活动等领域发挥带头作用，突破地区壁垒，形成“楼风润万家”的“区域大党建联盟”合力，全面构建“党建引领在一线、织网扎根在一线、攻坚善治在一线”的工作格局，巩固基层治理“根系结构”，进一步提升党建引领社区治理水平。

10月21日，横漕社区开展“与时俱进的昆山之路”党员红色教育活动（社会事业局　提供）

【社区治理】 2022年，横漕社区打造“一网统管＋多元共治”基层治理链，以社区党建服务网为主阵地，分区分类多元管理，以微网格聚力海棠先锋大能量，聚焦民意、民忧、实事、难事，形成四类善治菜单，通过菜单式服务精准满足居民需求，推进“我为群众办实事”实践活动。完成都会新峰东门河岸复绿，大上海小台北别墅燃气管道上阳光房拆除12户。年内获评昆山市四星级“枫桥式”社区、昆山市健康社区等。

【志愿服务】 2022年，横漕社区以新时代文明实践站为阵地，依托“178CLUB”志愿者俱乐部聚合力，前置党的活动阵地，放大党建效力，挖掘“星期天先锋”“海棠先锋”资源力量，通过先锋，动员有服务热情和特长的群众志愿者，参与文化宣传、“331”夜查、公共文明、暖心关爱等小区自治活动。

（李 伟）

徐公桥社区

【概况】 辖区内原有公桥新村、梅浦新村、徐公桥花园、星汇兰亭、天誉名邸、香悦花园等33个小区和徐公桥人才公寓1个集宿区，辖区面积4.16平方千米，户籍人口7731人，管理人口约4万人，有党支部3个，中共党员132名。年末，徐公桥社区进行区域划分，将徐公桥花园、上海裕花园、廊桥嘉苑、虹桥公馆、光明馨座、光明捷座等26个小区划分到新成立的观澜社区，区域划分后，辖区面积1.61平方千米，户籍人口5952人，管理人口约2.3万人，有党支部3个，中共党员93名。

【党建引领】 2022年，徐公桥社区党总支认真贯彻落实党的二十大精神，探索推进“根系工程”，以“彩虹公桥”党建品牌为引领，试点打造上海裕花园“支部进小区”示范点，与物业联合党支部实现共建，凝聚基层党建合力，推动资源共享、优势互补、互联互动。发挥党建1+N作用，放大“书记项目”品牌效应，赋能“红色物业”，挖掘“星期天先锋”资源力量，引导先锋力量参与垃圾分类监督、重点小区整治、出租房管理、文明城市建设，实现党建与社区发展融合共治。结合“海棠暖心”走访行动，推进“我为群众办实事”行动，着力增强为民服务能力。

9月9日，徐公桥社区“平安行动”整治活动开展（社会事业局　提供）

【社区治理】 2022年，徐公桥社区围绕“安全”主线，凝聚“党建红＋网格蓝”力量，建强网格“主力军”，推进“四进四排查”、夏季安全生产“百日攻坚”行动，打造平安社区。深化社区网格化联动工作站智慧效能，打造“金智汇”楼宇治理品牌，搭建“云调解”平台、楼宇议事会，拓展延伸治理服务触角，开展格群共治（网格群众共同治理），优化社区矛盾纠纷调解机制。年内获评昆山市五星级“枫桥式”社区、平安花桥建设先进集体、消防安全工作先进单位。

【民生工程】 2022年，徐公桥社区贯彻“民生实事为人民”理念，结合“我为群众办实事”主题活动，完成公桥别墅增设道闸、梅浦新村路灯改造、梅浦新村河道护栏增高改造等民生实事项目，推进公桥新村小区综合改造、公桥新村绿化补种、梅浦新村动迁房维修、日照中心厕所维修等项目建设，改善小区基础设施，推动道路、路灯、绿化、建筑等风貌提升。

（杜晓燕）

【帮扶工作】 2022年，徐公桥社区坚持“应保尽保”方针，聚焦“多元化”服务需求，精准提供救助对象基本公共服务。至年末，享受城乡低保3户3人，城乡低保边缘1人，共计发放救助金6.6万余元；困境儿童8人（新增3人），发放补贴6万余元；尊老金发放金额10万余元；大病救助7人，救助金额4.2万余元；适老化改造6户，居家养老服务2.5千余人次；服务辖区残疾对象80余人，协助办理白内障补贴、残疾证申办、辅助器具补贴、教育助学、流量补贴和无业社保等事项；开展重阳、春节慰问等老年人关爱活动。

（王维红）

新安社区

【概况】 辖区内有曹安村5组、曹安村12组2个未拆迁完的自然村，曹新花园1个动迁别墅区，庞家浜新村、米筛巷花园、新安花园、胜巷新村4个动迁安置小区，招

11月16日，新安社区在鑫都汇消防安全示范街开展安全便民活动（新安社区　提供）

商新村、世纪华城、中宇广场、中宇花苑等11个开发商小区，辖区面积1.23平方千米，户籍人口6269人，管理人口约1.8万人，有党总支1个，下设党支部3个，中共党员93名。

【党建引领】 2022年，新安社区党总支立足“凝心聚力”党建品牌，依托“心守护”书记项目，推进“支部进小区”专项行动，建立庞家浜“您·心”党支部、鑫都汇“鑫火微光”党支部、金都安亭小区党支部，符合条件的物业小区党组织覆盖率100%。探索党建引领新模式，以庞家浜新村为试点小区，以“为您，从心出发”为核心理念，携手“红管先锋”组建先锋队伍5支，打造“暖阳之家”党建阵地，发挥“银龄角”“童趣园”特色功能室，开展服务“一老一小”主题活动。年内，庞家浜新村创建苏州市示范物业管理项目、苏州市“红管先锋”党建项目工作示范点。

【社区治理】 2022年，新安社区将支部

10月23日，庞家浜新村暖阳之家“心廉新”廉洁文化活动举行（新安社区　提供）

建在网格上，以党员带头、居民聚力，共同打赢疫情防控阻击战，开展辖区内群租房、商铺常态化消防安全检查。深化“平安蓝盾”志愿团队建设，完成24家商铺“瓶改电”，完成鑫都汇消防示范街验收。完成秦家宅、陆家宅、曹新花园别墅区环境卫生整治工作。在胜巷新村、庞家浜等小区设立红管先锋“暖阳议事”调解平台，化解文明养犬、邻里纠纷、垃圾分类等基层治理矛盾纠纷140余件。

【志愿服务】 2022年，新安社区采取“一核多元”联动模式，以党组织为核心，发动党员、物业、热心居民184人成立“暖阳行动”志愿者队伍，为社区志愿者队伍注入新能量，开展便民服务、政策宣传等各类志愿服务33次，累计服务时长2.6万小时。

【民生工程】 2022年，新安社区完成胜巷新村日间照料中心提升改造、胜巷新村综合服务中心墙面维修、新安花园消防通道改造等项目，完成活动场所、小区公共部位维修4000余平方米，基础设施提升改造5处，增设车位20余个，居民房屋维修161户。胜巷日间照料中心舞蹈室、阅览室、观影室、棋牌室、活动室等基础设施设备提档升级。

（张倩倩）

星浜社区

【概况】 辖区内原有星浜别墅区、大光商墅、中城花园（包括嘉景庭、御景庭）、大上海国际商贸中心、绿地世纪雅苑、四季花园、中桥人才公寓、宏图国际花苑、宏图国际公寓、名俊豪庭、泗泾湾家园、宝家丽公寓、智慧城、永泰大厦14个小区。辖区面积7.01平方千米，户籍人口5682人，管理人口约3.4万人，有党支部1个，中共党员37名。年末，星浜社区进行区域划分，将中桥人才公寓、宏图国际花苑、宏图国际公寓、名俊豪庭、泗泾湾家园、宝家丽公寓、智慧城、永泰大厦8个小区划分到新成立的泗泾社区。区域划分后，辖区面积6.04平方千米，户籍人口3599人，管理人口约2.2万人，有党支部1个，中共党员26名。

【党建引领】 2022年，星浜社区以党建为关键、以服务为重点、以居民自治为方向、以维护稳定为基础，开展书记项目，发挥党建引领作用，开展家安工程、乐居工程、洁净工程、聚力工程，从消除消防隐患、提高服务水平、提升人居环境、发挥党员先锋模范作用四方面提升星浜社区综合水平。打造“星引领、浜万家”品牌项目，围绕干部敢作敢为、为民服务的初心，着力构建“星力量”“星阵地”“星治理”“星服务”“星活动”五星工程，着重推进支部进小区、居民参与治理的工作氛围，推动社区居民素养提升，居住环境改善。

【社区治理】 2022年，星浜社区统筹聚合力，以“星引领、浜万家”党建工作体系为统领，探索形成党支部、居委会、物业、业委会、居民、志愿团队“六方协调”的社区治理新模式。聚焦社区居民多元需求，搭建服务平台，破解社区治理“最后一米”难题。通过“一事一议一处理一反馈”暖心议事机制，解决社区居民难题。整合楼道长与志愿者，形成联动机制，编织覆盖全社区联系网。开展出租“样板房”大比拼活动，打造5间出租样板间在全社区推广；召开燃气安全协商议事会，结合液化气钢瓶专项整治行动，纾解商品房小区使用液化气钢瓶问题。

【志愿服务】 2022年，星浜社区弘扬“奉献、友爱、互助、进步”志愿服务精神，建立社区志愿服务队。招募300余位志愿者参与新冠病毒疫情防控志愿活动80余场。

星浜社区党群服务中心（便民大厅）（社会事业局　提供）

8月19日，星浜社区开展沿街店铺消防安全检查（社会事业局　提供）

【民生工程】 2022年，星浜社区根据社区老年群体需要，定期开展磨剪刀、自行车修理、衣物缝补等免费便民服务项目。通过"假期加油包"项目为辖区内青少年开展一系列增能活动，提升青少年儿童实践能力等综合素质水平。开展"学党史""书香阅读"等文体活动，提升居民文化素养。通过"乐居工程"项目，每季度开展健康义诊服务日活动，链接医疗资源，提供测血压、测血糖、口腔检查、白内障筛查、中医问诊、用药咨询等服务，服务154人次。

（孙丽雯）

绿地社区

【概况】 辖区内有绿地国际家园（A区、B区、C区、D区、E区）、孝贤景苑、孝贤雅苑、春华里等8个小区，辖区面积3.2平方千米，户籍人口3854人，管理人口约

1.8万人，有党总支1个，下设党支部2个，中共党员99名。

【党建引领】 2022年，绿地社区党总支深化“五治融合幸福绿地”党建品牌，通过“政治、自治、法治、德治、智治”融合，打造共建共治共享的社区治理新格局，着力提升社区治理效能。以“社区党建+”工作模式，推进组织扎根，推动成立小区党支部、网格党支部，扩大组织覆盖面和工作覆盖面；以“党建带社建”，建设以党总支为核心、群团组织为纽带、各类社会组织为依托的社区群众工作体系。完善基层群众自治机制，发挥居民公约自律规范作用，践行全过程人民民主理念。绿地国际家园A区被评为2022年度苏州市党建引领物业管理服务工作示范点。

【社区治理】 2022年，绿地社区在垃圾分类方面组建“自治先锋队”，通过设立社区书记、物业经理、督导员三级“亭长制”，紧盯“投放点”，瞄准“问题点”，把牢“时间点”，定时开展小区巡查，引导居民规范分类，发现并整改问题100余个。组建“党

10月12日，绿地社区自治先锋队开展环境整治行动（社会事业局　提供）

员小河长先锋队伍”，开展“家在河湖边，护水我争先”主题活动，巡河25次。成立“绿地治安服务志愿者”队伍，开展风险隐患排查140余次，源头化解矛盾纠纷，倡导规范停车、文明遛狗，督促不文明行为等。成立由老党员、老模范等组成的“平安志愿者队伍”，开展宣传60余次，发放反电诈、禁毒、扫黑除恶等宣传资料9000余份。

【小区自治】 2022年，绿地社区构建以社区党组织为核心、多元力量参与共治的基层治理体系，发挥社区“大党委”机制优势，形成共建共治强大合力，召开联席会议，听取居民意见，共同讨论解决社区管理中的重难点问题，解决水泵更换、树木修剪、污水倒灌等6个问题。社区党总支重点牵头，指导并完成绿地社区业委会（物管会）全覆盖。完善各项物业管理制度，理顺业主与物业服务企业之间的关系，有效化解各类物业管理矛盾，解决垃圾分类上门收运、公共区域绿化改造等难点问题，实现住宅小区民主自治管理。打造红色物业“520”工作法，坚持“5”心工作模式，建强党员和物业“2”支服务队伍，实现物业沟通“0”距离，达到党建与物业“双提升”效果。

（张　敏）

时代社区

【概况】 辖区内有启航社河东、启航社河西、鑫苑国际城市花园、U世代4个商住小区，绿地乐和城1个商业中心，辖区面积1.16平方千米，户籍人口7650人，管理人口约3万人，有党支部1个，中共党员34名。

【党建引领】 2022年，时代社区党支部以“支部进小区”为契机，健全建强基层治理“最后一千米”，以“红旗帜·炫生活”党建品牌为抓手，深化“一长四员”（网格长、环境卫士员、治安先锋员、小区气象员、宠物监督员）管理网，结合社区大党委，进一步完善社区现有组织体系，为小区治理提供强大组织支撑，不断巩固党在基层一线的执政根基，全面提升社区治理体系和治理能力现代化建设水平。通过“益家人”—党建红旗帜、“益家和”—妇联半边天、“益家事”—周姐议事角、“益家兴”—团建未来星，升华“人、和、事、兴”，打造服务型、创新型党组织。

【楼道治理】 2022年，时代社区立足“睦

9月29日，时代社区“我们的节日”重阳主题活动开展（社会事业局 提供）

邻、互助、自治”三个梯次目标，强化楼栋建设。以“一楼一长”责任制开展入户走访，排摸登记有“居民领袖”潜质、有消除不文明现象想法和有本楼栋治理想法的居民；以“一楼一图”工作制掌握居民结构，发掘楼道党建吸引居民参与“兴趣点”；以“一楼一景”推进制建设和谐楼道，探索培育居民领袖，带动居民自治；以“一楼一品”品牌制梳理好人好事，探索打造“建点、成线、连片”特色楼道的可复制性，建成睦邻先锋特色楼道3个。

【志愿服务】 2022年，时代社区“美帽阿姨”群众活动组织成员增至45名，其中产生楼道长16名、“善行义举榜”2名、“最美家庭”1户。依托社区“党群志愿公益坊”开展志愿活动，参与社区治理，传递构建和谐社区理念。

【居民团体孵化】 2022年，时代社区成立“左邻右舍”行动支部，加快推进“新老花桥人融入”，干部牵头整合辖区文化资源，同频使用上海结对共建资源。组织有相同爱好的居民成立相应团队，把党员、

时代社区党群服务中心（社会事业局 提供）

"居民领袖"培养为团队"领头羊"，把居民需求作为文体活动灵感来源，探索文化活动新形式、新内容，拓展参加社区文体活动对象普及面，至年末成立文体团队13支。

（李　明、戴晓晴）

聚杨社区

【概况】 辖区内有滨江裕花园、建滔裕园、国基城邦等7个小区及1个商办区，辖区面积2.71平方千米，户籍人口5234人，管理人口约2.8万人，有党支部1个，中共党员27名。

【党建引领】 2022年，聚杨社区以党建引领、数字赋能，结合创建省级数字商务试点社区，探索推进滨江裕花园"e"家人党群服务点建设。组建"聚杨 E 家"先锋服务队，深化"大党委"机制，联合辖区医院、学校、社区集等单位党组织构建共建共治共享格局。建立“云”支部，实施党员“三大工作机制”（结对服务工作机制、重点工作协同机制、定期通报反馈机制），发挥“行动支部、星期天党员”作用，将数字化融入垃圾分类、文明城市建设、扫黑除恶等社区工作中，让“有事找支部”成为老百姓的第一选择。

（张　敏、张丽莉）

【社区治理】 2022年，聚杨社区坚持“数据多跑腿，群众少跑路”理念，深化“i聚杨”云上数字平台建设，融合智慧党建、智慧安防、智慧物业、智慧生活功能，整合生活缴费、交通出行、医疗服务、物业管理等高频服务事项，让居民足不出户即可享受便捷缴费、政务服务、在线问诊、在线查询、快速报修服务。打造线下e服务区，搭载e览无余、服务e站、e享生活、e气风发、e呼百应及昆之城e站6个功能服务区，以“红色物业”联席制度、“小杨帮你忙”居民议事等工作制度，及时解决疫情防控、物业管理、消防安全等突出问题32个。线上借助社区智慧平台，定期推送政策法规、公益活动等居民关心的热点

1月21日，冬春火灾应急演练活动举行（社会事业局　提供）

信息145条，收集处理物业报修、民生诉求等方面问题78项。通过线上与线下相结合，解决小区治理难题，让“数字”融入社区治理，以党建引领促进服务品质大提升。

（杨晓燕、张　敏）

新增社区

【延祥社区】　2022年末成立，辖区内有棕榈湾花园、常发香城湾、德馨嘉苑、光华时代4个小区和花溪人才公寓1个集宿区，辖区面积0.79平方千米，户籍人口4959人，管理人口约2万人，有党支部1个，中共党员30名。

（秦　艳）

【金城基社区】　2022年末成立，辖区内有嘉宝梦之晨花园、梦之悦花园2个小区和梦世界1个商业综合体，辖区面积1.32平方千米，户籍人口1864人，管理人口约1.2万人，有党支部1个，中共党员12名。

（徐　燕）

【泗泾社区】　2022年末成立，辖区内有名俊豪庭、泗泾湾家园、宏图国际花苑、宏图国际公寓、宝家丽公寓5个小区和智慧城、永泰大厦、中桥人才公寓3个商业楼宇，辖区面积0.97平方千米，户籍人口1634人，管理人口约1.3万人，有党支部1个，中共党员15名。

（陆文君）

【观澜社区】　2022年末成立，辖区内有徐公桥花园、上海裕花园、光明捷座、光明馨座、虹桥公馆、廊桥嘉苑6个小区和游站未来城、中茵国际花园、中信广场、汇金大厦等20个商业楼宇，辖区面积2.49平方千米，户籍人口1779人，管理人口约2万人，有党支部1个，中共党员47名。

（曹　静）

花桥国际商务城
HUAQIAO INTERNATIONAL SERVICE BUSINESS PARK

人物·荣誉

年度人物

昆山市担当作为好干部

【王颉】 1979年11月生，籍贯江苏昆山，中共党员，花桥经济开发区经济发展促进局（招商局）局长。面对严峻复杂的外部发展环境和超出预期的多重压力挑战，王颉带领经济发展促进局干部职工积极应对，担当实干，不畏困难，奋力推动经济发展稳中有进。新冠病毒疫情期间，王颉及时组织完善企业防控，发动企业员工完成防疫员培训272人次，组织企业组完成核酸检测近140次，采样超90万人次。协助35家企业680车次申请货运补贴总计34万元。紧盯重大产业项目建设进程，推动9个昆山市级重大产业项目完成年度建设目标。全年招引注册落户项目45个，其中新增注册资本超亿美元项目2个，内资超亿元项目8个；帮助蒂森集团在华新注册投资项目落户，实现花桥世界500强企业“零突破”。实现省“专精特新”中小企业历史性突破；助力产业园区建设破局，盘活晨风集团存量资源，打造数字时尚创意产业园，两岸数字文娱产业园开园，易商产业园开工建设；一批纵向布局、垂直集聚的高端楼宇加速崛起，培育税收“亿元楼”8栋。2022年，获评昆山市2021年度担当作为好干部。

（刘　伟）

王颉（经济发展促进局　提供）

昆山好人

【蒋泞骏】 女，1986年7月生，籍贯四川苍溪，中共党员，昆山子语诺商贸有限公司董事长，上海骏孟商贸有限公司总经理。2012年创业初期，公司在昆山只有1个仓库；2015年战略转至花桥，在花桥成立昆山子语诺商贸有限公司；至2022年末，公司在昆山、广州、成都、武汉、山西、新疆等地建立7个直营仓库和14个外包仓库，总面积约8万平方米，年服务包裹2000万个，2022年销售额达8亿元，连续6年在同行业销售排名第一。2020年，公司成立党支部，蒋泞骏响应党的号召，亮出党员身份，参加政府扶贫项目和社会慈善活动，注册农林坊帮助陕贵川农户销售农产品，前往贵州山区参与助学项目。新冠病毒疫情期间，公司党支部成立抗疫志愿先锋队，协助社区做好核酸检测工作，捐赠防护物资及生活物资，在没有效益产出的情况下，蒋泞骏奔走各个银行寻求贷款，通过房屋抵押等方式筹集200万元资金为员工发放薪资。先后获苏州市“最美劳动者”、爱满苏城第六届苏州市“最美家庭”等荣誉。2022年，获“昆山好人”诚实守信类称号。

（沈丽琳）

蒋泞骏（党群工作部 提供）

【张慧玲】 女，1973年8月生，籍贯内蒙古包头，教育硕士，昆山花桥国际商务城中等专业学校发展处主任、教师。昆山花桥国际商务城中等专业学校是中国孔子基金会“孔子学堂”在江苏省开设的第一家职业学校，也是团中央授牌的“青年之声国学教育示范基地”。张慧玲作为该基地的

张慧玲（党群工作部　提供）

主要负责人，自2015年起，致力于国学传统文化的研究和推广，以经典诵读为抓手、课题研究为依托，探索实践“环境浸润、课程引领、活动践行、社团建设、服务社会”的育人模式，实现“以文化人”的育人目标，带领团队教师打造学校特色品牌。她深耕职教语文课堂教学，以研促教，提炼出“四步法分层次诵读”诗歌教学法，探索语文教学发展路径。从教26年来，先后获江苏省教科研先进个人、苏州市学科带头人、苏州市优秀教育工作者、苏州市职业教育先进个人、苏州市教科研先进个人、昆山市学术带头人等称号。2022年，获“昆山好人”敬业奉献类称号。

（沈丽琳）

【方东】 1975年1月生，籍贯江苏昆山，中共党员，昆山市中西医结合医院党总支书记、院长。作为一名医务工作者，他从医30载，牢记“大医精诚”誓言，对医技精益求精，对患者一腔热情；作为一名医院管理者，他恪尽职守，心系员工，是员工心中的好院长；作为一名中共党员，他坚守初心，甘于奉献，时刻发挥党员先锋模范作用。他忙碌于门诊、穿梭于病房和手术间，他勤于学习和思考，带领医院发展步上新的台阶，他无偿捐献造血干细胞，

方东（党群工作部　提供）

他用自己的一言一行带动着身边的每一个人。先后获苏州市、昆山市卫生局优秀共产党员。2022年，获“昆山好人”乐于助人类（昆山市造血干细胞捐献团队）称号。

（沈丽琳）

昆山市最美志愿者

【张慧】 女，1963年12月生，籍贯江苏启东。她是花桥聚福社区可逸兰亭小区的一名业主。2019年初，她发现小区物业与居民沟通不畅，在社区居委会的支持下，牵头成立小区物业监督组，及时反馈物业服务质量问题，小区物业管理服务水平显著提升。她是推动社区治理的“好帮手”，无论盛夏还是寒冬，始终坚守岗位，用亲切的笑容和真挚的热情服务每一位居民，助力社区精神文明建设。她是助人为乐的“热心肠”、群众亲切的“办事员”、解答政策的“宣传员”、化解矛盾的“调解员”，无论是在疫情期间还是在平时生活中，始终是居民与社区之间的“纽带”，尽心尽力为小区的平安稳定贡献自己的力量。她是小区志愿服务的“领袖”，带领微光志愿者服务队挺身而出，不断创造“舍小爱·为大爱”的动人故事。2022年，获“昆山市最美志愿者”称号。

（沈丽琳）

张慧（党群工作部　提供）

昆山之友“并蒂莲奖”

【车大志】 1969年2月生，籍贯四川，本科毕业于清华大学，并获得美国华盛顿州立大学材料科学和信息科学双硕士学位，苏州兆凯电子有限公司总经理。是从硅谷回国的集成电路芯片研发和管理专家，具有26年芯片产业的工作及创业经验，开

车大志（科学技术局　提供）

发并量产模拟和射频芯片20余款。1996年加入美国高通公司，主持研发并量产世界第一个CDMA模拟芯片、第一个3G（WCDMA）模拟和基带芯片等多款芯片。其研发的片上系统芯片，累计销售额超1亿美元。领导多个模拟芯片研发团队，开发中国标准的4G芯片、卫星通信芯片等多款芯片。2019年在花桥创立苏州兆凯电子有限公司，开发国内领先的应用于人工智能和数据中心的高速数据接口芯片和IP。2022年，获第二十八批昆山之友“并蒂莲奖”。

（徐玉霞）

【万伊文】 女，1973年2月生，籍贯上海，康成投资（中国）有限公司财务总经理。昆山润华商业有限公司为康成投资（中国）有限公司在昆山设立的全资子公司，企业品牌在昆山地区为大润发。昆山润华自2018年以来，连续四年被评为苏州市级总部企业，2021年完成营业额75.5亿元，各项税费1.36亿元，其中昆山总部纳税1862万元，是昆山服务贸易行业的重要力量。在新冠病毒疫情期间，大润发为保障民生供应、保供稳市做出重要贡献。2022年，万伊文获第二十八批昆山之友“并蒂莲奖”。

（刘　伟）

万伊文（经济发展促进局　提供）

【林哲莹】 1964年11月生，籍贯北京，古玉资本创始合伙人、古玉浩庭实际控制人，从业20余年，拥有丰富的投资和管理经验。古玉浩庭及其关联方入驻昆山以来，对昆山的税收贡献突出。古玉浩庭管理基金古玉鼎若定位于昆山，基金规模超过23亿元，至年末，投资昆山地区项目总额超过5亿元。林哲莹为昆山引入航天时代飞鹏

林哲莹（金融业发展办公室　提供）

大型无人机项目。该项目致力于为民用、军用客户提供公斤级及1—3吨级大型无人运输机系统，取得中国民用航空局颁发的适航证，并完成中国民用航空局3条航线试运营，实现在物流运输、农林植保、应急救援等领域商用落地。航天时代飞鹏由古玉引领落户昆山，实现“技术、产业、资本”的全面融合。航天时代飞鹏作为古玉资本和古玉鼎若基金在智慧供应链领域的重要投资和产业布局，为昆山数智物流和智慧城市注入强劲动能。2022年，林哲莹获第二十八批昆山之友“并蒂莲奖”。

（沈宜霏）

【刘泽峰】 1979年9月生，籍贯北京，航天时代飞鹏有限公司总经理。2020年12月，组织团队在花桥创立航天时代飞鹏有限公司。公司是集无人运输机系统研发设计、生产制造、特殊场景运营于一体的航空航天高科技企业，是基于无人运输的数字智能立体交通产业链链长，同时也是江苏省首批科技成果转化的典型代表。2021年，公司入选中国科协“科创中国”百强先导技术榜单。2022年，刘泽峰获第二十八批昆山之友“并蒂莲奖”。

（孙　旭）

刘泽峰（金融业发展办公室　提供）

荣誉市民“琼花奖”

【华倩】 1963年5月生，籍贯江苏无锡，苏银凯基消费金融有限公司副总裁，拥有30余年消费金融从业经验。2021年12月，华倩担任昆山市台湾同胞投资企业协会第十五届常务理事；2022年6月，担任昆山海外联谊会第六届理事会副会长，引领苏银

华倩（金融业发展办公室　提供）

消金为促进昆山当地经济建设做出突出贡献。苏银消金成立于2021年3月2日，是经中国银保监会批准设立的持牌消费金融公司，注册资本26亿元。苏银消金高度重视企业社会责任与经济责任融合发展，自成立以来向属地政府和昆山市慈善总会捐款捐物，回馈当地社会。2022年，华倩获第十三批昆山市荣誉市民“琼花奖”。

（沈宜霏）

年度荣誉

集体荣誉

表7　　2022年花桥经济开发区获集体荣誉汇总表

获奖单位	荣誉（奖项）称号	授予单位	表彰级别	获奖日期
集成指挥中心	2022年江苏省信息技术应用创新优秀解决方案	江苏省工业和信息化厅、中共江苏省委网信办、江苏省党信办	省级	11月28日
便民服务中心团支部	江苏省五四红旗团支部	共青团江苏省委	省级	4月28日
昆山银桥控股集团有限公司	江苏省内部审计探索研究型审计典型实践案例三等奖	江苏省内部审计协会	省级	12月8日
江苏花桥国际商务城博览中心有限公司	江苏省会议展览业协会抗疫特殊贡献会员企业	江苏省会议展览业协会	省级	12月8日
昆山市银桥创业投资有限公司	江苏省2021年度地方金融组织“四星示范统计单位”	中国人民银行南京分行、江苏省地方金融监督管理局、苏州市典当拍卖投资业商会	省级	4月23日

续表

获奖单位	荣誉（奖项）称号	授予单位	表彰级别	获奖日期
昆山市花桥资产经营公司（庞家浜新村项目）	2022年苏州市党建引领物业管理工作示范点	中共苏州市委组织部、中共苏州市委非公有制企业和社会组织工作委员会、中共苏州市住房和城乡建设局党组、中共苏州市物业服务行业委员会	苏州市级	12月16日
昆山市花桥镇老镇区城市更新研究项目	2022年度苏州市优秀国土空间规划奖三等奖	苏州市自然资源和规划局	苏州市级	12月7日
花桥经济开发区公交线网布局及运营服务研究		苏州市自然资源和规划局	苏州市级	12月7日
昆山市D07规划编制单元控制性详细规划		苏州市自然资源和规划局	苏州市级	12月7日
昆山市花桥资产经营公司（庞家浜新村项目）	2022年度苏州市市级示范物业管理项目	苏州市住房和城乡建设局	苏州市级	11月16日
花桥经济开发区建设局（泡泡星球童趣口袋公园）	2021年“园林杯”最美口袋公园	苏州市园林和绿化管理局	苏州市级	3月21日
昆山银桥控股集团有限公司	2021年度苏州市劳动关系和谐企业与园区	苏州市协调劳动关系三方委员会	苏州市级	11月21日
花桥经济开发区管委会	2021年度昆山市打好污染防治攻坚战贡献突出集体	中共昆山市委员会、昆山市人民政府	昆山市级	3月9日
花桥经济开发区	2017—2021年度平安昆山建设先进集体	中共昆山市委员会、昆山市人民政府	昆山市级	3月2日
花桥经济开发区	昆山市双拥先进单位	中共昆山市委员会、昆山市人民政府	昆山市级	9月19日
花桥经济开发区	昆山市“四好农村路”建设“高质量发展奖”	中共昆山市委办公室、昆山市人民政府办公室	昆山市级	7月28日
昆山银桥控股集团有限公司	2021年度市委市政府高质量发展“争先进位奖”	中共昆山市委办公室、昆山市人民政府办公室	昆山市级	2月10日

个人荣誉

表8　　2022年花桥经济开发区机关单位获个人荣誉汇总表

姓名	工作单位	荣誉（奖项）称号	授予单位	表彰级别
郑建新	社区卫生服务中心	对接上海转运专班党员先锋岗	江苏省新型冠状病毒疫情联防联控指挥部涉外协调转运组	省级
林　海	昆山市银桥创业投资有限公司	2021年度江苏省地方金融组织统计先进个人	中国人民银行南京分行、江苏省地方金融监督管理局	省级
徐　佳	昆山银桥会展服务有限公司	江苏省会展统计先进个人	江苏省会议展览业协会	省级
吴　斌	安全环保局	2021年度苏州市安全生产执法工作先进个人	苏州市应急管理局	苏州市级
张士忠	昆山市中西医结合医院	2021—2022年度苏州市结核病防治先进个人	苏州市疾病预防控制中心	苏州市级
周思远	昆山市市场监督管理局花桥经济开发区分局	2021年度苏州市食品安全工作成绩突出个人	苏州市食品安全委员会	苏州市级
蔡　锋	综合行政执法局	2021年度苏州市违法建设治理先进个人	苏州市违法建设治理行动工作专班	苏州市级
王　頔	经济发展促进局（招商局）	昆山市2021年度担当作为好干部	中共昆山市委员会、昆山市人民政府	昆山市级
施鑫宇	安全环保局	2021年度昆山市打好污染防治攻坚战贡献突出个人	中共昆山市委员会、昆山市人民政府	昆山市级
凌　翔	建设局	2021年度昆山市打好污染防治攻坚战贡献突出个人	中共昆山市委员会、昆山市人民政府	昆山市级
朱　巍	建设局	昆山市“四好农村路”示范创建工作先进个人	中共昆山市委办公室、昆山市人民政府办公室	昆山市级
马晓敏	建设局	昆山市农村公路管理养护体制改革工作先进个人	中共昆山市委办公室、昆山市人民政府办公室	昆山市级

（陆春燕）

附录

组织机构及负责人名录

中共江苏昆山花桥经济开发区工作委员会

书　记：李　晖

副书记：肖建明（2022年5月起）

委　员：肖建明（至2022年5月）

浦建宏

朱启松

景惠中

江苏昆山花桥经济开发区管理委员会

主　任：李　晖

副主任：肖建明

浦建宏

景惠中

中共江苏昆山花桥经济开发区纪律检查工作委员会

书　记：朱启松

副书记：李龙江（花桥镇党委副书记、纪委书记）

江苏昆山花桥经济开发区监察工作委员会

主　任：朱启松

副主任：李龙江（花桥镇党委副书记、纪委书记）

党政办公室

主　任：徐金龙（花桥镇党委副书记）

副主任：朱仁林（区机关党委书记，花桥镇党委委员，挂任党政办副主任，至2022年8月）

吴东海（2022年8月起任区机关党委书记，挂任党政办副主任，2022年1月起任花桥镇副镇长）

黄华兵（花桥镇党委委员，挂任党政办副主任）

机关党委

书　记：朱仁林（至2022年8月）

吴东海（2022年8月起）

党群工作部（非公有制企业和社会组织党委、人力资源和社会保障局、宣传办公室）

部　长（局长、书记）：

黄　黎

副部长（副局长）：

李　欣〔花桥镇副镇长，挂任党群工作部（人社局）副部长（副局长）〕

陶　冯〔花桥镇党委委员，挂任党群工作部（人社局）副部长（副局长）〕
张　超（花桥镇副镇长）

建设局

局　长：葛　华
副局长：张　强（花桥镇副镇长，2022年1月起参与分工）
尹　敏
凌　翔
王　祯

经济发展促进局（招商局）

局　长：王　颋
副局长：林燕斌
陈志刚（花桥镇副镇长）
王春阳
燕丽婷（花桥镇党委委员，参与分工）

科学技术局

局　长：冯卫青
副局长：陈　希
许林峰（花桥镇党委委员，参与分工）

台商投资服务办公室

主　任：顾志荣
副主任：董鑫然

社会事业局（社会事业局党委）

局　长（书记）：
邹引明
副局长（委员）：
凌燕萍（花桥街道办事处主任，挂任社会事业局副局长）
吴东海（花桥镇副镇长，挂任社会事业局副局长至2022年8月）
许　峰（曹安街道办事处主任，挂任社会事业局副局长）
顾文华
陆春新

安全生产监督管理和环境保护局

局　长：戴尹娟
副局长：沈寒冰
韩　超（花桥镇副镇长，参与分工）

便民服务中心（行政审批局）

主　任（局长）：
朱建平
副主任（副局长）：
高　颖
石荣瑞〔花桥镇二级主任科员，挂任便民服务中心（行政审批局）副主任（副局长）〕

龚芳英

综合行政执法局

局　长：胡志寰

副局长：谢　斌

许　勤

秦　枫

银桥集团（银桥党委）

董事长（书记）：

彭　良

总经理（副书记）：

黄　健

副总经理：

陈继稳

徐卫星

张建榕

史燕婷

吴清华

纪委书记：

杨志荣

中共花桥镇委员会

书　记：李　晖

副书记：岳　俊

徐金龙

李龙江

委　员：朱仁林（至2022年8月）

陶　冯

黄华兵

燕丽婷

许林峰

花桥镇人大主席团

主　席：韩晓燕（至2022年12月）

何　岩（2022年12月起花桥镇人大主席候选人）

花桥镇人民政府

镇　长：岳　俊

副镇长：吴东海（2022年1月起副镇长）

李　欣

张　强

陈志刚（2022年1月起副镇长）

张　超（2022年1月起副镇长）

韩　超（2022年1月起副镇长）

区人武部

部　长：浦建宏

副部长：顾文华

社区书记、主任

花安社区党总支书记、居委会主任：

朱红强

花溪社区党委书记、居委会主任：

杨　伟

集善社区党总支书记、居委会主任：

叶　丹

花桥社区党总支书记、居委会主任：
陈　英
天福社区党总支书记、居委会主任：
张锋敏
聚福社区党总支书记、居委会主任：
吴清华（至2022年1月）
横墅江社区党支部书记、居委会主任：
杨婷婷
枫浜社区党支部书记、居委会主任：
蒋道明（至2022年1月）
聚杨社区党支部书记、居委会主任：
杨晓燕
横漕社区党支部书记、居委会主任：
张海红
徐公桥社区党总支书记、居委会主任：
施雪峰
新安社区党总支书记、居委会主任：
陆　飞
星浜社区党支部书记、居委会主任：
孙　建
绿地社区党总支书记、居委会主任：
金　燕
时代社区党支部书记、居委会主任：
朱　琳
延祥社区筹建组组长：
徐启立（2022年11月起）
金城基社区筹建组组长：
韩　明（2022年11月起）
泗泾社区筹建组组长：
陆碧峰（2022年11月起）
观澜社区筹建组组长：
金　燕（2022年11月起）

（汤　伟、史天兰）

年度文件

表9　　2022年花桥经济开发区重要文件一览表

文号	题名	日期
昆花委〔2022〕4号	中共江苏昆山花桥经济开发区工作委员会关于区党工委党史学习教育专题民主生活会情况的通报	2022年2月24日
昆花委〔2022〕5号	关于印发《花桥经济开发区党工委管委会议事决策规则》的通知	2022年2月24日
昆花委〔2022〕6号	关于花桥经济开发区2021年度单位绩效考核结果的通报	2022年2月25日
昆花委〔2022〕7号	关于命名花桥经济开发区2021年度担当作为好干部的决定	2022年2月25日

续表

文号	题名	日期
昆花委〔2022〕9号	关于成立花桥经济开发区3·12新型冠状病毒感染的肺炎疫情应急处置领导小组的通知	2022年3月14日
昆花委〔2022〕14号	关于表彰花桥经济开发区2021年度先进个人的决定	2022年5月18日
昆花委〔2022〕18号	花桥经济开发区关于表彰全国文明城市建设工作先进集体、先进个人的决定	2022年6月30日
昆花委〔2022〕23号	关于表彰2021—2022学年优秀教育工作者的决定	2022年9月8日
昆花委〔2022〕29号	关于明确区关工委办公室职责的通知	2022年9月27日
昆花委〔2022〕30号	关于印发《花桥经济开发区纪工委监察工委主要职责、内设机构和人员配置规定》的通知	2022年9月27日
昆花委〔2022〕31号	关于调整区安全生产监督管理和环境保护局工作职责以及增设内设机构的通知	2022年9月27日
昆花政〔2022〕2号	关于对天福路3号房屋D级危房实施应急搬离的请示	2022年2月10日
昆花政〔2022〕3号	关于公布2022—2023年度花桥经济开发区电子商务培育载体的通知	2022年3月9日
昆花政〔2022〕5号	关于对2022年5处重大安全生产事故隐患项目实施区镇级挂牌督办的通知	2022年5月9日
昆花政〔2022〕14号	关于表彰2022年花桥经济开发区“最美医师”的决定	2022年8月19日

（陆春燕）

实用指南

一、公交卡办理

（一）优惠标准

1. 普通成人卡（包含互通城市）享受6折优惠；

2. 60—69周岁老人优惠卡享受3折优惠；

3. 昆山市域内九年制义务教育的中小学学生卡免费乘车；

4. 70周岁以上老人免费卡免费乘车；

5. 残疾人爱心卡免费乘车。

（二）办理材料

1. 普通成人卡：无须任何证件即可购买使用，没有户籍限制。

2. 60—69周岁老人优惠卡：本人携带身份证原件，外地户口需满足以下三个条件之一：

（1）所在居委会出具在昆居住满三

年证明；

（2）办理的居住证已满三年及以上；

（3）在昆山地区购房，且户主为办卡人（夫妻均可），凭房产证相关证件。

3. 学生卡：昆山市域内中小学学生，家长携带小孩儿本人或小孩儿照片、户口簿、学校有效证件。

4. 70周岁以上老人免费卡：本人携带身份证原件，外地户口需满足以下三个条件之一：

（1）所在居委会出具在昆居住满三年证明；

（2）办理的居住证已满三年及以上；

（3）在昆山地区购房，且户主为办卡人（夫妻均可），凭房产证相关证件。

5. 残疾人爱心卡：凭本人相关证件至昆山各区、镇残联申请。

6. 如使用本人市民卡则不用办理昆通卡。

（三）办卡、充值点

1. 昆山公交便民服务中心四个服务点：亭林路66号、客运南站点、市民文化广场点、花桥点；

2. 昆山农村商业银行各网点（仅限充值）。

（四）注意事项

1. 所办各类公交卡不记名不挂失，如遗失按新卡重新办理，旧卡将自动放入黑名单；

2. 普通成人使用市民卡直接至各充值点充值即可享受6折优惠，不用到办卡点设置开通；

3. 市民卡及昆通卡只能在昆山本地充值，无法在外地进行充值且不能进行透支消费，卡内金额透支即作为卡片报废处理。

详情请咨询昆山市市民卡公司。

咨询电话：0512−50172762。

二、天然气的开户、充值办理

办事程序：现场受理。

申报材料：

1. 天然气开户凭证原件或天然气开户发票原件；

2. 房产证复印件（第2、3页）或购房合同（第4、5页）（含姓名、地址的两页）复印件，房屋拆迁协议复印件（针对拆迁用户），预售合同第1、2、3页复印件；

3. 户主身份证复印件或户口本复印件；

4. 买卖房屋的用户，若房产证上没有过户，除以上1、3两项资料外，带好房屋买卖合同复印件；

5. 代办的话需提供代办人身份证。

办理时限：充值现场办理，开户从登记第二天开始，10个工作日内安装天然气表；机械表22个工作日之内上门安装。

办理窗口：天然气。

咨询电话：0512−57456111。

三、天然气过户办理须知

办事程序：现场受理。

申报材料：

1. 天然气IC卡；

2. 新户主身份证复印件；

3. 新户主房产证复印件或房屋买卖合同复印件；

4. 代办人携带代办人身份证；

5. 提供燃气表正面清晰照片一张。

办理时限：即办。

收费项目：无。

四、天然气补卡办理

办事程序：现场受理。

申报材料：户主身份证复印件（如是户主本人，带身份证补办即可，不是本人的需带户主身份证复印件补办）。

办理时限：即办。

收费项目：无。

五、自来水办理

咨询电话：962001。

水费查询热线：962001。

抢修服务热线：962001。

申请接水热线：962001。

六、有线电视、高清互动电视、宽带业务、中国广电5G卡的开通办理

办事程序：现场受理。

申报材料：

1. 商品房，带好户主身份证原件、房产证或买卖合同；

2. 动迁房，带好户主身份证和动迁安置单。

办理时限：带好证件，在文广网络窗口受理，办理好三天之内上门安装。

办理项目：

1. 数字电视新开户及续费；

2. 机顶盒的购买；

3. 广电宽带开户及续费；

4. 中国广电5G卡办理。

办理窗口：文广网络。

咨询电话：96296。

七、公共自行车使用指南

（一）办卡须知

1. 年龄在16周岁至70周岁；

2. 本地居民凭新版市民卡+二代身份证原件办理借车卡；

3. 非本地居民凭二代身份证或护照或台胞证等任何一种原件办理借车卡；

4. 办卡时，要填写办卡申请表，并签字确认；

5. 地址：光明路198号；

6. 电话：4006758001转3。

（二）温馨提示

1. 一张卡只能借一辆公共自行车；

2. 借车卡限由持卡者本人使用，不得转借他人；

3. 借、还车需刷卡，还车未刷卡可能会造成借车卡暂停使用3分钟，影响二次正常借车；

4. 还车时要将车稍微扶正后推入车桩再刷卡，待语音提示“还车成功，请取卡”

后，将卡收回；

5. 借车成功后30秒内推出，30秒后车会自动锁住，同时车自动进入还车未刷卡状态。

八、不动产登记

（一）不动产权证合并换证登记

1. 不动产登记申请书；

2. 申请人身份证明材料（身份证、户口或婚姻证明等相关证件。未成年人需提供监护人身份证明及监护关系证明材料）；

3. 不动产权证书（原国有土地使用证、原房屋所有权证）；

4. 申请合并登记书面材料；

5. 其他必要材料。

（二）动迁房转移登记

1. 不动产登记申请书，昆山市不动产灭失注销申请表；

2. 申请人身份证明材料（个人提供：身份证、户口或婚姻证明等相关证件。未成年人需提供监护人身份证明及监护关系证明材料。单位提供：单位组织机构代码证或营业执照或统一社会信用代码证、法定代表人身份证明及委托代理人身份证、不动产登记授权委托书。）验原件并收复印件2份，符合享受契税优惠政策的申请人提供家庭成员身份证原件及复印件1份；

3. 不动产登记单元信息表（房屋所有权初始登记证明、国有土地使用权分割转让许可证），收原件及复印件1份；

4. 原不动产权证（原房屋所有权证、原土地使用证）收原件及复印件1份；

5. 动迁协议书（包括结算清单）收原件及复印件1份（缩小成 A4纸尺寸）；

6. 购房发票验原件并收复印件1份（税务部门收取）；

7. 房屋备案明细表（拆迁许可证）收原件及复印件1份；

8. 其他必要材料。

（三）商品房转移登记

1. 不动产登记申请书；

2. 申请人身份证明材料（个人提供：身份证、户口或婚姻证明等相关证件。未成年人需提供监护人身份证明及监护关系证明材料。单位提供：单位组织机构代码证或营业执照或统一社会信用代码证、法定代表人身份证明及委托代理人身份证、不动产登记授权委托书）验原件并收复印件2份，符合享受契税优惠政策的申请人提供家庭成员身份证原件及复印件1份；

3. 不动产登记单元信息表（房屋所有权初始登记证明、国有土地使用权分割转让许可证）收原件及复印件1份；

4. 商品房购销合同收原件1件，提供合同第2、3、8页复印件1份；

5. 商品房竣工移交单（办证联）收原件及复印件1份；

6. 购房发票验原件并收复印件1份（税务部门收取）；

7. 其他必要材料。

（四）个人姓名变更登记

1. 不动产登记申请书；

2. 申请人身份证明材料（身份证、户口或婚姻证明等相关证件。未成年人需提供监护人身份证明及监护关系证明材料）；

3. 不动产权证书（原国有土地使用证、原房屋所有权证）；

4. 公安部门出具的姓名变更证明；

5. 其他必要材料。

九、民生保险

1. 保障范围：本市户籍居民，包括非本市户籍居民在昆山境内因见义勇为行为而造成的其本人的人身伤亡；本市户籍家庭日常生活的住房一套（不包括出租房屋）；本市户籍家庭基本生活设施（按清单，不包含出租房内的设施）。

2. 保障内容：（1）因自然灾害、火灾、爆炸、空中运行物坠落、交通逃逸、见义勇为、抢险救灾、溺水、触电原因而发生的人身伤亡、老年人意外骨折（男60周岁、女50周岁）；（2）因自然灾害、火灾、爆炸、空中运行物坠落原因而造成住房及基本生活设施的财产损失。

3. 办理窗口：民生保险。

咨询电话：0512—57698647。

十、重疾医疗保险

1. 保障人群：花桥镇所有户籍居民（不包括蓬朗）；

2. 保障范围：在保险期间内，重大疾病首次发病并经二级及以上医院确诊后自付医疗费用（含确诊前相关治疗费用），每人限赔偿1次。25种重疾包括：恶性肿瘤、急性心肌梗死、脑中风后遗症、重大器官移植术或造血干细胞移植术、冠状动脉搭桥术（或称冠状动脉旁路移植术）、终末期肾病（或称慢性肾功能衰竭尿毒症期）、多个肢体缺失、急性或亚急性重症肝炎、良性脑肿瘤、慢性肝功能衰竭失代偿期、脑炎后遗症或脑膜炎后遗症、深度昏迷、双耳失聪、双目失明、瘫痪、心脏瓣膜手术、严重阿尔茨海默病、严重脑损伤、严重帕金森病、严重Ⅱ度烧伤、严重原发性肺动脉高压、严重运动神经元病、语言能力丧失、重型再生障碍性贫血、主动脉手术。

十一、婴儿出生申报户口所需材料

1. 申请书；

2. 出生医学证明；

3. 父母居民户口簿；

4. 结婚证（非婚生、父母离异的除外）；

5. 政策外生育出生的人员，本人或监护人持上述材料至派出所申请；

6. 非婚生育出生的人员，出生医学证明上有父亲、母亲信息的，除上述材料外，还需提供父母抚养协议或人民法院民事调解书、非婚生育说明。申请随父落户，需一并提供具有资质的鉴定机构出具的亲子鉴定证明。

7. 申报户口登记时父母已离异的，除上述材料外，还需提供离婚证、离婚协议书或法院离婚判决书、法院离婚调解书。

8. 在国（境）外出生的人员，其父母双方或者一方为中国公民，提交国外医疗机构出具的出生医学证明、出生医学证明的翻译公证、父母居民户口簿、居民身份证、结婚证、护照、旅行证。

注：若父母民族不同，则需双方同时到场签字。

十二、关于办理社会保障（市民）卡及挂失补办须知

（一）办理新社会保障卡

1. 个人身份证原件或单位人事代理人身份证原件；

2. 个人办理提供本人手机号码，单位办理提供录用花名册及办卡人员手机号码；

3. 单位办理，若员工未领取卡片，单位人事需将未领卡片退还本窗口。

（二）挂失补办

换补卡凭本人身份证原件办理；代办，则须凭双方身份证原件办理。

办理时限：以上无特殊情况，直接制卡。

收费项目：无。

办理窗口：劳动保障（社会保障卡）。

咨询电话：0512—57698737。

十三、关于生育保险报销须知

申报材料：

（一）2021年8月前生育、流产所需材料

1. 生育报销所需材料：“江苏省昆山市职工生育保险待遇申领表”（须单位盖章）、出生医学证明、符合计划生育政策的证明材料、住院发票、出院记录（以上均需要原件、复印件）；

2. 流产、引产报销所需材料：“江苏省昆山市职工生育保险待遇申领表”（须单位盖章）、医事证明、发票、结婚证、病历等（以上都需要原件、复印件）；

3. 计生手术报销所需材料：“江苏省昆山市职工生育保险待遇申领表”（须单位盖章）、医事证明、发票等（以上都需要原件）；

4. 参保男职工报生育保险除以上材料外，另由男职工填写配偶无工作、无收入的情况说明。

仅受理企业参保人员生育报销。

（二）2021年8月后生育所需材料

1. 社保卡（激活金融功能）；

2. 围产保健卡（建卡日期页面，复印）；

3. 产检发票（原件）；

4. 住院发票（原件）；

5. 住院费用清单（原件）；

6. 出院记录（复印）；

7. 出生证（复印）；

8. 生育登记服务单（复印）。

另：流产还需要提供门诊发票（住院

提供住院发票、费用清单、出院小结）、医事证明（节育手术联系单）、结婚证（复印件）。

附：男职工报销（医疗费用补贴、男职工护理津贴）还需提供配偶未就业未参保的诚信承诺书，材料2、材料3不需要提供。

（三）办理时限：材料齐全、初审（每月1—23日）。

十四、关于失业金待遇审核的流程

（一）失业保险待遇核定条件

1. 单位和个人按规定参加失业保险，并且已履行缴费义务满1年；

2. 非因本人意愿中断就业的；

3. 已办理退工登记的；

4. 在解除或者终止劳动关系之日起60日内申请。其中，非本人意愿中断就业的失业原因是指单位解除合同、被开除、单位撤销、单位倒闭、单位终止合同。失业原因为本人辞职、自动离职、职工退休、职工升学的，无法办理。

（二）申请人自备有效身份证件和指定银行卡

申请人需提前准备自己名下的银行卡或社保卡（需提前开通金融账户功能）。

表10　　花桥经济开发区公共服务窗口办理指南一览表

<table>
<tr><th>序号</th><th>办理窗口</th><th>办理内容</th><th>办理流程</th><th>注意事项</th><th>办理时间</th></tr>
<tr><td>1</td><td>市场准入窗口</td><td>主要办理内资企业及个体工商户的登记发照、食品经营许可证换发等</td><td rowspan="5">预审材料—受理材料—办理—完成办理</td><td rowspan="5">可关注微信公众号“江苏昆山花桥经济开发区便民服务中心”，进入“办事指南”查询办理材料的准备</td><td rowspan="5">星期一至星期五（9：00—17：00）</td></tr>
<tr><td>2</td><td>投资建设窗口</td><td>主要办理立项审批、人防异地建设审批、建设工程规划许可审批、绿化审批、施工许可审批等</td></tr>
<tr><td>3</td><td>社会事务窗口</td><td>主要办理婚育证明、卫生许可证补换发及注销、民生档案查询、老年人优待证办理、残疾保障、道路运输证补换发及年度审验、烟草许可证办理等</td></tr>
<tr><td>4</td><td>公安业务窗口</td><td>主要办理户口登记、迁移及注销，身份证办理，护照及港澳通行证办理等</td></tr>
<tr><td>5</td><td>税务业务窗口</td><td>主要办理契税、纳税申报，税务登记证新办、变更及注销，代开发票等</td></tr>
</table>

表11　　花桥经济开发区护理机构（日间照料中心）一览表

序号	名称	地址	开放时间
1	花桥福利院	仓业路	—
2	花溪社区日间照料中心	花溪畔居	—
3	花安社区日间照料中心	花苑新村	9：00—16：30
4	集善社区日间照料中心	集善新村	9：00—12：00
5	聚福社区日间照料中心	黄城花园	—
6	徐公桥社区日间照料中心	梅浦新村	9：00—12：00
7	新安社区日间照料中心	胜巷新村	9：00—12：00

调 研 报 告

强化“四大功能”，厚植国际商务区发展优势

花桥作为商务区，建设发展由来已久，早在2000年12月，江苏省人民政府同意在昆山花桥设立江苏国际商务中心，是江苏省三大国际商务中心之一。2022年6月15日，苏州市委常委会会议暨专题调研昆山工作会议召开，明确提出要做强花桥国际商务区，既是对花桥建设发展的充分肯定，也对花桥提出了更高的工作要求。做强花桥国际商务区，关键是突出商务定位、彰显临沪优势，持续集聚核心功能，以“功能强”把国际商务区品牌做亮、内容做实。

一、江南小镇蝶变商务新城，做强花桥国际商务区具备现实基础

花桥经济开发区是全省首个以现代服务业为主导产业的省级开发区，自2006年启动建设以来，花桥紧扣高质量发展主题，在把握机遇中争先率先，在苦干实干中攻坚突破，在融入上海、科创产业等领域“闯”出一片新天地，不仅取得了高水平全面建成小康社会的重大成就，也为做强花桥国际商务区积累坚实基础。回顾总结花桥发展鲜明特点和比较优势，主要是“业态”“形态”“生态”三个方面。

（一）花桥有数字赋能、向新攀高的发展“业态”

树牢“大抓项目、抓大项目”鲜明导向，抢占数字经济新赛道、主赛道，以数字化提升总部经济、研发经济集聚度和能

级，数字经济、总部经济、研发经济三大产业规模均突破500亿元。数字经济方面，花桥是昆山唯一的苏州市数字经济产业园，已引进苏银消金、航天时代飞鹏、中金数据等数字经济旗舰型项目，认定苏州市数字经济入库企业160家，位列全市第一，占全市比重达48%；总部经济方面，引进恩斯克、好孩子、蒂森克虏伯等总部项目超100个，2021年实现销售额574.7亿元、税收13.3亿元；研发经济方面，依托超90万平方米科创空间，浙大新经济发展创新中心、复旦科技园等21个高端科创平台，打造汽车、时尚、航空航天、机器人、半导体设备、软件等六大研发产业。今年7月以来，接连举办数字经济产业创新集群建设推进会、易商产业园开工仪式等系列重大活动，苏银消金20亿增资发布，设立武汉大学昆山数字技术创新中心，萃锦半导体、首智新能源等一批高质量项目集中签约，花桥经济韧性动能不断彰显。

（二）花桥有开放融合、现代时尚的城市“形态”

无缝对接融入上海。立足“上海所需、花桥所能”，持续做深花桥—虹桥“双桥”联动、“亭桥鹤”城镇圈等文章，以“上海眼光”“上海味道”提升发展能级、功能品质。制定落实对接虹桥国际开放枢纽建设三年行动方案，引进上汽大众区域总部、张江跨国联合创新空间等项目；实体化运作“亭桥鹤”共建推进办，累计实施共建项目49个，一体化发展成果被国家发改委作为典型案例肯定和推广。城市格局重塑成型。规划形成“一核双轴三区”城市空间布局。“一核”，以轨交花桥站为核心，打造花桥城市中心；“双轴”，东西向沿上海轨交11号线、苏州轨交 S1线打造沪苏联动创新轴，南北向依托沿沪大道打造沿沪协同发展轴；“三区”，北部湿地公园生态区、中部智能制造创新区、南部产城融合示范区。创新空间，深度拓展。商务楼宇是商务区核心指标，花桥高楼林立，已建、在建高层建筑818栋，占全市比重近1/6，商务楼宇面积超110万平方米，楼宇经济加速崛起，培育税收“亿元楼”2栋。盘活存量资源，通过二次开发等方式建成超100万平方米的产业园空间，其中顺扬·智汇谷（一期）已入驻施宾德斯能源科技、欧朗德智能科技等项目6个，车小米、与进智能科技等项目即将入驻，正加快推进二期建设，预计3—5年内形成智能制造、新能源等产业。

（三）花桥有宜居宜业、精致舒适的综合“生态”

深化推动功能链、服务链、生态链融合互促，以优质综合生态集聚高端产业、汇聚高端人才。功能链日益完备。苏州轨交 S1线与上海轨交11号线即将在花桥无缝对接，沿沪大道对接胜利路等省际“断头路”加快建设，构建沪苏同城、内通外联的开放型交通体系。建成花桥国际博览中心、艺体馆、集成指挥中心等功能设施，启动建设中骏·世界城、花家湾等标志性城市功能。投运华东康桥国际学校、苏州外国语学校昆山校区等各类学校40所。昆山市中西医结合医院异地新建，医疗卫生机构达10家。针对花桥青年人才集聚特点（32.3万总人口中14—35周岁人口约12.9万人，占比40%），投运花溪、徐公桥、万科等高品质人才公寓3344套，投运公办托育园2家。服务链持续优化。扎实推进“放管服”改革，承接并实质性开展昆山市级行政权力事项41项，设立长三角一体化专窗，实现64项跨省通办业务，创新实施上海参保人员在昆山异地就医结算。落实领导挂钩走访制度，常态化开展走访服务。着力为产业发展提供金融支撑，引进金融投资机构764家，管理基金规模888.7亿元，依托国资平台设立古玉基金、复茂基金等9个产业基金，规模达55.3亿元。生态链优势凸显。保留8平方千米土地，建成天福国家湿地公园，湿地修复项目入选“生物多样性100+全球典型案例”。投运城市公园、街头游园等各类公园39个，全区绿化面积超2000万平方米，绿化覆盖率达40%。获评中国人居环境范例奖、省生态文明建设示范乡镇，连续6次通过国家卫生镇复审。

二、做强花桥国际商务区的重大意义以及面临的短板弱项

商务区一般指一个国家或城市里进行主要商务活动的地区，高度集中城市的经济、科技和文化力量，具备总部中枢、金融配置、商务服务、贸易流通、会议会展、咨询服务等多种功能，拥有商务楼宇、高端酒店、交通枢纽、购物中心等标志性设施。

（一）做强花桥国际商务区的重大意义

1. 有利于主动服务和融入国家战略，形成新的竞争优势。实践证明，凡是能主动服务和融入国家发展大局的重点区域，就能占据战略高点，形成新的竞争优势。比如虹桥国际商务区已成为长三角联通双循环的国际枢纽门户。做强花桥国际商务区，有利于为全市、全苏州乃至全省融入长三角一体化、联通国内国际双循环发展新格局，提供一个战略支点，使之形成新的竞争优势。

2. 有利于加速新动能代替旧动能，形成新的发展支撑。商务区是集中体现城市综合服务功能和经济发展能级的显著标志，是中心城市高端产业的增长极、经济效益的聚宝盆、创新创业的活力城。至2022年末，花桥现代服务业已经具有一定规模，但主导产业标识度还不够、产业结构不优等问题依然存在。做强花桥国际商务区将推动总部、金融、专业服务、商贸商务等

附录

高端产业集聚，形成牵引强劲、高端赋能、产出密集的区域新增长极。

3. 有利于快速突破空间发展瓶颈，形成新的发展载体。至2022年末，花桥开发强度已超68%，剩余可供开发的土地极其有限，迫切需要构建新型空间利用格局。做强花桥国际商务区将全面贯彻地上地下垂直开发、多功能复合植入、邻里式小尺度高密度发展等理念，不断提升发展集聚度，有效拓展发展空间。

（二）做强花桥国际商务区面临的短板弱项

综上所述，做强花桥国际商务区具备现实基础，但对标先进商务区，在商务功能方面，还存在一些短板、弱项，主要表现在：

1. 缺乏商务繁荣所需的品质核心商圈。虹桥商务区有建筑面积25万平方米的龙湖虹桥天街等一批高品质商业配套功能；苏州工业园区有建筑面积约182万平方米的苏州中心广场等标志性商业项目；昆山开发区有金鹰购物中心、世茂广场，昆山高新区有万象汇、九方城等核心商圈。相比之下，花桥核心商圈短板亟须补齐。

2. 缺乏商务集聚所需的专业服务业态。商务区产业功能定位一般是以吸引企业公司总部、地区总部为重点，以发展现代服务业为主导，以培育金融产业为龙头。要促进这类产业集聚，相配套的专业服务机构是不可缺少的，比如会计师事务所、律师事务所、投资顾问公司等。

3. 缺乏商务交流所需的高端活动载体。花桥临沪优势明显，交通通达度高，也拥有花桥国际博览中心等成熟载体，具备商务交流扎实的硬件支撑，但高端论坛活动、行业会议较少在花桥举办，无法吸引更多的高端商务人群。

三、强化“四大功能”，厚植国际商务区发展优势

花桥经济开发区地处沪苏交界，是沪苏同城“桥头堡”，是虹桥国际开放枢纽北向拓展带中上海延伸至江苏的第一站，当前也正融入苏州市域一体化发展，联动陆家镇等区域发展。对花桥来说，就是要放大区位优势，突出商务定位，强化重要节点、科创策源、专业服务、综合承载等“四大功能”，真正把国际商务区品牌做亮、内容做实。

（一）坚持“东接西融”双向发力，强化重要节点功能

重要节点，一方面来源于花桥独特的区位优势，另一方面也彰显花桥在昆山乃至苏州市域一体化发展中的战略地位。“向东”更大力度对接融入上海，重点是打好虹桥—花桥“双桥”联动、“亭桥鹤”城镇圈建设“两张牌”。强化对接虹桥国际开放枢纽重要节点作用，引进一批高端总部项目、重大功能平台、专业服务机构。依

托复旦科技园、张江跨国联合创新中心等平台优势，放大花桥商务成本、楼宇资源、创新空间等优势，创新"虹桥总部—花桥基地""虹桥孵化—花桥转化"等合作路径，加大四大数字特色园区建设力度，打造集中连片的高端商务区。推动"亭桥鹤"城镇圈建设向产业联动、创新协同等方面拓展，有力推进12个共建项目。强化与上海国际汽车城分工协作，以蒂森克虏伯、诺克等为支撑，共同打造汽车研发产业未来中心。"向西"主动服务苏州市域一体化发展，当前重点是联动陆家发展，并协同金鸡湖商务区等区域发展。按照片区发展理念，融入苏州市内全域一体化发展，大力推进与陆家基层党建、交通设施、综合治理等六大方面联动发展。谋划提升海峡两岸商贸合作示范区及周边区域功能和建设管理水平，大力培育发展数字贸易、服务贸易、跨境贸易，打响两岸商贸合作"金字招牌"。协同陆家镇开展国土空间规划研究，推进城铁花桥站周边区域开发建设，做强商务，繁荣商圈。借鉴金鸡湖商务区与苏州工业园区会计服务外包示范基地共建合作等先进做法，强化与各类知名专业服务机构合作。

（二）深化创新链、产业链融合，强化科创策源功能

科创策源能力，是比科技创新要求更高的一种能力，从长远来看，更是形成新技术、造就新产业的一种能力。推动企业技术攻关，增强创新力。与国家、省、市各项科技计划、攻关计划相对接，强化企业创新主体地位，鼓励航天时代飞鹏、博实股份等龙头企业牵头组建技术攻关联合体，瞄准无人机、机器人等优势领域，集中最优秀的人才、最优质的资源进行联合攻关，力争取得一批关键核心技术攻关成果。到2025年，高新技术企业达230家，万人专利拥有量超过同期全市平均水平。助力创新成果产业化，提升开拓力。融入吴淞江科创带、沿沪宁创新带建设，放大复旦科技园、顺扬·智汇谷等科创载体聚合效应，联动陆家镇医疗器械高端制造系统创新服务平台、华成智能机器人产业园等载体集聚创新资源，更好为各类人才提供施展才华、实现价值的舞台。到2025年，高效运作科创空间超100万平方米，新增创新平台10个、异地孵化器5个，新型研发机构实现零的突破。支持小微科技企业，强化支撑力。花桥拥有数量众多的小微科技型企业，这些企业往往具有轻资产、成长初期盈利难等特点，在企业发展的关键阶段，资金是重要的支撑力量。大力引进科技金融、股权投资等项目，到2025年，新增法人金融机构2家，新增金融投资机构120家。探索创投风投专项奖补政策，制定落实科技信贷"白名单"制度，引导商业银行加大信贷投放力度，助力科技型企业信贷融资。

（三）探索布局“一中心三平台”，强化专业服务功能

以提升产业发展智力化、资本化、专业化、效率化为导向，大力发展高端专业服务业，探索高端专业服务业集聚区建设。高端专业服务业一般指从传统服务业中分化出来、以知识为基础的服务业，属于知识型、高附加值、高层次服务业，主要包括法律服务、会计审计及税务服务、咨询服务、广告服务、人力资源服务等细分行业。高端专业服务业集聚区建设重点布局“一中心三平台”建设，“一中心”指专业服务创新创意中心，重点引进文化创意、高端咨询等创新创意机构，当前重点以晨风集团为龙头，导入Comme Moi时尚服装中国区总部项目，打造数字时尚创意产业园；“三平台”指商务咨询平台、科技服务平台、行业论坛平台。商务咨询平台，深化与戴德梁行、仲量联行等“四大所、五大行”专业机构合作；科技服务平台，放大武汉大学昆山数字技术创新中心、花桥杜克创新合作联盟等示范效应，集聚一批技术转移、知识产权等机构；行业论坛平台，探索市场化、机制化的商业论坛、会议运作模式，申办、举办一批行业会议、高峰论坛、研讨交流等活动。

（四）系统优化商务发展环境，强化综合承载功能

综合承载能力体现为一定时期内区域资源能源、基础设施、公共服务等支撑服务能力，包括各类基础设施、公共服务等。打造面向未来的城市中心。以“出沪入花”更美好为目标，推进轨交沿线TOD综合性开发，加快建设中骏·世界城、研祥金融大厦等标志性功能，打造站城一体、商务汇聚、功能复合的城市门户。以花家湾、花忆江南等为支撑，布局新商业、新功能、新业态，建设可休憩可消费的滨水城市客厅。到2025年，新增商业综合体2个、四星级以上酒店2个、办公面积26万平方米。布局功能多元的特色街区。推动游站、光明路沿线等商业载体改造提升，引入国际化、高水平零售品牌，建设一批数字商圈、商业街区。深化天福国家湿地公园保护性开发，携手陆家镇未来智慧田园，协同打造融合科普宣教、生态观光和农业科技创新的农文旅示范街区。以“城市精细化管理年”为抓手，大力实施绿化景观提升工程，加快口袋公园、慢行步道等建设。拓展数字赋能的消费场景。聚焦网络消费、绿色消费、智能消费、时尚消费等新热点，紧盯体验经济、首发经济、夜间经济等新业态，推进海峡两岸商贸示范区台湾商品城项目，打造集新零售消费与生活体验于一体的直播电商国际贸易城；放大聚杨社区省级数字商务试点社区示范效应，推广“商业进社区”等新型消费模式；盘活金卫广场及周边楼宇资源，引入契合青年需求的

特色餐饮、娱乐休闲等功能，打造青年社交聚能场。

（课题承担单位：花桥经济开发区管理委员会、商务城研究会；课题负责人：李晖、唐乃新、吴东海、刘学明、温巧敏、瞿秦、王高桦、袁毅）

关于以高质量平台建设激发创新活力的思考

为落实做强花桥商务区的目标，深化改革开放成效，做强做大各类平台，加强协同合作、联动创新，在国资集体资产改革、重大项目产业化、科创平台提质增效、两岸金融创新、营商环境优化上做出实效、形成亮点，以创新激活澎湃动力、拓展发展空间，在深化改革开放上争做示范。

一、现状

（一）打造国资平台，资源配置显成效

持续发挥国资在提升现有楼宇、老工业区资源改造方面的积极作用，加快打造高能级产业平台，为区域产业集群聚势赋能，至2022年末，银桥集团管理园区数量为8个，总面积超30万平方米，载体类型涵盖办公、研发、厂房、公寓、商配等，落户企业超500家。国有资产经营改革发展取得明显成效，截至2022年底，集团管理总资产219.22亿元，全年实现总收入12.03亿元，比上年增长7.20%。

（二）打造产业化平台，集群发展高赋能

以产业集聚为发展目标，打造高能级产业化平台，促进资源整合，培育新兴产业。至2022年末，花桥有企业总部超100家，主要有恩斯克、润华商业、华住集团、东方雨虹、歌斐资产、诺亚等企业，年产值约600亿元。研发经济主要涉及7大产业，分别为软件研发产业、集成电路研发产业、汽车研发产业、机器人及高端装备研发产业、航空研发产业、生物医药研发产业、时尚设计研发产业等，涉及规模型重点研发企业超百家，合计产值超200亿元。依托"昆山海峡两岸电子商务经济合作实验区"，建设以两岸电子商务为特色的产业集聚区，引进好孩子、地素时尚、屈臣氏等电子商务企业228家，注册资本超14亿元。

（三）打造创新平台，发展要素促集聚

瞄准科技前沿和产业发展战略需求，布局建设重大创新平台，推动"孵化器—加速器—科技园区"科技创业孵化链条建设，打造一批具有影响力的创新创业载体。至2022年末，花桥累计运营科创空间超100万平方米，有效高新技术企业157家，引进

昆山市级以上高层次人才172人，已建科创平台21家。21个平台集聚人才科创企业302家，认定高新技术企业27家，其中国家级人才13人，省双创人才4人，姑苏领军人才18人，昆山双创人才63人，发明专利申请252件。

（四）打造两岸金融平台，合作交流再深化

借助金改区的发展“东风”，花桥围绕金融服务业招商深耕多年，基本形成了以私募基金为主、多种金融机构并存、功能互补的金融产业体系。2021年，省内第一家、全国第三家两岸合资消费金融公司——苏银消金开业运营，并在年内完成20亿元增资。截至2022年，花桥累计引进诺亚财富、高瓴资本、歌斐资产、中盛资产、各银行机构及金融中介机构等金融投资机构823家。其中，集聚基金及持股平台623家，管理公司156家，管理基金总规模1006.09亿元。

（五）打造政务平台，数字政府强效能

夯实服务基础，打造政务平台，是深化行政审批制度改革、加强行政管理、整合行政资源、降低行政成本、提高行政效率的客观需求。围绕民生高频事项，通过流程再造、并联审批、一次集中办理，累计开展餐饮、超市、人力资源等10多个行业“一业一证”改革。推出包括出生、结婚、退休等个人事项，预包装食品销售企业、餐饮公司及美容美发等企业开办多个“一件事”套餐服务。

二、分析问题

（一）参考案例

虹桥国际中央商务区是虹桥国际开放枢纽的核心区，是上海服务构建新发展格局、推进落实长三角一体化发展国家战略、全面强化“四大功能”、加快发展“五型经济”的重要承载区。

“十三五”期间，商务区由开发建设阶段进入功能打造阶段，大交通、大商务、大会展功能逐渐显现，其中，大商务集聚效应初步显现，核心区重点区域基本建成，349栋楼宇结构封顶，封顶率达99%；竣工面积485万平方米，竣工率达83%。招商引资和企业入驻进入高峰期，截至2020年末，商务区入驻法人企业4.9万家，集聚国内外具有总部功能的企业357家，其中内资总部类及上市公司239家，外资总部类企业118家。重点打造虹桥进口商品展示交易中心、长三角电子商务中心、虹桥海外贸易中心等18家具有特色的产业园区，长三角会商旅文体联动平台、虹桥品牌（商标）创新创业中心、虹桥绿谷 WE—硅谷人工智能（上海）中心等7家特色楼宇。

2022年，上海市人民政府办公厅印发《关于支持虹桥国际中央商务区进一步提升能级的若干政策措施》的通知要求，深化改革开放要进一步强化“大商务”功能，加快建设一流的国际化中央商务区和开放共享的国际贸易中心新平台。一是支持虹桥国际中央商务区内符合条件的企业开展离岸经贸业务，进一步扩大离岸经贸企业“白名单”。鼓励商业银行提供基于自由贸易账户的跨境金融服务便利，优化非自由贸易账户离岸贸易资金结算。二是在虹桥国际中央商务区设立线上线下相结合的企业“走出去”一站式服务窗口。在虹桥海外贸易中心加挂“上海市‘一带一路’综合服务中心”牌子，强化对共建“一带一路”贸易投资促进功能。着力强化要素支撑和政策保障，进一步提升资源配置功能。一是支持虹桥国际中央商务区内符合条件的区域基础性开发项目申报地方政府专项债券。二是支持市级新设立的政府出资产业投资基金落户虹桥国际中央商务区。三是按照职住平衡原则，通过新建、配建、改建等方式，加快在虹桥国际中央商务区增加保障性租赁住房供应，主要安排在核心区、轨道交通站点附近、产业园区及周边等区域，在土地供应、规划调整、政策标准等方面给予支持，引导产城人融合、人地房联动。四是强化虹桥国际中央商务区与虹桥涉外贸易中心等周边区域在政策保障等方面的联动发展。

上海是全方位开放的前沿窗口，此案例在金融贸易、基金设立、营商环境等方面提供了参考借鉴，在提升能级上树立典型，对建设花桥国际商务区影响深远、意义重大。对标先进，我们需要认清优势、补齐短板，在“平台强”目标上持续发力、久久为功，不断集聚创新要素、激发开放动能。

（二）发展启示

1. 对接融入上海优势明显。作为对接上海的“桥头堡”，花桥的发展离不开上海资源的溢出，依托虹桥国际开放枢纽中央商务区建设，形成一流的国际化中央商务区、开放共享的国际贸易中心新平台、全球高端资源要素配置新通道、高品质的国际化新城区、引领区域协同发展新引擎的“一区五新”发展框架，花桥享受“大树底下好乘凉”的便利，在商务、贸易、科创、会展、交通等方向上大有可为。

2. 两岸金融创新率先探路。全省首家外资商业保理公司——昆山天雄商业保理、首家台资银行大陆同城支行——彰化银行昆山花桥支行先后落户，在两岸金融建设上先试先行且卓有成效。持续提升服务实体能力，落实“昆台融”台企信贷产品，多渠道为台企提供资金支持，在融资层面推动企业扩大产线、加大产能，加快台企壮大发展。

3. 政务服务不断提速。政务服务平台建设良好，依托“一网、两端、一中心”基本架构，强化主动服务、智慧服务两个能力建设，实现“一网通办”。提升“跨省通办”实现能力，设立长三角政务服务“一网通办”专窗，提供网办引导、办事咨询、材料代收、协调流转、证照代发等服务，可办理企业设立与变更、居民就医关系转移等120项事项。

（三）存在瓶颈

1. 资产收益未产生规模效应，各资产管理未进行分类和归口，在主业资产培育、辅业资产转化、不良资产处置以及各资产管理等结构调整方面的统筹规划有所欠缺，资产收益无法集中体现，无法产生利润最大化，缺少资本实力雄厚、具有较强影响力的大平台。产业创新能力不足，业务经营主要依靠区内移交的经营收益，优势产业不能壮大，市场化运作及参与市场竞争能力薄弱，资产质量和盈利能力不够突出，资本运作和业态创新能力有所不足。

2. 龙头型、规模型总部企业集聚度不高，没有在特定产业形成具有较大影响力的总部集群，总部企业间的生态联系基本空白。政策扶持优势不明显，随着各地招商“逐底竞争”压力增大，以及土地供应的制约，政策“洼地”优势渐失。

3. 我区科创平台分为功能型、专业型、国际型，虽各自有重点发展产业领域、特色，但发展前期为加速人才集聚，以领军人才为导向，逐渐导致各平台发展同质化。受限于孵化器、众创空间等科创平台行业痛点，前期运营主要依托政府支持，后续合作仍需加强探索，建立有效、可持续的运营模式。

4. 昆山金改区以“两岸”为主题，但受政治影响，两岸金融开放较多呈现为单向状态，一定程度上阻碍了两岸金融深入合作。随着国家层面加大金融领域统筹管理、金融业进一步对外开放，金改区的政策红利逐步收窄，昆山金改区单独争取特殊政策、推动机构申设的难度不断加大。

5. 受行政权限的制约，与昆山开发区、昆山高新区相比，花桥无法承接国家级行政权力事项，真正能下放到我区的行政权力事项偏少。同时，承接的部分行政权力事项“含金量”不高，在我区承接的41项权力事项中，至2022年末，还有部分事项鲜有办件。

三、目标

（一）争创一流国资建设样板

2025年，围绕区域产业特点，通过“配套、政策、产业、品牌”四大提升工程，布局建设数字经济产业园、现代服务产业园，设立花桥科创园区专项发展资金，提升国企运营管理水平，营造宜居宜业环境，助推产业集群发展。2035年，推动资产结构调整和布局优化并取得明显成效，打造一两个叫得响、立得住的科创园区，实现园区空间使用率100%。

（二）构筑产业化发展新高地

2025年，争取引进总部企业25家，形

成总部经济千亿级产业集群，建成总部经济集聚区；争取引进研发企业50家，形成研发产业千亿级集群，建成研发产业示范区；争取数字贸易企业35家。

（三）打造创新发展集聚区域

围绕昆山科创之城“一城一廊一港”建设目标，依托花桥国际创新港，统筹布局科创平台，加快存量科创平台提质增效，不断提高科技载体平台建设水平，做亮做强平台经济。到2025年，新增苏州市级以上科创平台5家，引进人才科创企业200家，培育上市、“独角兽”、“瞪羚”等高技术企业1家以上。到2035年，新增苏州市级以上科创平台15家，引进人才科创企业1000家，培育上市、独角兽、瞪羚等高技术企业10家以上。

（四）探索金融创新与对外开放

充分发挥昆山试验区和昆山金改区“双区联动”制度及政策优势，加快推进金融产业创新发展，打造两岸金融创新发展的示范区，为昆山打造对台合作“第一城”贡献花桥力量。到2025年，新增法人金融机构1家，新增金融投资机构超过100家，管理基金总规模超1100亿元；到2035年，新增法人金融机构2家，新增金融机构超过200家，管理基金总规模超1300亿元。

（五）营造高效政务服务环境

不断拓宽审批事项的权力事项范围，全面实现区级范围内多事项的“全链条审批服务”。到2025年，增加政务服务“跨省通办”，推动社保、医疗、就业等个人服务高频事项，企业生产经营高频事项“跨省通办”，拓展“异地代收代办”功能。推进“综合一窗”“一件事”改革，力争实现政务服务事项“一件事”全覆盖。探索企业开办全环节、全链条智能审核及企业投资项目备案“秒批”等新举措。实施移动和自助战略，充分利用掌上、指尖平台、政务服务 App 等自助服务终端，打造24小时不打烊“数字政务”。到2035年，建立完善的“无感审批”“口述办照”等创新服务企业群众模式。实现政务服务事项“一件事”全覆盖，沪苏同城信息数据“互认共享”、跨省政务服务网上信息互联互通。

四、举措

（一）聚焦国资强平台，优化资源要素配置

1. 优化国资运营成效。学习借鉴张江高科技园区自主创新示范区设立专项发展资金做法，设立花桥科创园区专项发展资金，助力科创载体品牌化建设，全面考量国资运营成本，确保国资资产运营质效，助推区域国企做大做强。

2. 优化园区资源布局。重视统筹规划，围绕花桥产业定位，布局数字经济产业园、现代服务产业园，在空间上助推产业集聚，实现区域产业集聚创新发展。提升国企运营管理水平，通过硬件设置交付标准化、物业服务品质化、管理运营品牌化，提升科创园区核心竞争力，激活创新创业活力。

3. 深化资产管理改革。围绕做强做优集体资本总体目标，认真履行经营性资产管理职能，加强制度顶层设计，建立资产管理长效机制，优化经营业绩考核指标，形成分类考核、市场激励的制度体系，推进资产处置和出租流程规范，坚决防止资源浪费和集体资产流失。

（二）聚焦产业化强平台，培育经济新增长点

1. 坚持大项目为王。抢抓龙头型、规模型项目，紧盯目前在谈总部企业项目，争取早日落地投产。挖掘一批规模型、行业龙头型企业，深入开展产业链关键领域、细分领域龙头项目、领军企业的招商工作，推动全区重大产业项目建设全面提升。

2. 完善产业功能配套。加快形成与产业定位相适应的商务服务体系，重点发展法律、财务、投融资、市场公关、知识产权等商务业态。大力引进和培育高端技术和管理人才，加大对中高层次、有突出贡献的人才的支持力度，完善人才发展的软环境，以优惠待遇弥补城市层级落差。

3. 提升特色产业优势。重点推进电子商务培育载体建设，完善电子商务、平台经济等领域的数字化与无人化，提高产业竞争力，打造花桥数字电商集聚区。以建滔大厦为核心，辐射双联国际、中信广场、汇金大厦等楼宇，打造蒲公英、优护优家等一批拥有自主研发能力并走向世界的“品牌电商”集聚区。

（三）聚焦创新强平台，发展壮大新业态新亮点

1. 增强平台运营专业化。学习纳米城、生物医药产业园等先进园区经验，聚焦数字经济细分领域，集中资源，推动建立“载体平台 + 投资基金 + 龙头项目 + 科研平台 +N”的专业孵化模式，加速引育产业链上下游企业，推动载体平台特色产业集群化发展，打造发展特色。

2. 提升重大项目成果化。加快科创平台从项目引育向落地产出转变，把孵化毕业企业作为终极目标，推动成果产业化，实现与北部工业区高效联动承转，提高平台产出效益。

3. 推进人才科创可持续化。坚持以项目吸引人才，把产业集群、园区集聚作为人才发挥作用的主战场，实现“引进一个人才、带来一支团队、落地一个项目、带动一个产业”的链动效应，助力平台健康发展。研究探索设立孵化种子基金、天使基金，推动平台与项目深度绑定，全程参与、分享孵化企业发展红利。

（四）聚焦两岸金融强平台，构建产融对接生态圈

1. 推动两岸金融深入合作。在两岸金融创新上实现突破，支持苏银消金做大消

费贷款规模，加快方圆证券、金融租赁申设进程，同时在保险、功能性金融总部等持牌类金融机构上寻求突破口。主动承接上海国际金融中心溢出效应，吸引头部基金管理公司及基金落户，加快打造与上海协同增强的“募投管退”全流程金融产业生态圈。

2. 借力金融科技赋能。紧抓昆山外商投资股权投资企业（QFLP）试点机遇，以中盛资产组建半导体产业基金为契机，通过基金方式引入外资，提高外资利用效率，精准服务实体经济。聚焦数字金融赋能，鼓励华道数据、中银商务等运用新技术驱动金融创新，丰富金融科技产业链。

3. 加快培育金融机构。主动融入上海，深化与上海全球、区域资金管理中心和各类专业服务机构合作，着力引进一批优质基金管理人及互联网＋金融科技头部企业。加大对“专精特新”等新兴产业培育，深入挖掘优质企业资源，健全上市后备企业梯队长效机制，形成有重点、分层次、成梯队的上市后备企业库，促进新产业集群式成长。

（五）聚焦政务强平台，建设垂直一站式服务体系

1. 窗口服务再提速。加快构建集成化“一窗”，优化流程，分批次推进“大综窗”改革，推动实现“减窗”提效和“快办”提速。加快提升审批效能，提升审批队伍素质，加大事前培训辅导，加快事中审批速度，提升市场主体开办、注销全链条服务水平，深化准营、准入业务融合。探索推进“一网入口”“并联审批”“联合验收”等七大关键节点事项审批，加快出炉“拿地即开工”等全链审批案例。

2. 行政服务再加码。加快推进“证照联办”“一照多址”，建立“证照联办”协同机制，证照同步受理、审核、发放，提升审批效能。强化权力事项“稳承接”，持续做好行政审批权力下放对接工作，力争在区内形成更多事项的全链闭环。做好承接事项运行评估，进一步优化行政审批流程。

3. 政务服务再优化。强化政务服务“一网通办”平台，持续加强审批信息资源汇聚管理，做优做强花桥行政审批数据中心。以数据共享为方向，健全权威高效的数据共享统筹协调机制，完善大数据共享交换。完善审管联动机制，推进“审、管、执、信”数据互联互通。不断提升“跨省通办”实现能力，扩大“跨省通办”事项政务服务事项范围，加快推进市场主体登记注册、办理跨省异地就医登记备案相关手续等高频政务服务事项“跨省通办”。

（课题承担单位：花桥经济开发区管委会；课题组成员：肖建明、冯卫青、李佳、陈丽洁）

打造共同富裕“花桥示范”的探索与思考

“共同富裕”是中国特色社会主义的本质要求，是人民群众的共同期盼，是中国式现代化的重要特征。党的十八大以来，习近平总书记在多个重要场合就扎实推动“共同富裕”作出一系列重要论述，对“共同富裕”理论作出新阐释，对“共同富裕”战略作出新部署，为逐步实现全体人民共同富裕提供了科学指引。当前，我国发展不平衡、不充分问题仍然突出，城乡区域发展和收入分配差距较大，各地区推动“共同富裕”的基础和条件不尽相同，需要选取部分地区先行先试、做出示范。2009年4月，习近平同志在江苏调研时指出：“像昆山这样的地方，包括苏州，现代化应该是一个可以去勾画的目标。”2022年6月15日，苏州市委常委会专题调研昆山市工作会议赋予昆山“打造社会主义现代化建设县域示范”新的重大使命，当好实现共同富裕的县域示范。花桥将在“十四五”期间探索实现共同富裕的路径方式，坚持以人民为中心的发展思想，在高质量发展中促进共同富裕，不断提高发展的平衡性、协调性、包容性，加快推进乡村振兴，实现人民生活富裕富足、精神自信自强，公共服务优质普惠，让花桥人民共享改革发展成果和幸福美好生活。

一、花桥打造共同富裕示范区的基础

2022年，花桥地区生产总值迈上400亿元新台阶；一般公共预算收入54.2亿元，增长5.2%，增速全市第一；服务业增加值326亿元，位列2022年全国综合竞争力百强镇、综合实力千强镇双第5，以及2021年度省级经济开发区高质量综合考评第10名。

一是形成了较好的现代化产业基础。坚持前瞻谋划、精准定位，紧扣高质量发展主题，做亮数字经济，做大总部经济，做强研发经济，三大产业规模均超500亿元，形成了以车总馆、航天时代飞鹏、苏银消金等为代表的数字经济集群，集聚数字经济相关企业346家，并拥有昆山最多的苏州市数字经济入库企业；引进培育恩斯克、蒂森克虏伯等总部项目超100个，蒂森克虏伯汽车车身智造中心项目实现了花桥世界500强企业“零突破”；集聚了以中俄特种电机技术联合研发中心、复旦科技园、西交大创新中心等为代表的高端科创平台21个，引进海内外院士项目9个、国家级创新创业领军人才30人。获批国家级牌子1个、江苏省级牌子8个、有效科创空间超100万平方米。获评省大众创业万众创新示范基地、省创业投资集聚发展示范区。

二是形成了较好的城乡一体化发展局面。紧紧抓住全市加快推进城乡一体化发展的机遇，坚持解放思想，创新体制机制，实施了“双集中”“双置换”“双调整”，并在全市试点开展了“政经分开”改革工作，全面完成了15个农村社区股份专业合作社“股权固化”工作，形成了集体经济集中经营管理的模式及“三资”管理体制和运行机制，促进了花桥集体经济平稳健康发展，被列为苏州市城乡一体化发展综合配套改革先导区。至2022年末，强村公司代管三大合作社集体资产共18家（3家富民合作社、15家村股份经济合作社），总资产20.85亿元（三大合作社17.72亿元，强村公司3.13亿元），主要为商铺、厂房、宿舍及土地等，总面积约62.6万平方米。2022年，三大合作社全年实现租金收入5900万，资金性收入1073万元，总收入1.03亿元。发放2021年度村股份合作社分红1979.09万元，股均685.62元，比上年增长8.13%。

三是形成了普惠公平的基本公共服务体系。牢固树立以人民为中心的发展思想，保持民生支出占比每年保持在80%以上，各项民生事业稳步发展。坚持幼有所育，拥有各类托育机构24家（公办2家，民办22家），每千人拥有托位数8.2个，昆山首家公办托育园花儿优育·黄墅江托育园获央视报道；坚持学有所教，建成各级各类学校35所，连续多年稳妥有序开展市民积分入学工作、新户籍生插班工作，解决了新市民子女上学难题；坚持病有所医，拥有公办医疗机构17家、民营医疗机构53家，逐步形成了“医院＋社区卫生服务中心＋卫生服务站＋家庭医生工作室”的医疗体系；坚持劳有所得，通过拓宽渠道扩就业、创业创新带就业、援企稳岗稳就业等一系列措施，近三年，提供就业岗位2.8万余个，服务就业求职人员近万人次。坚持老有所养，建有福利院1家、日间照料中心10家，建成“花万年”社区综合为老服务中心·徐公桥中心和延祥中心；坚持住有所居，完成花苑新村等3个老旧小区综合改造，持续规范物业管理，开展重点小区综合整治；坚持弱有所扶，按照“应保尽保”“一户一档”原则，及时发放低保、临补、重残等各类补贴，拥有“残疾人之家”3家、儿童关爱之家1家，实现重疾险、团体意外险花桥户籍居民全覆盖。

四是形成了积极健康的文化文明氛围。致力于打造文化高地，至2022年末，建有区文化体育活动中心、图书馆、文化体育活动副中心、文化艺术展示馆、杰出人物馆等9处文化阵地，以及青年运动公园等3处体育公园，全区各类文体场地面积达67.94万平方米，基本实现“10分钟”文体生活圈。开展文化艺术节、草坪音乐节、中秋游园会、“四季联赛”等品牌活动，每年服务群众超50万人次。特色办好“江南文化·花桥足迹”研学游、“艺在花桥”全民公益课等项目，覆盖区内所有公办小学，助力青少年“德智体美劳”全面发展。深挖花桥内涵，原创歌曲《花桥之恋》登上央视舞台，更好满足花桥人民群众高品质精神文化需求。扎实推进文明乡镇建设，花桥镇获评江苏省文明乡镇，集善社区获评江苏省文明社区，7家单位分别获评苏州市文明单位、文明社区和文明校园。2021年启动全国文明乡镇创建工作，唱响主旋律，把握主基调，培育和践行社会主义核心价值观，持续深化新时代文明实践活动，培育文明风尚，群众思想道德素质和社会文明程度得到了有效提升。

二、花桥打造共同富裕示范区面临的困难和问题

对标新发展理念和人民对美好生活的向往，对标苏州、昆山市委、市政府的要求，花桥在打造共同富裕示范区上还存在不少短板、面临诸多挑战。

1. 百姓富裕富足程度有待加强。农业生产空间相对有限，缺少农业龙头企业；农业农民的人才数量、人才结构、人才能级薄弱，农产品品牌影响力不大、竞争力不强，农业生产利润较低，农业经济效益不高，农民增收后劲不足。优质资产相对较少，大部分集体资产建造时期较早，资产权证不齐全，导致合同到期资产、资源无法出租，市场竞争力薄弱，且维修成本逐年增大；按照区内“美丽花桥”建设、轨道交通S1号线站点周边规划以及“创新港”项目建设要求，星浜南北打工楼、顺扬老水产、古南工业区、创业基地厂房等资产拆除动迁及腾退，导致合作社资产经营收入减少。资产经营模式相对单一，上级政策扶持力度不够，缺乏新的投资项目和渠道，造血机制不足，导致集体经济发展速度放缓。

2. 公共服务优质化多元化水平有待提升。随着我区社会和人口结构呈现新变化，公共服务水平与群众多元化、高质量要求还有差距，在资源配置、软硬件协调、人才培养、精细化管理等方面还存在不足。比如在教育方面，学前教育和义务教育资源与市级层面相比较弱，办学规模迅速扩大引发骨干教师快速稀释，亟须提升辖区教师数量和质量；在医疗方面，医疗资源分布不均，医疗专科特色不明显，高精尖卫生人才缺乏，社区卫生服务网点不完善；在养老方面，区域性养老服务中心的建设还需协调，养老服务专业水平有待提升；在托育方面，鼓励托育服务发展的可操作性政策尚未落地，民营托育机构存在管理不规范问题；在就业方面，“结构性就业矛盾”是我区就业领域的主要矛盾，“就业难”和“招工难”并存；在社区管理方面，社区布局规划精细化程度不够、社区用房

管理规范化程度不高，物业服务提升诉求多、业委会管理纠纷多、监管机制亟须全覆盖等。

3.“文化文明”程度上尚有提升空间。至2022年末，花桥区内文化品牌活动较少，无法形成有效规模；文艺创作人才缺乏，文艺精品创作出现瓶颈；社会体育团队发展缓慢，中老年体育发展后续无力；农文旅项目缺乏，尚未有效利用天福国家湿地公园载体资源。文明城市常态长效管理机制不够完善，部门间联动力度不够，市容环境、交通秩序、小区物业、农贸市场管理等方面问题反复存在；居民文明素养有待进一步提升，对文明城市建设参与度、满意度不够高。

三、推进花桥实现共同富裕的举措

（一）聚焦富裕富足，拓宽富民增收路径

1. 加快产业创业集群建设。坚持把发展产业作为富民增收的关键举措，全面推进商务、商贸等现代服务业提档升级，加大总部经济产业园、数字经济产业园、时尚创意产业园、电商产业园等特色园区建设，打造数字经济、总部经济、研发经济三大千亿级产业，持续做大经济总量，提升人均水平，不断提高发展的质量效益。到2025年，地区生产总值迈上500亿元大台阶，一般公共预算收入年均增长6.5%以上，服务业增加值年均增长7.5%左右，成为创新资源相对集中的区域，更成为对接上海的重要工作平台。

2. 打造乡村振兴样板区。严格落实耕地保护制度，坚决防止耕地“非农化”“非粮化”，持续稳定粮食生产面积；综合应用轮作休耕、土壤改良、地力培肥技术，提高耕地质量和生产能力，确保完成每年的粮食生产任务。加强与农业科研院所合作，引入相关农业公司探索建立“名特优”农产品实验基地。完成东泾综合农事服务中心建设、天福烘干车间整体改造，完善天福湿地生态监测体系，探索智慧灌溉项目的可行性，进一步拓展“智慧农业”“数字农业”应用。持续开展新型职业农民认定工作，大力培育农业龙头企业、现代青年农场主，打造一批知识型、技能型、创新型农人，鼓励其兴办企业、领办合作社。到2025年，力争认定新型职业农民5人，培育乡土人才1人，学历提升5人。加大创业扶持力度，确保城乡居民创业小额贷款每年发放保持1800万以上。深化天福湿地保护性开发，建好生物多样性展示馆，打造“公民科学家”系列课程，把“万亩良田”产能提升、“美丽菜园”、生物多样性展示馆、森林防火等一批项目的建设与文旅结合起来，推进天福生态农业与休闲街区融合发展。

3. 壮大新型农村集体经济。理顺强村公司架构体系，完善内部管理机制。加强现有资产规范使用和有效管理，提高资产出租率、使用率，确保当年度合同租金收缴率不低于95%。盘活存量资源，优化现有富民载体，提档升级改造顺扬邻里中心，力争打造成集宿区标杆，提升星光工业园区资产运营效能。转变经营发展思路，拓展业务增收渠道，充分利用闲置集体资金，通过司法拍卖、联合竞买、协议收购等渠道发展物业经济，增加优质经营性资产，实现多元化经营、多元化增收、多元化发展。依托“一村二楼宇”政策，进一步加大对村级集体经济建设发展项目的土地资源指标、专项财政资金扶持，鼓励强村公司建设邻里中心、高标准工业厂房、公共宴会厅等新型载体项目，将辖区优质资源向强村公司倾斜，不断壮大集体经济总量规模。支持国有经济、集体经济联合发展，通过股权出资、合资新设等方式，倡导国有资本支持促进集体经济发展。到2025年，村级集体经济收入保持年均增长4.5%以上，村级股份合作社分红保持年均7%。

（二）聚焦优质普惠，丰富公共服务供给

1. 推动教育优质均衡。实施“花有优教”暖心计划，进一步丰富完善基础教育资源配置，加大学校建设力度，优化全区学校的设点布局。完善普惠性幼儿园服务区制度，加快建成公益普惠、覆盖全区、布局合理、就近便捷的学前教育公共服务体系。到2025年，计划完成在建、新建学校项目13个，新增学位1万个以上，就读公办园和普惠性幼儿园幼儿的比例达90%以上，创建省优质幼儿园3所。坚持集团化办学体制机制改革，全区义务教育阶段多种形式集团化办学学校覆盖率达到100%，打破区内学校壁垒、校内学段壁垒，着力培育优质特色、示范引领的教育集团品牌，到2025年，提升集团内骨干教师轮岗交流比例不低于20%。深化课后服务共同体建设，丰富艺术实践活动，打造花桥教育“校园十八艺”品牌，推动校内减负提质和课后服务提档升级。开展“一十百”教师三年培养计划，争取培育或引进1名特级教师，挂牌10个名师工作室基地，培养100名骨干教师，下大力气抓好青年教师培养，帮助他们尽快成长成才。充分发挥花桥临沪的独特地理位置优势，推进“临沪飞翔”项目，推进与上海优质教育资源结对活动，着重学习先进的教育理念、管理质效、校园文化、学校党建，进一步提优校园管理。

2. 实施健康花桥行动。实施“花有良医”暖心计划，在二级甲等中西医结合医院创建的基础上，争创三级乙等中西医结合医院。完成医院二期工程建设，试行医院全面预算管理。充分发挥中医药治疗的独特优势，持续推进中医优势专科专病建设。与上海瑞金医院、胸科医院等组建医联体，依托上海“健康云”平台资源，在医院端开设“云诊室”、远程会诊，努力实现居民在“家门口”即可享受高品质、同质化的上海医疗服务。到2025年，建立省名中医传承工作室1个，培育苏州市重点学科1个，培养昆山市级学科带头人2人。推进医院旧址改建成社区卫生服务中心，完成社区卫生服务中心本部及曹安分中心建设，合理规划布局卫生服务站、家医工作室，全覆盖建成“花家医站”，在社区端把优质资源导入“花家医站”。创建苏州市五级中医馆，力争达到“优质服务基层行”国家推荐标准。开展健康知识普及宣传活动，提高居民对传染病科学防范意识和健康保健素养，从以治病为中心转向以健康为中心；持续推广45周岁以上户籍居民健康体检，有针对性地对户籍居民的身体状况进行健康干预、状况调查、跟踪评估等。到2025年，进一步健全“15分钟”医疗服务圈，人民群众身心健康素质明显提升，人人享有公平可及、高质量水平、经济有效的卫生健康服务。

3. 推进幸福养老工程。实施“花老颐养”暖心计划，做亮“花万年”花桥社区养老服务品牌。以提升养老服务普惠性和优质化为导向，加快完成区域性养老服务中心选址、设计和建设工作。提升徐公桥、延祥2个综合性为老服务中心的效能，力争打造成为全市嵌入式养老服务机构标杆。围绕打造“15分钟”养老服务圈，优化医养机构服务设施布局，新改建日间照料中心6个，与医疗资源一体或毗邻建设率90%以上，探索“物业＋养老”“党建＋养老＋物业”“时间银行”等服务模式，构建居家养老、社区养老、机构养老相协调，医养康养相结合的养老服务体系。重点关注失智、失能老年人群体需求，实现高龄、经济困难失能老年人服务保障率达到100%，推广普及家庭养老夜间照护床位，每年建设家庭养老夜间照护床位20张。营造老年人宜居颐养社区环境，每年完成1处老旧小区适老化改造、不少于65户家庭适老化改造。优化养老服务人才队伍，每年完成不少于150人次业务培训。加强老年人精神关爱，丰富老年人精神生活，设立社区老年大学课堂。

4. 完善托育服务体系。实施“花儿优育”暖心计划，依托现有公办幼教资源，增设幼儿园托班，新建公办幼儿园配备托育服务用房。鼓励民办幼儿园开设托班或扩大托班规模，对民办幼儿园不高于普惠托育服务价格收托的，按照实际收托数给予运营补助。发掘社区用房、产业园区或办公楼宇场地资源，通过购买服务、提供场地等公建民营形式，鼓励连锁化、专业化、高品质的托育服务机构在社区或就业人群密集的区域开设普惠性托育机构，提供质量保障、价格合理、方便可及的婴幼儿照护服务，探索打造“15分钟社区托育服务圈”。指导督促民办托育机构规范登记和备案，通过“一对一”社区监察、“六合一”联动监管、“直通式”社会监督等多元化、常态化监管，加大对托育服务中涉及的食品安全、消防安全、服务价格、卫生保健和人身安全等监管力度，加强事中事后监管。到2025年，新建公办托育园4个、社区托育园4个、产业托育园1个，拥有一批示范性婴幼儿照护服务机构，普惠性托位数量大幅增加，服务内容不断丰富，服务质量明显提升，对专业人才队伍建设支撑更加有力，对家庭科学养育指导能力持续增强，更多更好惠及高层次人才及双职工家庭。

5. 实现高质量充分就业。强化公共就业服务平台建设，发挥经营性人力资源服务机构效能，提高劳动力市场的供需匹配效率。建设“15分钟就业服务圈”，提升劳动者就业意识，提供精准就业推荐服务，畅通就业渠道，解决“摩擦性”失业。发挥职业技能培训牵引作用，以企业市场需求为导向，聚焦劳动者职业技能提升，大规模、多层次开展职业技能培训，着力改善劳动力的要素质量，建设一支符合高质量发展要求、适应现代化产业体系的劳动者队伍。发挥创业带动就业倍增效应，以激发市场主体活力为导向，以创业带动就业为目标，推进大众创业工作，深入开展创业服务，通过开展 SYB 创业培训，增强城乡劳动者、大学生等重点群体创业意识。深化创业政策落地，全面落实一次性开业补贴、创业社保补贴、场地租金补贴等创业政策，实现对初创实体的扶持，发挥创业带动就业倍增效应。到2025年，当年度新增就业人数不少于0.4万人；登记失业率小于2.5%，自主创业人数超300人，开展补贴性职业技能培训人数不少于4000人次，培养各类技能人才不低于1500人。

6. 推动宜居家园建设。开展老旧小区全面摸底排查，建立小区综合改造和专项改造计划清单，针对群众急难愁盼问题，综合考虑功能性配套、软硬件兼顾，确保改出成效、改出品质。到2025年，完成8个老旧小区综合改造。既有多层住宅增梯持续发力，做出花桥特点，形成花桥经验。建立物业公司准入退出、业委会更换触发机制、专项维修资金使用简易程序等意见，逐步形成一整套物业管理行业指导体系；上线运行花桥物业智慧管理平台，优化诉求处置流程，实现工单直接分类分级处理，减少处理环节和周期，规范监督物业公司及业委会的运行；加强优质物业服务供给，倾力打造“昆示范”及以上小区，推动“红管先锋”提质扩面，到2025年，累计打造“红管先锋”重点小区63个。充分考虑公共服务资源配置、人口规模、管理幅度等因素，总体规划、分步实施，逐步优化全区社区规模，为社区精细化管理筑牢坚实基础，到2025年，完成7个社区优化调整。提升社区党建工作水平，打造“一支一品”“一居一品”服务品牌。扎深基层组织“根系末梢”，全面构建“社区党组织—小区党支部—党员楼栋长—党员先锋户”的末梢根系。打造一两个有影响、有品牌、可持续的社区居民自治平台，让“全过程人民民主”理念发挥实效。

7. 提高兜底保障水平。落实科学化、精准化救助认定机制，充分发挥生活救助基本保障、临时救助救急救难、生活照料护理服务等保障实效，并结合惠民保险、困难群体医疗救助、慈善救助等补充性帮扶政策，构建更为完善、更有温度、更加精准的救助帮扶体系。不断强化动态监测机制，定期摸排困难居民家庭情况，发动各类自治力量推进结对帮扶行动，将社会救助与社会组织服务相融合，以更专业的服务理念、服务模式满足困难家庭个性化的帮扶需求。大力发展慈善事业，畅通“社区慈善基金”供需对接渠道，推动慈善资金筹募使用社区内循环，实现小灾小难救助不出社区。优化困境儿童福利保障内容，发挥“家校社”联动机制，建立长期稳定朋伴关系。

（三）聚焦自信自强，繁荣文化文明事业

1. 提升文体服务水平。建设区级文体活动中心、社区综合性文化服务中心、小型文化服务站相结合的公共文化服务设施网络，优化公共资源配置，提高文化设施覆盖率，着力推动公共文化服务均衡化、优质化发展。开展全民健身系列活动，增强全民健身意识，大力推进青年人、老年人体育发展，提升全民健康水平。突出精品赛事引领、深化全民健身活动品牌、落实体育场馆免费开放、打造体育主题公园等惠民措施，推动群众性体育活动更加丰富多彩。推动更多城市公共空间建设融入文化元素、增添体育功能，打造更多群众家门口的“文化客厅”“健康驿站”，让市民拥有更多文化体育休闲好去处。到2025年，全面建成设施便捷、功能完善、服务优质、区域均衡、全民共享的“10分钟文体生活圈”，体育事业繁荣发展，打造引领全国的现代文体服务“苏州模式”。

2. 推动文旅产业发展。围绕“以文促旅　文旅结合”发展思路，创建花桥特色文化品牌，以“品牌效应”助推文旅活动，形成浓厚文化氛围。挖掘、培养文艺创作人才，抢抓“高峰”定位，锚定省级乃至国家级比赛。擦亮“江南丝竹”和归有光文化“金名片”，出版《花桥三字文》《花桥杰出人物》等文化书籍，弘扬优秀传统文化遗产。高质量办好文化艺术节、中秋游园会、草坪音乐节、“五艺”进校园等精品文化活动。突出产业融合、生态绿色、服务体验，依托天福老街和天福国家湿地

公园溢出效应，聘请知名专家规划院、实力运营管理团队共同参与，推出一批乡村游、休闲游、文化游等精品旅游路线，建成全国唯一以湿地保护与乡村振兴融合发展的综合性展示馆。到2025年，构筑思想文化引领高地、道德风尚建设高地、文艺精品创作高地，全面打响“江南文化”品牌，展示青年城市形象，全面提升花桥知名度和美誉度。

3. 深化文明创建工作。以“人民满意、问题导向、全员参与、常态长效”为创建目标，着力提高城市综合竞争力、人文魅力、发展活力，推动文明城市建设向更高层次、更高水平迈进。建立健全文明城市建设常态长效工作机制，深化点位长制度，通过集中整治与长效管理相结合，完善城市基础设施、优化市容环境、改善交通秩序；推动城市管理精细化水平，聚焦小区环境、交通秩序、农贸市场、背街小巷等薄弱环节，狠抓落实，补齐短板，切实提升群众的获得感、幸福感和满意度；实施居民素养提升工程，着力提高市民文明素质、城市文明程度、城市文化品位、群众生活质量，构建“共建”“共治”“共享”文明城市新格局。到2025年，实现市级以上文明社区占比95%，注册志愿者占常住人口比例24%。

4. 推进乡风文明建设。坚持社会主义核心价值观引领，大力加强公民思想道德建设；组织选树宣传道德典型，开展文明镇、文明社区、文明家庭、文明校园、文明单位创建；拓展新时代文明实践内涵，构建新时代志愿服务体系；加强社风民风建设，倡导移风易俗“红七条”“白九条”，引导群众养成科学健康文明的生活方式；推进诚信建设，强化社会责任意识、规则意识和奉献意识；强化党建引领，聚焦减负、增能、赋权，推动中心向基层下移，完善“家门口”服务体系，打造专业化社区工作者队伍，发挥群团组织和社会组织在社会治理中的作用，推动传统社区治理向“互联网+”社区治理拓展，更好地为群众提供精准化、精细化服务。

（课题承担单位：花桥经济开发区管理委员会；课题组成员：浦建宏、邹引明、凌燕萍、祁鹏飞、张峰）

索　引

说　明

一、索引采用主题分析法编制，大部分选用关键词。

二、索引设有条目索引、表格索引两个分目，按标引词首字的汉语拼音音序排列，拼音音序相同者按笔画排列，首字相同者按第二字音序、笔画排列，以此类推。标引词首为阿拉伯数字或字母者，以首个汉字排列。

三、由类目、分目提取的索引用黑体字标明，由条目提取的索引用宋体标明。标引词后的阿拉伯数字表示内容所在的页码，数字后面的 a、b 分别表示从左至右第一、二栏。

四、综述、概况类的分目和条目未做索引，特别报道、大事记下面的内容未做索引。

五、为便于读者检索，昆山市的企事业单位以及在昆山市发生的事件名称，除易产生歧义者外，省略“昆山市”“昆山”“花桥经济开发区”“花桥”。

条目索引

表格索引

《花桥经济开发区年鉴（2023）》各撰稿单位审稿人名录

（按姓氏笔画排序）

王　茜　王　祯　毛晓琳　朱　伟　李　刚　李　虎　李　强　沈寒冰　张　超　陈　希

周惠东　姜　莉　秦　枫　夏奇元　钱庆平　徐卫星　凌燕萍　高　颖　董鑫然　燕丽婷